장미 도감 475

장미 원예 프로가 추천하는

장미 도감 475

장미 정원으로의 초대

이리타니 신이치로 지음 | 박석곤 옮김

용어 설명

그린 아이green eye

꽃 한가운데에 뽀글뽀글한 녹색 점이 나타나는 현상을 뜻하며, 이 부분은 꽃술이 변한 것으로 수술도 암술도 아닌 미세한 녹색의 잎사귀 같은 꽃잎이다.

기지현상忌地現象

같은 땅에 같은 작물을 반복적으로 재배하거나 근연近緣 작물을 연작하면 수확량이 줄어드는 현상을 말한다.

노균병露菌病

사상균의 기생으로 발생하는 식물병으로 싹이나 어린잎에 적자색 반점이 나타나고, 잎 뒷면에 회색 곰팡이가 생긴다.

버튼 아이button eye

꽃의 중앙에 모인 작은 꽃잎이 안쪽으로 말려들어 단추처럼 되는 상태를 말하며 '단추화형'이라고도 한다. 로제트형 개화나 찻잔형 개화의 장미에서 많이 볼 수 있다.

복륜覆輪

꽃잎의 바탕색과 가장자리 색이 달라서 꽃잎 테두리에 띠처럼 다른 색이 둘러져 있는 무늬를 말한다.

슬릿화분

화분 측면과 하단부에 통기와 배수를 돕는 슬릿(구멍)이 있어 뿌리에 산소와 수분을 균형 있게 공급해 뿌리 발달을 돕는다.

일번화一番花

사철 개화성 또는 반복 개화성 장미는 한번 꽃이 피고 시들고, 다시 꽃이 피는데 첫 번째 핀 꽃을 일번화, 두 번째 핀 꽃을 이번화二番花, 세 번째 꽃을 삼번화三番花라고 한다.

잿빛곰팡이병

부패균인 보트리티스균(보토)이 번식해 곰팡이가 생기는 병으로 보토병이라고도 한다. 보토가 늘어나는 요인은 바로 '습기'인데 기온 15℃ 이상에 습도 90% 이상인 시기, 장마철처럼 습도가 높을 때 흔히 발생한다.

적목赤目, red eye

꽃 중앙부에 나타나는 원형, 타원형, 구름형 등의 붉은색 무늬를 말한다.

정아우세 현상

가지 꼭대기定芽가 우세하게 성장하면서 다른 방향의 성장을 억제하는 현상으로, 장미뿐만 아니라 특히 침엽수에 잘 나타난다. 순따기를 하면 곁가지가 많이 나와 풍성해지고 꽃가지의 윗부분을 가지런히 전정하면 같은 높이로 단정하게 가꿀 수 있다.

정형화整形花

'장미꽃다운' 꽃 형태를 말한다. 보통 꽃잎이 20~50개로 끝이 뾰족하면서 가장자리가 바깥쪽으로 젖혀지고(뾰족 꽃잎, 둥근 삼각 꽃잎), 옆에서 본 꽃 모양이 삼각형(우산형)이거나 평평한 형상(편평형)이다. 이러한 형태의 장미는 보통 절화용(꽃꽂이)으로 많이 쓴다.

AARS상All-America Rose Selections

미국에서 뛰어난 장미 신품종에 수여하는 가장 권위 있는 상으로 1940년부터 2013년까지 매년 수여했다. 2016년부터는 AARS상을 계승해 현대적인 심사 기준을 적용한 AGRS상American Garden Rose Selections이 새롭게 출범되었다.

ADRAllgemeine Deutsche Rosenneuheitenprüfung

독일의 장미 신품종 인증제도로서 3년 동안 약제 방제 없이 내병성, 내후성, 생육성, 개화성, 장미의 외형적 아름다움 등을 평가한다. 세계에서 가장 엄격한 인증제도인 ADR의 인정을 받은 품종은 미적으로 아름다울 뿐만 아니라 내병성 등이 우수해 기르기 쉬운 장미라고 볼 수 있다.

끝없이 펼쳐진 장미로 가득한 밭 그 수가 300만 그루!

과거에는 '키우기 쉬운 장미'라고 하면 농약 살포를 전제로 이야기했던 것 같습니다.

그 생각을 크게 뒤엎은 품종이 바로 이 사진의 '녹아웃Knock out'이라는 장미입니다. 미국의 래들러Radler가 육종한 이 장미는 내병성이 강해 농약을 뿌리지 않아도 거의 병에 걸리지 않습니다. 또 지나치게 크지 않고 1년 내내 계속해서 꽃을 피우며, 내서성과 내한성이 강해 전국 어디서나 쉽게 키울 수 있는 장미입니다.

2000년 발표 당시에는 그다지 인정받지 못했는데 2015년에는 미국에서 300만 본이 판매되는 등 전 세계적으로 널리 유통되기 시작했습니다. 그 공로를 인정받아 2018년에는 세계장미연맹World Federation of Rose Societies 명예의 전당에 들었습니다. 세계가 인정한 장미, 그리고 장미의 내병성을 표준으로 삼은 것이 바로 녹아웃 장미입니다.

이 장미를 계기로 전 세계의 장미 육종은 내병성 강화에 집중하기 시작했습니다. 물론 코르데스Kordes 회사처럼 더 오래전부터 내병성 육종에 힘써 온 곳도 있습니다. 일찍부터 시작한 회사라서 이제는 세계의 선두를 달리고 있습니다. 이곳 장미의 큰 업적은 농약을 살포하지 않고 장미를 키울 수 있다는 사실을 세상에 알린 것이 아닐까요. 앞으로는 더 키우기 쉽고, 더 아름답고, 더 향기로운 최신 장미들이 속속 발표될 것입니다.

이 책에서 언급한 장미는 '튼튼하고 키우기 쉬운 장미(1장)'와 최신 품종부터 스테디셀러 품종까지 망라한 '인기 장미(2장)'로 나눠 소개하고 있습니다. 똑같이 '키우기 쉽다'고 표현하더라도 여러 장르가 있겠지만, 이 책에선 초심자라도 농약 살포를 걱정하지 않고 부담 없이 키울 수 있는 품종을 선택했습니다. 또한 대부분 일반적으로 유통되어 구하기 쉬운 품종을 골랐습니다.

이 책이 많은 사람의 장미 선택과 재배에 큰 도움이 되길 바랍니다.

게이세이 장미 원예 이리타니 신이치로

실버 클라우드Silver Cloud

에두아르 마네Edouard Manet

클라이밍 스마일리 페이스Cl Smiley

장미 원예 프로가 추천하는

장미 도감 475

본서에 기재된 장미의 생육 주기와 관리 시기는 일본 간토關東의 온난한 지역을 기준으로 하였습니다.
한국에서는 전라남도 혹은 경상남도 해안가와 기후가 비슷한 편입니다.
작업 시기는 키우는 환경이나 날씨, 기후의 변화에 맞추어 조정하는 것이 좋습니다.
또한 달리 명시하지 않은 정보는 2019년 3월 말을 바탕으로 한 점 양해 부탁드립니다.

알베릭 바르비에Albéric Barbier

스위트 채리어트Sweet Chariot

스테파니 구텐베르크Stephanie Guttenberg

재배 전에 알아 두는

장미 기초 지식

장미의 역사와 계통

장미는 장미과 장미속의 화목

장미는 따뜻한 지역에선 보통 입춘(양력 2월 4일)이 지난 후 조금씩 자라기 시작해 꽃가지를 뻗어 꽃을 피우고, 늦가을이 되면 낙엽이 지며 휴면에 들어가고, 이듬해 봄이 되면 새싹이 움직이기 시작하는 성장 주기를 가지고 있다.

현재 원예용 장미는 전 세계에 약 150~200종이 있다고 알려졌는데 야생종을 바탕으로 품종 개량을 거듭해 왔다. 꽃 색깔이나 꽃 모양, 향기 등 다종다양한 품종이 끊임없이 개량되고 있다. 한편으로는 옛 시대의 장미도 귀중한 자원으로서 계속 명맥이 유지되고 있다.

고대부터 긴 역사를 가진 꽃

고대 이집트, 그리스, 로마 시대

장미의 역사는 매우 오래되었으며 원래는 서아시아에서부터 소아시아, 중국 남서부, 일본 등 동아시아에서 자생하던 식물이다. 기원전 3000년경 메소포타미아 지역에선 이미 약용으로 장미 재배가 이루어졌다고 한다. 고대 이집트에선 클레오파트라가 로마의 장군 카이사르와 안토니우스를 맞이할 때 장미를 깔고 환영했다고 전해진다. 그 후 장미는 유럽으로 전해져 로마 시대에는 '로사 갈리카*Rosa gallica*'와 '로사 다마스케나*Rosa×damascena*'가 재배되어 꽃 자체를 사랑하는 문화가 싹트게 되었다. 다마스크 계통은 현재도 향료용으로 널리 재배되고 있다.

로사 갈리카

로사 다마스케나

중세까지의 흐름

11세기 말부터 이슬람 세계와 유럽과의 전쟁으로 인한 대규모 인구 이동이 일어났다. 이에 따라 서아시아나 중동 및 인근 지역에서 키우던 많은 장미가 더 활발하게 유럽으로 유입되었다.

18세기 후반, 장미를 사랑했던 프랑스 왕비 마리 앙투아네트는 프티 트리아농Petit Trianon '왕비의 마을'에서 장미를 육종했다고 한다.

세계 최대 장미원을 자랑하는 독일 장거하우젠 Sangerhausen의 시가지. 시민들은 예부터 장미를 사랑했고 곳곳에서 향수를 불러일으키는 아름다운 장미를 만날 수 있다.

크리스트교가 절대적인 힘을 가졌던 중세 유럽에선 장미는 퇴폐와 향락을 상징하는 꽃으로 한동안 기피되었다. 하지만 14~16세기 이탈리아에서 르네상스가 일어나자, 장미는 귀족들의 사랑을 받으며 귀하게 여겨졌다. 유명한 그림의 모티프로 갈리카계Gallica roses, 센티폴리아계Centifolia roses, 알바계Alba roses로 여겨지는 장미가 그려져 작품을 아름답게 장식했다.

변혁과 발전의 시기, 18~19세기

18~19세기에 장미 재배에 있어 극적인 변화가 있었다. 18세기에 접어들어 교역이 활발해지면서 사계절 꽃이 피는 성질을 가진 4종의 장미가 동양에서 유럽으로 들어왔다.

- 슬레이터스 크림슨 차이나Slater's Crimson China, 셈퍼플로렌스 / 1789년 / 진홍색

슬레이터스 크림슨 차이나

파슨스 핑크 차이나

흄스 블러시 티 센티드 차이나

파크스 옐로 티 센티드 차이나

- 파슨스 핑크 차이나Parson's Pink China, 올드 블러시 / 1793년 / 복숭아색
- 흄스 블러시 티 센티드 차이나Hume's Blush Tea-scented China / 1809년 / 연한 복숭아색
- 파크스 옐로 티 센티드 차이나Parks' Yellow Tea-scented China / 1824년 / 연노란색

이 장미들은 기존 유럽산 장미에 도입되어 다양한 색상과 사철 개화성, 뾰족 꽃잎의 우산형 꽃 모양, 새로운 향기, 수형 등에서 품종 다양화에 일대 전환기를 맞이한다. 다만, 현재 이 품종명으로 유통되는 4종은 한번 사라졌다가 후세에 '이 장미가 그럴 것이다'라고 확인된 품종이다. 이 종들의 형태는 보태니컬 아트Botanical art나 교배종을 보고 상상할 수밖에 없다.

한편, 같은 시기 프랑스의 나폴레옹 황후 조세핀(1763~1814년)은 장미를 비약적으로 발전시켰다. 세계 각지에서 마르메종 궁전으로 수집된 장미는 약 300종으로 추정된다. 궁정 화가로 베르길리 출신의 루드비히Ludvig를 영입해 장미 식물화를 그리게 하고, 정원사들에게 장미를 연구하도록 했다. '장미의 후원자'로 불리는 그녀 밑에서 앙드레 듀퐁Andre Dupont은 최초로 인공 교배를 통해 새로운 품종을 개발했다. 그 이후에 인공 교배라는 획기적인 육종법에 따른 신품종 개발은 비약적인 발전을 이루었다.

라 프랑스

현대 장미가 탄생한 19세기 후반

전 세계에 약 50~200종으로 추정되는 야생종 중 특정 원종을 부모로 하는 품종을 다마스크, 알바, 부르봉, 티 등으로 계통화한 것을 총칭해 '전통 장미Old rose'라고 한다. 다양하면서도 매력적인 꽃 모양이 있지만, 대부분 흰색에서 분홍색으로 봄

에만 피는 계절 꽃이었다. 그러던 중 19세기 육종의 전환점이라 할 수 있는 사건이 발생한다. 1867년 프랑스의 신품종 품평회에 유독 눈에 띄는 장미가 있었는데 바로 프랑스 육종가 기욤Guillaume Guillon이 만든 '라 프랑스La France'였다. 아름다운 꽃 모양에 사철 큰 꽃이 피는 이 장미는 그해의 가장 우수한 품종으로 뽑혔다. 이후에 '라 프랑스'는 하이브리드 티Hybrid tea rose; HT라는 새로운 계통의 1호로 기록되어 현대 장미Modern rose의 시작을 알리는 계기가 되었다. 보통 1867년 이전의 재배 장미 계통을 '전통 장미(또는 올드 로즈)', 그 이후에 탄생한 계통을 '현대 장미(또는 모던 로즈)'라고 부른다.

현대 장미에 이어 새로운 시대로

19세기 마지막 해인 1900년, 프랑스의 조셉 페르네 두셰Joseph Pernet-Ducher가 고된 교배 끝에 화려한 노란색의 '페르시안 옐로'의 유전자를 이어받은 오렌지색 솔레이 도르Soleil d'Or를 만드는 데 성공했다. 지금까지의 노란색은 크림색이 가미된 것에 그쳤지만 그 후에는 선명한 노란색 계열은 물론 오렌지색, 선명한 주황색, 두 가지 이상의 색이 섞인 복색, 보라색, 청색 등 다양한 색상의 출현에 크게 이바지했다.

페르시안 옐로

그러나 큰 과제도 남았다. 이 품종은 교배친인 로사 페티다*Rosa foetida*계로부터 우수한 색소 유전자와 함께 가장 큰 약점인 '검은별무늬병[1]에 약한 성질'도 물려받아 이 병에 대한 내성도 잃어버렸다. 그러나 최근에는 많은 육종가의 피나는 노력과 연구로 인해 과거보다 비약적으로 병에 강한 품종이 개발되고 있다.

솔레이 도르

이처럼 장미는 오랜 역사를 거치면서 다양한 교배로 꽃송이가 만발하는 플로리분다계Floribunda roses; F, 왜성형 미니어처계Miniature roses; Min, 수세가 강한 반덩굴성계Shrub roses, 현대 장미와 전통 장미의 특성과 매력을 겸비한 영국 장미England Rose, 재배가 쉬운 로사 페르시카*Rosa persica*의 개량종 등 새로운 형질의 장미가 속속 만들어지고 있다. 비로소 다양한 장미를 손쉽게 즐길 수 있게 되었다. 육종의 다음 단계는 내한성이 강하고 키우기 쉬운 장미 품종 개발이며, 조만간 모두가 더 쉽게 장미를 키우는 시대가 찾아올 것이다.

1 어린잎, 줄기 또는 열매에 엷은 흑색의 얼룩무늬가 생기는 병

장미의 계통 분류

장미는 통상 '야생종(원종)', '전통 장미', '현대 장미'의 3가지로 나뉘며, 유전적 특징 및 외관적 특징 등으로 세세하게 구분하고 있다.

야생종(원종)

Sp Species

북반구 열대에서 온대에 걸쳐 폭넓은 지역에 150~200품종이 존재하는 것으로 알려져 있다. 자생지에 따라 다양한 형태가 있으나 대부분 한철만 개화한다. (자세한 내용 → P.92 참조)

로사 카니나
Rosa canina

전통 장미

일반적으로 대륜[1] 사철 개화성 하이브리드 티 장미Hybrid tea rose가 탄생한 1867년을 계기로 그 전에 개발된 재배 장미 계통을 전통 장미로 취급하기로 했다. 그 이후에 육성된 품종에서도 전통 장미 계통을 바탕으로 개발된 품종은 전통 장미로 취급한다.

알바
A Alba

로사 알바*Rosa×alba*를 바탕으로 육성된 계통. 자립하는 반덩굴성. 녹색 빛을 띠는 잎과 흰색이나 분홍색의 연한 꽃 색깔이 특징이다.

알바 세미프레나
Alba Semi-plena

부르봉
B Bourbon

1800년대 전반에 프랑스령 부르봉섬에서 발견된 교배종 계통. 유럽의 전통 장미와 월계화*Rosa chinensis*의 교배종. 반복 개화성이나 사철 개화성[2] 품종이 있다.

마담 피에르 오제
Madame Pierre Oger

센티폴리아
C Centifolia

로사 센티폴리아*Rosa×centifolia*를 바탕으로 육성된 계통. 꽃잎 수가 많아서 '캐비지 로즈'라고도 한다.

팡탱 라투르
Fantin Latour

차이나
Ch China

클라이밍 차이나
ClCh Climbing China

차이나는 월계화*Rosa chinensis*와 로사 기간테아*Rosa gigantea*에서 만들어진 계통이다. 주로 직립장미. 현대 장미 특성인 사철 개화성을 도입한 중요한 계통. 클라이밍 차이나는 차이나Ch의 덩굴성 가지 변이[3] 계통이다.

무타빌리스
Mutabilis

하이브리드 차이나
HCh Hybrid China

차이나와 노이젯, 부르봉에 갈리카와 다마스크 등을 교배한 계통이다.

1 꽃 크기에 따라 장미를 소륜(小輪, small), 중륜(中輪, medium), 대륜(大輪, large), 거대륜(巨大輪, giant) 등으로 구분하는데 꽃 지름이 소륜 3~5cm, 중륜 5~8cm, 대륜 8~13cm, 거대륜 13cm 이상이다. 국가나 단체에 따라 기준이 다르며 더 세분하여 분류하기도 한다.

2 개화 특성은 사철 개화성, 반복 개화성, 한철 개화성으로 나누는데 사철 개화성은 봄에 피고 난 후 뻗어 나온 가지 끝에 규칙적으로 연속해서 꽃이 핀다. 반복 개화성은 봄에 핀 후에 꽃이 피기까지 시간이 필요하며, 한철 개화성은 봄에 1회만 꽃이 핀다.

3 가지나 줄기의 생장점에 유전자 돌연변이가 일어나 형질이 다른 가지나 줄기가 생기는 일로 아조변이(bud mutation)라고도 한다.

다마스크
D Damask

향료용으로 예로부터 재배된 로즈 다마스케나*Rosa×damascena* 계통으로 반덩굴장미. 지금도 향료용 장미로 키운다.

마담 아르디
Madame Hardy

하이브리드 페티다
HFt Hybrid Foetida

로사 페티다*Rosa foetida*를 교배친交配親[1]으로 하는 계통. 반덩굴장미. 내한성이 약하고, 검은별무늬병에도 취약해 재배가 다소 어렵다. 노란색 계열의 품종이 많다.

솔레이 도르
Soleil d'Or

하이브리드 갈리카
HGal Hybrid Gallica

로사 갈리카*Rosa gallica*를 바탕으로 유럽에서 육성된 계통이다. 소형 관목으로 반덩굴성이다. 약간 거무스름하고 진한 녹색 잎이 특징이다.

샤를 드 골
Charles de Gaulle

하이브리드 멀티플로라
HMult Hybrid Multiflora

찔레나무*Rosa multiflora*를 교배친으로 둔 계통. 꽃송이가 뭉쳐 피며, 반덩굴성 또는 덩굴성이다.

블루 마젠타
Blue Magenta

하이브리드 퍼페추얼
HP Hybrid Perpetual

하이브리드 차이나에 부르봉이나 포틀랜드가 교배된 계통. 하이브리드 티가 만들어지기 전의 대표적인 대륜계 꽃. 빛깔이 다채롭고 다시 피는 것도 있다. 하이브리드 티의 교배친에 쓰인다.

바롱 지로 드 랭
Baron Girod de L'Ain

클라이밍 하이브리드 퍼페추얼
ClHP
Climbing Hybrid Perpetual

주로 반덩굴성 또는 덩굴성이며, 클라이밍 하이브리드 퍼페추얼은 하이브리드 퍼페추얼HP의 덩굴성 가지 변이 계통이다.

프라우 칼 드루슈키
Frau Karl Druschki

하이브리드 스피노시시마
HSpn
Hybrid Spinosissima

로사 스피노시시마*Rosa spinosissima*를 교배친으로 한 계통. 반덩굴성으로 자연미가 있는 수형. 내한성이 뛰어난 것이 많다.

스탠웰 퍼페추얼
Stanwel Perpetual

모스
M Moss

센티폴리아계의 돌연변이에서 만들어진 계통으로 반덩굴성이다. 꽃이 달린 부분과 꽃받침에 털의 일종인 선모腺毛가 빽빽하게 나서 이끼moss가 자라는 것처럼 보인다.

제임스 비치
James Veitch

1 원하는 형질의 품종을 얻기 위해 교배에 이용하는 암수 배우자 품종이나 계통

노이젯
N Noisette

로사 모스카타*Rosa moschata*와 월계화*Rosa chinensis*의 교배종을 기본으로 1900년대 전반에 티Tea 장미를 교배한 계통. 반덩굴성 또는 덩굴성이며, 반복 개화성 품종이 많다.

마담 알프레드 카리에르
Madame Alfred Carrière

포틀랜드
P Portland

최초로 등장한 반복 개화성이 있는 전통 장미로 1700년대 말 프랑스에서 유래했다. 갈리카와 다마스크의 교배로 탄생했다는 견해가 일반적이지만 기원이 분명하지 않다. 하이브리드 퍼페추얼 계통의 전신.

자크 카르티에
Jacques Cartier

티
T Tea

클라이밍 티
ClT Climbing Tea

어린 찻잎을 비비면 나는 향기가 있는 것이 특징인 계통. 향기는 로사 기간테아*Rosa gigantea*에서 유래했다. 주로 직립성으로 사철 개화성. 클라이밍 티는 티Tea의 덩굴성 가지 변이 계통이다.

2018년 7월 세계장미연맹의 분류·등록 위원회에서 하이브리드 머스크와 하이브리드 루고사를 전통 장미로 분류하기로 결정했다.

하이브리드 머스크
HMsk Hybrid Muska

탐스러운 머스크 향이 나는 로사 모스카타*Rosa moschata*에서 유래한 계통. 한 개의 꽃줄기에 많은 꽃이 달리는 다화성[1]이며, 사철 개화 성질이 강한 품종이 많다. 반덩굴성 또는 덩굴성이다.

발레리나
Ballerina

하이브리드 루고사
HRg Hybrid Rugosa

해당화*Rosa rugosa*를 교배친으로 한 계통으로 내한성과 내병성이 높다. 해당화의 특징을 이어받아 줄기의 가시와 단단하고 질긴 잎이 많다. 향기가 좋은 품종이 많다.

블랑 더블 드 쿠베르
Blanc Double de Coubert

현대 장미

하이브리드 티Hybrid Tea 장미가 발표된 1867년 이후에 탄생한 계통을 말한다.

하이브리드 티
HT Hybrid Tea

현대 장미의 선구가 되는 계통으로 하이브리드 퍼페추얼과 티 장미의 교배로 탄생했다. 사계절에 계속해서 피고, 다양한 색의 품종이 있다. 큰 꽃이 한 개씩 달리는 것이 기본적인 특징이다.

애프리코트 캔디
Apricot Candy

1 다화성(多花性)은 하나의 꽃대나 가지에 여러 개의 꽃을 가지고 있거나 한 번에 여러 개의 꽃을 피우는 특성을 말한다.

하이브리드 위추라나
HWich
Hybrid Wichurana

돌가시나무*Rosa luciae=Rosa wichurana*에서 유래한 계통. 신장력이 있고 유연한 가지가 늘어지듯이 자란다. 대륜 클라이머*Large-flowered Climber*의 계통으로 이어지는 중요한 계통이다.

폴 노엘
Paul Noël

플로리분다
Fl Floribunda

찔레나무*Rosa multiflora*에서 유래한 폴리안타 계열과 하이브리드 티 계열 등의 교배로 만들어진 사철 개화성 계통. 플로리는 '꽃', 분다는 '다발'을 뜻하는 합성어다. 다화성으로 중륜 크기의 꽃이 풍성하게 핀다. 정원 장미로서 인기가 많다.

딥 보르도
Deep Bordeaux

미니어처
Min Miniature

월계화 '미니마'*Rosa chinensis* 'minima'의 계통을 교배한 계통. 포기가 왜성(소형)이라 커지지 않아서 화분 재배 등에 적합하다. (이 책에선 '미니 장미'라고 표기한다.) 약간 대형인 것은 '파티오 로즈Patio rose'라고도 한다.

베이비 로맨티카
Baby Romantica

폴리안타
Pol Polyantha

소륜小輪의 꽃송이가 뭉쳐서 피는 계통으로 찔레나무와 월계화를 주요 교배친으로 한다. 이 계통과 하이브리드 티HT가 교배되면서 플로리분다Fl가 탄생했다.

플록시 베이비
Phloxy Baby

슈럽
S Shrub

직립성 계통이나 덩굴성 계통에 속하지 않는 반덩굴성 계통. 1867년 이후에 플로리분다Fl나 하이브리드 티HT, 야생종 등을 교배해 만들어진 반덩굴성 형태의 품종이다. 풍부한 꽃 색깔을 가지며 반복 개화성, 내한성, 내병성이 뛰어난 품종이 많다.

로틸리아
Rotilia

클라이밍
Cl Climbing

덩굴장미. 유연한 줄기가 길게 뻗는 특성이 있다. 주요 계통은 다음과 같다.

대륜 클라이머
LCl Large Flowered Climber

하이브리드 위추라나 등의 덩굴장미와 하이브리드 티나 플로리분다 등을 교배해 탄생한 계통. 중륜 또는 대륜의 꽃을 피우는 사철 개화성 혹은 한철 개화성 품종이 있다.

루미너스 필러
Luminous Pillar

클라이밍 플로리분다
ClFl
Climbing Floribunda

플로리분다 계통의 덩굴성 가지 변이 계통이다.

클라이밍 로즈우라라
Cl. Roseurara

클라이밍 하이브리드 티
ClHT
Climbing Hybrid Tea

하이브리드 계통의 덩굴성 가지 변이 계통. 가지 변이가 아니라 원래 덩굴성인 것도 있다.

클라이밍 이브 피아제
Cl. Yves Piaget

장미꽃 색깔

장미꽃은 같은 품종도 심는 곳이나 기상 조건에 따라 색깔이 달라지고, 같은 포기여도 계절에 따라 변한다. 더 나아가 보는 사람마다 인식하는 색 차이가 생긴다. 육종가의 노력으로 최근 비약적으로 발달해, 더욱 다채로운 색의 품종들이 등장했다. 여기에선 일반적인 장미꽃 색깔에 관해 설명한다.

분홍색 계열

유럽에서 교배된 원종의 대부분이 분홍색 계열과 관련되어, 대다수의 장미 품종이 여기에 속한다. 극히 옅은 색부터 짙은 로즈계, 붉은 핑크(새먼핑크), 산호색(코랄핑크) 등 색상 폭이 넓다. 추상적으로 '장밋빛'이라고 비유되는 색도 이 화사한 색감에서 연상됐다고 할 수 있다.

갈색 계열

주홍색 계열이 칙칙하게 표현되는 '블랙 티Black Tea' 등의 품종과 노란색 계열이 칙칙하게 표현되는 '줄리아' 등의 품종이 있다. 모두 차분한 색감을 느낄 수 있다.

줄리아Julia

적색 계열

절화折花 시장에서 유통량이 가장 많고 품종도 분홍색 계열 다음으로 많다. 이전에는 살짝 파랗게 퇴색하는 적색이 많았지만, 지금은 선명하고 꽃이 잘 피는 품종이 늘었다. 1984년에 덴마크의 폴센이 만든 '잉그리드 버그만'은 수형이 작으면서 적색계 장미의 집대성으로 탄생했다. 흑장미라고 불리는 짙은 검붉은색도 여기에 속한다.

잉그리드 버그만Ingrid Bergman

블랙 바카라Black Baccara

노란색 계열

티 계열에서 파생된 색상과 노란색 계열의 '솔레이 도르Soleil d'Or'에서 파생된 색상이 있는데, 특히 후자의 등장으로 풍성한 색감을 지닌 전통 장미가 탄생했다.

주홍색 계열

장미 품종으로는 드물다. 1960년대 선명한 색감으로 인기를 끌었던 '슈퍼스타Super Star'가 있다.

오렌지 살구색 계열

티Tea 계열과 노란색 계열에서 각각 파생된 색이 있으며, 특히 '솔레이 도르Soleil d'Or'에서 비롯된 색은 현대 장미에 한층 풍부한 색감을 더했다.

클라이밍 미니어처
ClMin Climbing Miniature

미니어처 계열의 덩굴성 가지 변이 계통. 가지 변이가 아니라 원래 덩굴성인 것도 있다.

유키코
ユキコ

영국 장미
ER English Rose

전통 장미와 현대 장미를 교배해 만든 계통이며, 영국의 육종가 데이비드 오스틴David Austin이 개량한 장미를 총칭한다. 전통 장미의 꽃 모양과 향기에 현대 장미의 사철 개화성과 풍부한 화색을 겸비한 계통으로, 대부분이 반덩굴장미이다.

그레이스
Grace

보라색 계열 청색 계열

초기의 보라색 계열은 '그레이 펄Grey Pearl' 등의 갈색 계열에서 푸른빛이 퇴색한 것을 바탕으로 만들어져 칙칙한 라벤더색 품종이 많았다. 그러나 '스털링 실버'를 기반으로 한 계통은 아름다운 연보라색을 발색하는 데 성공했다. 그 계통을 계승한 '블루 문'은 연보라색의 명화名花로서 향기까지 좋아 더욱 인기가 많다. 일본에선 고바야시 모리지小林森治가 인공 교배를 통해 '세이류' 등 여러 가지 청색계 품종을 발표했다. 또한 '랩소디 인 블루'와 같이 푸른빛이 퇴색한 보라색 계열도 새롭게 등장해 색채가 다양해졌다.

이후 전 세계 연구자들이 청색 장미 개발에 박차를 가해, 유전자 재조합 기술로 선명한 청색 유전자 도입에도 성공하면서 더욱 선명한 청색 품종 개발이 기대된다.

스털링 실버Sterling Silver

블루 문Blue Moon

랩소디 인 블루
Rhapsody in Blue

세이류青龍

복색複色 계열

꽃잎의 앞면과 뒷면 색이 다른 형태를 말한다. 보통은 앞면이 짙고 뒷면이 옅은 색이며, 꽃잎이 열렸을 때 색감이 아름답다.

가쿠노유메岳の夢

백색 계열

백장미는 대부분 아이보리나 분홍색이 섞여 있고 순백색 꽃은 의외로 적다. 그중에서도 명화名花로 꼽는 것이 '프라우 칼 드루슈키Frau Karl Druschki'인데, 꽃봉오리에 약간 붉은빛이 돌고 꽃이 피면 순백의 아름다운 자태를 뽐낸다.

복륜覆輪 계열

꽃잎 가장자리가 다른 색으로 변하는 복륜화覆輪花를 말한다. 이 책에선 꽃이 피면서 색이 변하는 형태도 포함한다. 그러데이션의 아름다움과 그때그때 피어나는 꽃 색깔의 차이도 즐길 수 있다.

캘리포니아 드리밍California Dreaming

그레텔Gretel

수형에 따른 분류

장미는 비슷한 굵기의 가지가 많이 뻗는 형태와 나무처럼 가지가 굵어지는 형태 등 여러 가지 '수형樹形'을 만든다. 장미를 수형에 따라 대개 '직립장미', '반덩굴장미', '덩굴장미'로 나눌 수 있다.

직립장미 bush rose

직립성, 다간성, 목질성

가지가 위로 뻗어 자립해 자라서 풍성한 수형을 만드는 장미. 꽃은 사철 개화성으로 주로 한 가지에 한 송이의 꽃이 달리는 하이브리드 티나 플로리분다, 미니어처미니 장미 등의 기본 수형이다. 가지 생장 형태는 가지가 똑바로 위로 뻗는 '직립성直立性', 옆으로 뻗는 '횡장성橫張性', 그 중간 형태인 '반직립성'이나 '반횡장성'이 있다.

직립성

퀸 엘리자베스Queen Elizabeth

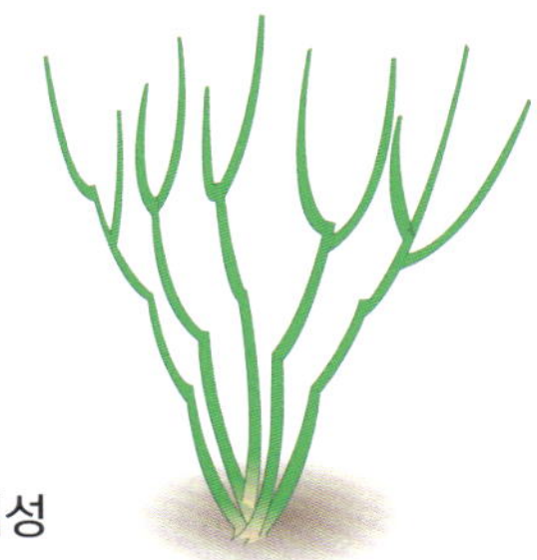

반직립성

비브 라 마리에!Vive la Mariee!

반횡장성

하루노春乃

횡장성

비브 레 바캉스!Vive les Vacances!

미니 장미 중 특히 꽃이 큰 레이디 메이안디나Lady Meillandina는 직립장미지만 옆 방향으로도 뻗어 자란다.

덩굴장미
climbing rose

덩굴성

가지가 길게 뻗어 덩굴 모양으로 자라는 장미의 총칭. 가지가 가늘고 유연한 형태와 강직한 형태가 있지만 대부분은 울타리나 봉, 아치나 벽면 등으로 유인해 원하는 수형을 만들어 키울 수 있다.

덩굴장미로 만들어진 품종뿐만 아니라, 직립장미가 가지 변이로 인해 덩굴성이 된 품종이나 야생종, 전통 장미, 영국 장미에도 덩굴성이 있다. 덩굴(가지)이 4~5m까지 자라는 것을 클라이밍climbing으로, 가늘고 유연한 가지가 10m 가까이 자라는 것을 램블러rambler로 구별하기도 한다.

반덩굴장미
shrub rose

반덩굴성

관목이면서 반덩굴성을 갖는 장미. 직립한 가지 끝이 구부러지면서 아래로 늘어져 완만한 아치 모양을 만든다. 전통 장미와 많은 영국 장미, 야생종, 전통 장미 일부가 여기에 속한다. 품종에 따라 한철 개화나 반복 개화, 사철 개화 등 개화 주기가 다양하다.

수형은 직립장미와 마찬가지로 '직립성', '반직립성', '횡장성', '반횡장성'이 있으며 높이(수고)도 다양해 재배 방식에 따라 자유롭게 즐길 수 있는 장미이다. 소형의 덩굴장미 품종ClMin은 유인하지 않으면 돔과 같은 자연스러운 형태를 이룬다.

하루가스미春がすみ는 '클라이밍 서머 스노우Cl Summer Snow'가 분홍색으로 변한 가지 변이 품종으로, '핑크 서머 스노우'라고도 부른다. 가지는 목질화되어 수명이 길다. 오래된 가지에도 꽃이 많이 피므로 오래된 가지를 살려 유인하면 꽃 개수가 많아진다.

전통 장미인 '팡탱 라투르Fantin Latour'는 전체 형태를 살리는 전정으로 반덩굴장미의 자연스러운 수형을 즐길 수 있고, 덩굴장미처럼 유인해도 좋다.

꽃 모양에 따른 분류

꽃 모양花形은 꽃잎이 모인 부분, 이른바 화관花冠이 피는 형태를 말한다. 꽃 모양을 나타내는 말에는 여러 가지가 있지만 일반적으로 꽃잎의 수와 모양, 개화 형상을 조합해서 표현한다. 꽃 모양을 몇 가지로 분류하지만, 그다지 엄밀하지 않다. 꽃잎 모양과 피는 방식을 조합해 '뾰족 꽃잎 우산형'이라고 표현하기도 한다. 또한, 꽃이 피기 시작한 초반부와 완전 개화 때의 꽃 모양이 다른 품종도 있다.

개화 형상

문라이트 바빌론
Moonlight Babylon

편평형

몇 장의 꽃잎이 말리지 않고 달려 옆에서 보았을 때 평평해지는 것처럼 모인다.

크리스찬 디올
Christian Dior

우산형

꽃잎이 중심을 높이 감싸듯 피어나 중심부가 높아지고, 옆에서 보면 삼각형 형상이다. 개화 단계에 따라 꽃 모양이 변하는 경우가 많다.

라 렌느 빅토리아
La Reine Victoria

찻잔형

바깥쪽 꽃잎이 꽃 심지보다 높아 둥글게 찻잔 모양이 된다.

저스트 조이
Just Joey

구형

찻잔형처럼 둥글게 피지만, 꽃잎이 중심을 안고 있어 반만 핀 정도로 느슨하게 풀린 듯한 모양이다.

그루스 안 아헨
Gruss an Aachen

로제트형

바깥쪽보다 안쪽 꽃잎이 작고, 꽃이 피면 꽃 심지가 평평해져 방사상放射状(바퀴살처럼 뻗어나간 모양)으로 보인다.

레드 레오나르도 다 빈치
Red Leonardo da Vinci

폼폰형

로제트형 중에서도 꽃이 절반 정도 피어 꽃 심지가 네 개로 갈라진 것 같은 모양으로 핀다.

향기에 따른 분류

장미의 매력 중 하나는 향기이다. 전통 장미는 특유한 향기가 강하고 화사한 달콤함이 있는 '다마스크 클래식'이나 싱싱한 과일 향인 '프루티' 등 주로 7가지로 나눈다.

호준芳純

다마스크 클래식
Damask classic

전통 장미와 야생종에 많으며, 강하고 화려한 달콤함이 있는 고전적인 향.

이브 피아체Yves Piaget

다마스크 모던
Damask modern

다마스크 클래식의 향을 이어가며 더욱 세련되고 진한 향.

레이디 힐링던Lady Hillingdon

티
Tea

어린 찻잎을 비비고 있는 듯한 고급스러운 향. 로사 기간테아*Rosa gigantea*에서 유래했다고 한다.

꽃잎 모양

피에르 카르댕
Pierre Cardin

뾰족 꽃잎

칼끝처럼 꽃잎 가장자리가 바깥쪽으로 젖혀져 뾰족한 모양이 된다.

캘리포니아 드리밍
California Dreaming

둥근 삼각 꽃잎

뾰족 꽃잎처럼 날카롭지는 않지만, 꽃잎의 가장자리가 바깥쪽으로 약간 젖혀진 모양이다.

아오이
あおい

둥근 꽃잎

꽃잎 가장자리가 둥그스름하다.

센티드 에어
Scented Air

물결 꽃잎

꽃잎 가장자리가 물결치는 모양이다.

꽃잎 개수

로사 그라우카
Rosa glauca

홑꽃

기본적으로 꽃잎이 5장이며, 대부분 납작하게 핀다. 야생종인 경우가 많다.

알바 세미프레나
Alba Semi-plena

반겹꽃

8~20장 정도의 꽃잎이 느슨하게 겹쳐 피어 꽃 심지花心가 보이며, '세미 더블'이라고도 한다.

트리긴티페타라
Rosa×Damascena 'Trigintipetala'

겹꽃

꽃잎이 많고(21장 이상) 겹쳐 피며 풍성함이 있다. '장미꽃형'이라고도 한다.

카논花音

프루티
Fruity

싱싱하거나 잘 익은 살구, 복숭아, 사과 등의 과일 향.

미스티 퍼플Misty Purple

블루
Blue

다마스크 모던에 티나 레몬 껍질 향이 섞인 것 같은 독특한 향.

해당화*Rosa rugosa*

스파이시
Spicy

다마스크 클래식 향기에 정향丁香의 향기가 섞인 향.

앰브리지 로즈Ambridge rose

몰약
Myrrh

특유의 달콤함을 가진 팔각회향八角茴香과 비슷한 향. 이 향기는 영국 장미에 많다.

장미 원예 프로가 추천하는

장미 도감 475

이 책은 475종의 장미를 튼튼하고 키우기 쉬운 장미와 최신 인기 장미로 나누고 수형에 따라 직립장미, 반덩굴장미, 덩굴장미로 분류해 알기 쉽게 해설한다. 품종 특성에 관한 상세 데이터를 통해 해당 장미를 깊이 이해할 수 있고 용도 마크를 재배에 활용할 수 있다.

도감 보는 법

분류 계통명은 약자로 기재

- **HT** 하이브리드 티
- **Fl** 플로리분다
- **S** 슈럽
- **Pol** 폴리안타
- **Min** 미니어처(미니 장미)
- **LCl** 대륜 클라이머
- **ER** 영국 장미 등 (현대 장미 계통 분류 → P.14 참조)
- **A** 알바
- **B** 부르봉
- **Ch** 차이나
- **HP** 하이브리드 퍼페추얼 등 (전통 장미 계통 분류 → P.12 참조)
- **Sp** 야생종 (계통 분류 → P.12와 P.92 참조)

품종명
대중에게 친숙한 품종명, 판매명, 일본 내 유통명

유럽식 표기

집시 소울 Gypsy Soul　　HT 사철 개화

꽃은 피기 시작할 때는 와인 레드였다가 만개하면 장밋빛이 된다. 둥근 삼각 꽃잎이 편평형으로 피고 꽃 모양이 변해 재미있다. 송이를 이루기는 어려우나, 일찍 꽃이 피어 초봄에 아직 다른 꽃이 피지 않을 때 화단에 장미꽃으로 물들인다. 초봄에는 가운데로 모여 모양이 단정하지만 여름 이후 다소 반덩굴성으로 자란다. 장마철에 다소 검은별무늬병이 생기기도 하나 수세가 강해 튼튼하고 키우기 쉽다.

10cm ◎중간 향 ▲반직립/1.2m×0.8m ■코르데스(독일) 2015년
※실생×Beverly 검은별무늬병: 강, 흰가루병: 강, 수세: 강

New 마크 2018년 또는 2019년에 발표된 신품종이다.

개화 주기

사철 개화: 봄부터 늦가을까지 계절 내내 핀다. 꽃 절정기는 봄과 가을이다.

한철 개화: 봄부터 초여름에 걸쳐 1년에 한 번 개화한다.

반복 개화: 봄부터 초여름까지 개화한 후에 반복해서 피지만 꽃 수가 줄어든다.

용도 마크

계통명 수형이나 생장 특성 등에서 재배에 적합한 가꾸기 방법 등을 소개한다.

- 화단에 심어 즐길 수 있다.
- 화분 재배(8~10호 정도)로 즐길 수 있다.
- 격자 구조물(trellis, 높이 1.5m 정도)로 유인해 즐길 수 있다.
- 울타리(높이 2m 정도)에 유인해 즐길 수 있다.
- 낮은 울타리(높이 1m 정도)로 유인해 즐길 수 있다.
- 높은 울타리(높이 2m 이상)로 유인해 즐길 수 있다.
- 오벨리스크(obelisk)로 유인해 즐길 수 있다.
- 봉에 유인해 즐길 수 있다.
- 높은 봉에 유인해 즐길 수 있다.
- 벽면으로 유인해 즐길 수 있다.
- 아치로 유인해 즐길 수 있다.
- 그늘시렁으로 유인해 즐길 수 있다.
- 화단에서 유인해서 즐길 수 있다.

데이터

화경: 일반적인 환경에서 재배한 꽃의 평균 크기이다.

◎ 향기: 향기의 강도를 강한 향, 중간 향, 약한 향의 3단계로 표기한다. 향기는 개인차가 크므로 어디까지나 대략적인 기준이다.

▲ 수형(직립, 반직립, 반횡장, 횡장), 수고×수관 폭: 수형에 따른 분류 → P.18 참조. 다 자란 성목(成木)의 크기를 표기한다.
덩굴장미는 전정·유인 등의 재배 방법에 따라 수형이 달라지므로 신장(덩굴 또는 가지가 1년간 자라는 길이)만 기재한다.

■ 육종가(육종 국가) 발표 연도: 육종가명은 원칙적으로 원어에 가깝게 표기하며, 기재가 없는 것은 불명인 경우이다.

※ 교배: 교배친은 모친종×부친종으로 기재하며, 기재가 없는 것은 불명인 경우이다.
검은별무늬병, 흰가루병 내병성: 3단계 중 '강'은 무농약 혹은 월 1회 정도만 약제를 살포해 줘도 재배할 수 있다. '중'은 월 3~4회의 정기적인 약제 살포가 필요하고, '약'은 월 3~4회 정기적으로 약제를 살포해도 병해가 발생할 수 있는 경우이다.
수세: 3단계 중 '강'은 성장이 빠르고 적절한 관리를 하면 1~ 2년이면 성목이 된다. '중'은 강과 약의 중간으로 성목이 되기까지 2~3년 정도 걸리고, '약'은 성장이 느려 성목이 되려면 4년 이상 걸리기도 한다.

Chapter 1

튼튼하고 키우기 쉬운 장미

검은별무늬병과 흰가루병 등의 병에 강하고 약제를 거의 주지 않아도 튼튼하게 자라는 장미 품종, 설사 병에 걸리더라도 수세가 강하고 생장이 왕성해 빨리 회복되는 품종, 가꾸기가 비교적 간단하고 초심자가 다루기 쉬운 품종 등을 엄선했다.

직립장미 Bush Rose

사철 개화성으로 위로 곧게 뻗는 직립성의 관목 장미

대부분 품종이 사철 개화로 봄에 자라난 가지 끝에 꽃이 피고, 그 후에도 거의 규칙적으로 뻗은 꽃가지에 반복해서 늦가을까지 꽃을 피우는 개화 습성을 갖는다. 생장 패턴은 포기 지표면 근처에 뻗어 나오는 가지(밑동 새순, basal shoot)가 자주 발생해 가지가 갱신되는 유형(새순 갱신형)과 심은 지 몇 년이 지나도 밑동 새순이 나오지 않아 오래된 가지에도 꽃을 피우는 유형(새순 무갱신형)의 2가지로 크게 나눈다.

화단에 활짝 핀 '스테파니 구텐베르크Stephanie Guttenberg'

화분에 아담하게 피어난 '블러싱 녹아웃Blushing Knock Out'

리사 리사 Risa Risa

Fl 사철 개화

꽃은 새먼핑크로 물결 꽃잎이 편평형으로 개화한다. 꽃이 오래가고 완전히 피어나면서 연분홍색이 되고, 그러데이션도 아름답다. 꽃송이는 5겹 내외의 꽃잎이 겹쳐 나 개화하며, 가지에 힘이 붙으면 큰 꽃송이가 되기도 한다. 완전한 사철 개화로 꽃이 매우 잘 피고 사계절 내내 끊임없이 핀다. 작고 아담한 수형이지만, 수세가 강해 튼튼하다. 검은별무늬병에 거의 걸리지 않으며, 매우 키우기 쉬운 장미이다.

8cm ◎약한 향 ▲횡장/1.0m×1.2m

■기무라 다쿠노리(일본) 2018년

※미발표 검은별무늬병: 강, 흰가루병: 강, 수세: 강

라리사 발코니아 Larissa Balconia

Fl 사철 개화

둥근 꽃잎이 여러 겹으로 겹쳐 로제트형으로 꽃송이가 피며, 꽃이 잘 달리면서 시들지 않고 오래간다. 꽃가지는 짧고 차례차례 핀다. 꽃이 큼직해 만개 시에는 가지를 덮듯이 활짝 핀다. 수형은 매우 작고 아담하면서 가운데로 모여 단정하다. 따뜻한 지역에선 한여름의 고온기에 일시적으로 성장을 멈출 수 있으나, 시원해지면 다시 잘 자란다. 내한성 및 내병성이 강해 화분 재배로도 즐길 수 있다. 특히 초심자가 부담 없이 키울 수 있는 품종이다.

8cm ◎약한 향 ▲반횡장/0.6m×0.6m

■코르데스(독일) 2014년

※실생×실생 검은별무늬병: 강, 흰가루병: 강, 수세: 보통

프린세스 벨 Princess Veil

Fl 사철 개화

연한 핑크에서 새먼색이 도는 핑크 그러데이션의 꽃이 로제트형으로 개화한다. 꽃송이는 5겹 내외의 꽃잎이 겹쳐 나 개화하며, 여름 이후에도 반복해서 잘 핀다. 국내에서 절화용 품종으로도 쓰이며, 꽃잎이 강해 꽃이 오래간다. 과일 계열의 향기가 있다. 수형이 작고 아담하면서 가운데로 모여 단정하며 다루기 쉽다. 내병성이 강하고, 무농약으로도 거의 병이 들지 않는 키우기 쉬운 장미이다.

8cm 강한 향 ▲반직립/1.0m×1.0m ■코르데스(독일) 2011년
검은별무늬병: 강, 흰가루병: 강, 수세: 보통

메르헨차버 Märchenzauber

Fl 사철 개화

꽃은 살구색이 도는 분홍색 둥근 꽃잎이 찻잔형으로 피고, 여러 겹의 꽃잎이 겹쳐 나 꽃송이가 된다. 플로리분다 중에서는 꽃이 크고, 기분 좋은 향기가 있다. 수형은 작고 아담하며 가운데로 모여 단정하다. 내병성 및 내한성이 강해 매우 키우기 쉽다. 원래 농약 살포는 거의 필요 없지만, 여름 고온기에 약해藥害로 인해 성장이 멈출 수 있으므로 무농약 재배로 키우는 사람에게 적합한 품종이다.

10cm 중간 향 ▲횡장/1.2m×1.2m ■코르데스(독일) 2015년
※실생×Focus
검은별무늬병: 강, 흰가루병: 강, 수세: 강

프티 트리아농 Petit Trianon

Fl 사철 개화

연분홍색 꽃은 로제트형으로 개화한다. 5겹의 꽃잎이 겹쳐 나 꽃송이가 되고, 꽃이 매우 잘 달린다. 꽃잎은 섬세해 보이나, 꽃잎이 강하고 잘 시들지 않아 오래간다. 연한 과일 향이 난다. 수형은 완전한 직립성이며, 충실하게 키우면 밑동 새순이 잘 나오는 새순 갱신형이다. 여름 전정은 너무 짧게 자르면 다음 눈싹, 芽이 잘 나지 않아 시든 꽃을 자르는 정도로 얕게 자른다. 검은별무늬병과 흰가루병에 매우 강해 무농약으로도 재배할 수 있다.

10cm 약한 향 ▲반직립/1.2m×0.9m ■메이앙(프랑스) 2005년
※Carefree Beauty×(Prairie Princess×Centenaire de Lourdes)
검은별무늬병: 강, 흰가루병: 강, 수세: 강

가든 오브 로즈즈 Garden of Roses

Fl 사철 개화

둥근 꽃봉오리에서 피는 꽃은 살구색에서 분홍색을 머금은 베이지색으로 변화하며 로제트형으로 개화한다. 꽃이 잘 달리면서 시들지 않고 오래가며, 운치 있는 꽃이 만개할 때는 포기를 감싸듯 활짝 핀다. 초기 생장은 느리게 홑꽃으로 피고 꽃가지도 짧지만, 수세가 좋아지면 꽃가지는 길어지고 3~5겹의 꽃잎이 겹쳐 나 꽃송이로 피어난다. 수형은 작고 아담하며, 밑동 새순 갱신이 어렵고 원줄기가 굵어지는 유형이다. 티 장미 향이 나고, 잎에 광택이 있다. 내병성이 강하고 가시도 적어 다루기 쉽다.

11cm 중간 향 ▲반횡장/1.0m×1.0m ■코데즈(독일) 2007년
※Bernstein-Rose×((immensee×Samling)×(Samling×Kolima))
검은별무늬병: 강, 흰가루병: 강, 수세: 보통

센트 오브 요코하마 Scent of Yokohama

Fl 사철 개화

꽃은 살짝 새먼색이 도는 파우더 핑크로 로제트형으로 개화한다. 비료를 많이 주면 그린 아이green eye가 나올 수 있다. 여러 겹의 꽃잎이 겹쳐 나 꽃송이가 잘 달리지만, 가을에는 홑꽃으로 잘 핀다. 여름 이후에도 반복해서 잘 핀다. 굉장히 강한 꽃향기가 있다. 수세가 강해 너무 웃자라므로, 비료는 적게 준다. 내병성이 강해 초심자에게 추천할 만한 품종이다.

7cm 강한 향 ▲횡장/1.0m×0.8m ■가와이 다카시(일본) 2017년
※Rose-Marie×Pretty Lady의 가지 변이
검은별무늬병: 강, 흰가루병: 강, 수세: 보통

웨딩 벨즈 Wedding Bells

HT 사철 개화

구형 꽃봉오리에서 약간 코랄색을 띠는 분홍색의 뾰족 꽃잎이 많이 겹쳐 우산형으로 개화한다. 홑꽃으로 잘 핀다. 꽃이 시들지 않고 오래가며, 꽃잎이 강해 상하지 않는다. 가벼운 티 장미 향기가 아침저녁 선선한 시간대에 느껴진다. 잎에 광택이 있고 내병성이 뛰어나다. 튼튼한 품종 중에는 가지가 반덩굴성으로 자라거나 둥근 꽃잎으로 피는 품종이 많다. 뾰족 꽃잎이 우산형으로 개화하는 완전한 직립성이면서 이렇게 키우기 쉬운 품종은 과거에 유례가 없어 시대의 전환점이 될 장미가 틀림없다.

13cm 약한 향 ▲반횡장/1.4m×1.4m ■코르데스(독일) 2010년
※(실생×Lady Like)×Steffi Graf
검은별무늬병: 강, 흰가루병: 강, 수세: 강

퓨처 퍼퓸 Future Perfume

HT 사철 개화

꽃잎의 앞면은 핑크, 뒷면은 약간 진한 핑크의 복색이다. 둥근 삼각 꽃잎이 우산형으로 피다가 완전히 개화하면 로제트형 꽃 모양이 된다. 여러 겹의 꽃잎이 겹쳐 나 꽃송이가 되고, 꽃이 잘 달린다. 진한 향기가 난다. 가지가 잘 갈라져 포기가 풍성해지고, 가운데로 모여 단정해 화분에 심기에도 적합하다. 내병성이 강해 무농약으로도 병은 거의 생기지 않지만, 월 1회 정도 약제를 살포하면 더욱 좋다. 작고 아담한 품종 중에 내병성이 상당히 높다.

8cm 강한 향 ▲반횡장/0.8m×0.8m ■코르데스(독일) 2019년
검은별무늬병: 강, 흰가루병: 강, 수세: 보통

플럼 퍼펙트 Plum Perfect

Fl 사철 개화

꽃은 붉은빛이 도는 짙은 자주색이며, 피어나면 꽃잎 가장자리에 붉은색이 짙게 나며 둥근 꽃잎으로 개화한다. 여러 겹의 꽃잎이 겹쳐 나 꽃송이가 되고, 꽃이 잘 달리면서 시들지 않고 오래간다. 완전한 사철 개화 식물이며, 이번화二番花가 핀 이후에도 반복해서 잘 핀다. 고온기에도 잘 자라며 꽃봉오리를 달고 계속 핀다. 수세는 강하나, 너무 커지지 않아 화분 재배에도 적합하다. 튼튼하고 키우기 쉬워 보라색 계열을 키우고 싶은 초심자에게 추천하는 품종이다.

8cm 약한 향 ▲반직립/1.2m×0.9m ■코르데스(독일) 2009년
※실생×실생
검은별무늬병: 강, 흰가루병: 강, 수세: 강

노바리스 Novalis

HT 사철 개화

꽃은 연보라색이며 피어나면 약간 붉은빛을 띤다. 꽃잎 끝이 뾰족한 독특한 꽃 모양으로 여러 겹의 꽃잎이 겹쳐 나 꽃송이가 되며, 꽃이 잘 달린다. 장마철이나 한여름 고온기 등에는 꽃잎이 상할 수 있다. 심은 지 몇 년이 지나도 밑동 새순은 거의 나오지 않으므로 겨울 전정은 오래된 가지를 가능한 한 남긴다. 내병성과 내한성이 뛰어나 현재 일본 내에서 발표된 보라색 계열 장미 중 병에 거의 걸리지 않아 가장 키우기 쉬운 품종이다.

10cm 중간 향 ▲반직립/1.5m×0.8m ■코르데스(독일) 2010년
※(실생×Blue Bajou)×(Coppélia '76×Big Purple)
검은별무늬병: 강, 흰가루병: 강, 수세: 강

오키드 로맨스 Orchid Romance

Fl 사철 개화

약간 연보라색을 띤 핑크색으로 피어나면서 옅은 분홍색이 되며, 로제트형으로 개화한다. 홑꽃이나 3겹 정도의 꽃송이로 개화하며 강한 향기가 난다. 가시는 많지만, 수형은 작고 아담하며 가운데로 모여 단정하다. 여름철 고온 다습 시 약제를 살포하면, 약에 따라 약해를 일으켜 낙엽이나 잎이 황변하는 경우가 생긴다. 본래 매우 튼튼해 무농약으로도 병은 거의 생기지 않으므로 특히 여름에는 농약 살포에 유의한다.

10cm 강한 향 ▲반횡장/1.2m×1.2m ■메이앙(프랑스) 2011년
※Purple Heart×Radmis
검은별무늬병: 강, 흰가루병: 강, 수세: 보통

카인다 블루 Kinda Blue

HT 사철 개화

꽃은 연보라색 로제트형 개화로 여러 겹의 꽃잎이 겹쳐 나 꽃송이가 된다. 꽃이 잘 달리면서 시들지 않고 오래간다. 다소 늦게 핀다. 꽃줄기는 유연하고, 고개를 숙이며 핀다. 수세가 강해 왕성하게 자라지만, 심은 지 몇 년이 지나도 밑동 새순은 거의 발생하지 않는다. 가지는 단단하고 강직하다. 독일 장미지만 내한성뿐만 아니라 내서성도 있다. 연분홍색 중에선 키우기 쉽고 초심자에게 추천할 만한 품종이다.

10cm 강한 향 ▲직립/1.5m×0.8m ■코르데스(독일) 2015년
※실생×실생
검은별무늬병: 강, 흰가루병: 강, 수세: 강

시요 紫陽 Shiyou

Fol 사철 개화

보라색이 도는 연한 핑크색으로, 작고 둥근 꽃잎은 필수록 더욱 옅어지며 편평형으로 개화한다. 10겹 내외의 꽃잎이 겹쳐 나 꽃송이가 되고, 꽃이 잘 달리고 사계절 내내 끊임없이 피어난다. 만개했을 때 두 가지 색의 꽃이 뒤섞인 듯 피어나는 모습은 보기 좋다. 가지는 유연하며, 가운데로 모여 단정하고 작고 아담한 수형이 된다. 수세는 강하고 내병성이 뛰어나다. 용기 재배에도 적합하며 초심자가 키우기 쉬운 품종이다.

3cm 약한 향 ▲횡장/0.5m×0.4m ■우에야마 히로시(일본) 2000년
검은별무늬병: 강, 흰가루병: 강, 수세: 강

녹아웃 시리즈 Knock Out Series 병을 녹아웃!

이름에서 알 수 있듯이 내병성이 특히 뛰어나고, 가꾸기가 쉬운 장미로 세계적으로 인정받은 초강력 품종 시리즈이다. 보통 개화했을 때 다음 꽃눈이 잘 나지 않는데, 꽃을 피우면서 다음 꽃눈도 틔워 사계절 내내 꽃이 끊이지 않는 점이 이 시리즈의 공동 특징이다. 무농약으로 수월한 관리를 선호하는 사람들에게 꼭 추천하는 시리즈이다.

녹아웃 Knock Out

Fl 사철 개화(8품종 공통)

밝은 빨강의 둥근 꽃잎이 반겹꽃으로 개화하고, 여러 겹의 꽃잎이 겹쳐 나 꽃송이가 되며, 꽃이 잘 달린다. 개화한 가지에는 다음 개화지가 바로 나오므로 초봄부터 늦가을까지 반복해서 끊임없이 피어난다. 포기는 잘 우거지나 가운데로 모여 단정하다. 외국에선 공공 공간 등 가꾸기 어려운 곳에 많이 심기도 하는 상당히 성공적인 품종이다. 전정 가위 등으로 대충 모양을 잡는 정도로 전정해도 멋지게 만들 수 있다. 2018년 세계장미연맹 명예의 전당에 들며 내병성 품종의 새로운 시대를 연 기념비적 품종이다.

8cm 약한 향 ▲횡장/1.1m×1.2m 검은별무늬병: 강, 흰가루병: 보통, 수세: 강(핑크 녹아웃, 블러싱 녹아웃과 공통) ■래들러(미국) 2000년
※Carefree Beauty의 실생×Razzle Dazzle의 실생

(8품종 공통)

핑크 녹아웃 Pink Knock Out

'녹아웃'의 가지 변이로 꽃이 분홍색으로 변한 품종이다. 성질은 '녹아웃'과 거의 다르지 않다.

■몬테시노(미국) 2001년 ※Knock Out의 가지 변이

블러싱 녹아웃 Blushing Knock Out

'녹아웃'의 가지 변이로 꽃이 연분홍색으로 변한 품종이다. 포기는 '녹아웃'보다 한 단계 정도 크고 잎이 약간 꼬여 있는 등 꽃 색깔 이외에도 조금 차이가 있다.

■벨(불명) 2001년 ※Knock Out의 가지 변이

더블 녹아웃 Double Knock Out

밝고 선명한 빨간색 뾰족 꽃잎이 우산형에서 편평형으로 피고, 저온기에는 구형으로 피기도 한다. 여러 겹의 꽃잎이 겹쳐 나 꽃송이가 되며, 꽃이 잘 달리면서 시들지 않고 오래간다. 특히 더위에 강해 한여름에도 꽃이 끊기는 일이 없다. 수형은 작고 아담한 상태로 유지되므로 화분 재배에도 적합하다.

7cm 약한 향 ▲직립/1.2m×0.5m 검은별무늬병: 강, 흰가루병: 강, 수세: 보통 (핑크 더블 녹아웃과 공통) ■래들러(미국) 2004년 ※Carefree Beauty의 실생×Razzle Dazzle의 실생

핑크 더블 녹아웃 Pink Double Knock Out

성질은 '더블 녹아웃'과 거의 똑같다. 로즈핑크 빛의 꽃잎 수가 많아 더욱 볼만하다. 드물게 '더블 녹아웃'으로 되돌아가는 가지가 있다.

■래들러(미국) 2005년 ※Double Knock Out의 가지 변이

화이트 녹아웃 White Knock Out

갓 개화한 꽃은 아이보리빛을 띠다가 만개하면 순백색이 되고 편평형으로 핀다. 5겹의 꽃잎이 겹쳐 나 꽃송이가 된다. 꽃봉오리는 단번에 벌어지지 않고 차례차례 피면서 다음 꽃눈도 돋우므로 사계절 내내 꽃이 끊이지 않는다. 향기는 아주 약간 꽃가루 향이 나는 정도이다. 밑동 새순은 심은 지 몇 년이 지나도 거의 발생하지 않는다. 꽃가지는 짧고, 수형은 작고 아담하게 가운데로 모여 단정해서 가꾸기가 쉽다. 내병성이 강해 공원 등 공공 공간에도 사용하기 좋은 품종이다.

7cm ◎약한 향 ▲횡장/1.2m×0.5m
■래들러(미국) 2009년 ※Radmom×Alaska
검은별무늬병: 강, 흰가루병: 강, 수세: 보통

서니 녹아웃 Sunny Knock Out

꽃은 노란색에서 완전히 피어나면 파스텔 크림색이 되며, 반겹꽃으로 피고 싱그러운 향기가 있다. 수형은 작고 아담하다. 여름철 고온 다습한 시기에 약제를 살포하면 약해로 성장이 멈출 수 있으므로 7~8월은 약제 살포를 삼간다. 원래 병은 거의 생기지 않기 때문에, 농약을 뿌릴 수 없는 장소에 심기 좋다.

8cm ◎중간 향 ▲횡장/1.0m×1.0m
■래들러(미국) 2006년 ※Brite Eye×Alaska
검은별무늬병: 강, 흰가루병: 강, 수세: 보통

레인보우 녹아웃 Rainbow Knock Out

중심이 노란색인 코랄핑크색 꽃이 홑꽃으로 핀다. 5겹의 꽃잎이 겹쳐 나 꽃송이가 되며, 꽃이 잘 달리고 끊임없이 피어난다. 포기는 매우 작고 꽃가지도 짧아 용기에 재배하기도 좋다.

7cm ◎약한 향 ▲횡장/0.8m×0.8m
■래들러(미국) 2005년 이전 ※RADtee×Carefree Celebration
검은별무늬병: 강, 흰가루병: 강, 수세: 보통

하나 Hana

Fol 사철 개화

로즈핑크에 안쪽이 흰색이며 홑꽃으로 핀다. 20겹 정도의 꽃잎이 겹쳐 나 큰 꽃송이가 되며, 꽃은 잘 달리면서 시들지 않고 오래간다. 약간 늦게 피며 열매가 잘 맺히기 때문에, 반복해서 피우고 싶다면 시든꽃자르기를 부지런히 한다. 수형은 작고 아담하면서 가운데로 모여 단정해 용기에 심어 키우는 것도 추천한다. 내병성이 강해 검은별무늬병과 흰가루병에는 거의 걸리지 않지만, 여름철 진드기에는 주의해야 한다. 초심자가 키우기 쉬운 품종이다.

3cm ◎약한 향 ▲반직립/0.5m×0.4m ■가와이 다카시(일본) 2011년
※Super Drothy×(미생×Baby Faurax)
검은별무늬병: 강, 흰가루병: 강, 수세: 보통

딥 보르도 Deep Bordeaux

Fl 사철 개화

이름 그대로 와인빛 도는 붉은색 꽃으로, 둥근 꽃잎에서 약간 물결치는 로제트형으로 개화한다. 5겹 정도의 꽃잎이 겹쳐 나 꽃송이가 되고, 꽃이 잘 달리며 시들지 않고 오래간다. 상쾌한 향기가 난다. 다소 일찍 피어서 봄 이후에도 반복해서 잘 피고 여름철에도 잘 핀다. 가지는 가늘지만, 직립성으로 작고 아담하게 가운데로 모여 단정하고 흐트러지는 법이 없다. 내병성이 강해 비가 많은 시기도 검은별무늬병으로 잎을 떨어뜨리는 일은 드물다. 내한성도 강해 매우 키우기 쉬운 품종이다.

10cm ◎중간 향 ▲직립/1.5m×1.0m ■코르데스(독일) 2014년
※Kronjuwel×실생
검은별무늬병: 강, 흰가루병: 강, 수세: 보통

패셔니스타 Fashionista

Fl 사철 개화

선명한 붉은색의 둥근 꽃잎이 편평형으로 개화한다. 5~10겹의 꽃잎이 겹쳐 나 꽃송이가 되며, 꽃이 잘 달리면서 시들지 않고 오래간다. 열매 맺기가 쉽고 시든꽃자르기를 하지 않으면 열매도 즐길 수 있지만, 반복해서 피기를 원할 때는 부지런히 시든꽃자르기를 하는 게 좋다. 수형은 작고 흐트러지지 않는다. 내병성은 강한 편이지만, 가을비가 내릴 즈음에 탄저병이 생길 수 있다. 내한성도 강해 키우기 쉬운 품종이다.

8cm ◎약한 향 ▲반횡장/0.8m×0.8m ■딕슨(영국) 2015년 ※실생×Rotilia
검은별무늬병: 보통, 흰가루병: 강, 수세: 보통

듀엣 발코니아 Duette Balconia

Fl 사철 개화

흰색 바탕에 피면서 붉은색이 도는 뾰족 꽃잎이 우산형으로 개화하며, 5월의 자외선이 강할 때는 특히 발색이 좋다. 5겹 또는 그 이상의 꽃잎이 겹쳐 나 꽃송이가 되고 꽃이 잘 달린다. 특히 꽃이 시들지 않고 오래가는데, 피기 시작하고 지기까지 2주 이상 걸린다. 수형은 상당히 작고 아담해 화분 등 용기 재배에 적합하다. 여름에도 잘 자라고, 내한성 및 내병성도 강해 매우 키우기 쉬운 품종이다.

7cm 약한 향 ▲반횡장/0.7m×0.7m ■코르데스(독일) 2017년
※Little sunset×Korchiaki
검은별무늬병: 강, 흰가루병: 강, 수세: 보통

체리 보니카 Cherry Bonica

Fl 사철 개화

밝은 붉은색의 찻잔형으로 홑꽃 개화에서 여러 겹의 꽃잎이 겹쳐 나 꽃송이가 되며 꽃이 잘 달린다. 반복해서 잘 피는 성질로, 시든꽃자르기를 하지 않고도 다음 꽃봉오리가 달려 차례차례 개화한다. 사계절 내내 끊임없이 피어난다. 포기는 단정해 가꾸기가 쉽다. 내병성이 강해 무농약 재배도 가능하다. 시든꽃자르기와 약 살포에 덜 신경 쓰는 도로 이식 등 다양한 장소 또는 환경에 심기 좋다.

7cm 약한 향 ▲반횡장/0.7m×0.7m ■메이앙(프랑스) 2013년
※(Deborah×Surprise)×Knock Out
검은별무늬병: 강, 흰가루병: 강, 수세: 강

가쿠노유메 岳の夢 Gaku no Yume

Fl 사철 개화

꽃잎의 앞면은 밝은 빨간색, 뒷면은 흰색의 복색인 둥근 꽃잎이 우산형으로 개화한다. 3~5겹 정도의 꽃잎이 겹쳐 나 꽃송이가 되고, 봄에는 큰 송이가 된다. 꽃은 잘 달리면서 시들지 않고 오래가며, 만개할 때는 포기를 덮듯이 피고 꽃잎이 좋아서 잠시 그 상태가 계속된다. 약간 늦게 피며 수형은 작고 아담해 흐트러지지 않고, 내병성도 강해 키우기 쉽다. 또한, 홋카이도 후라노富良野에서의 재배 시험을 통해 강한 내한성이 확인된 품종이다.

5cm 약한 향 ▲반횡장/1.2m×1.2m ■코르데스(독일) 2011년
※(실생×Zwergkönig 78)×Roxy Kordana Mini Brite
검은별무늬병: 강, 흰가루병: 강, 수세: 보통

티아모 Tiamo

HT 사철 개화

밝은 붉은색의 둥근 꽃잎이 편평형으로 개화하고, 하이브리드 티 중에서는 꽃이 작다. 여러 겹의 꽃잎이 겹쳐 나 꽃송이가 되며, 꽃이 잘 달리면서 시들지 않고 오래간다. 꽃잎의 질이 좋다. 여름 이후에도 반복해서 자주 개화한다. 수형은 작고 아담하지만, 수세가 강하고 심은 초기에는 밑동 새순이 잘 발생한다. 내병성이 강해 무농약이라도 거의 병에 걸리지 않고, 내한성도 강해 한랭지에서도 시들지 않는다. 작고 아담한 적색 계열의 장미로, 키우기 쉬운 품종이다.

8cm 약한 향 ▲반횡장/1.0m×1.0m ■코르데스(독일) 2016년
검은별무늬병: 강, 흰가루병: 강, 수세: 보통

투베르겐페이'09 Zwergenfee'09

Min 사철 개화

꽃은 둥근 꽃잎이 편평형으로 피며 밝은 주홍색이다. 10겹 이상의 꽃잎이 겹쳐 나 꽃송이가 되고, 꽃이 잘 달리면서 시들지 않고 오래간다. 늦게 핀다. 열매는 거의 달리지 않기 때문에 시든꽃자르기를 게을리하지 않아도 꽃봉오리가 잇달아 나온다. 여름 전정은 일주일 정도 빨리 실시하면 꽃이 잘 핀다. 새순 갱신은 어려워 전정은 너무 짧게 자르지 않고 가지를 많이 남긴다. 검은별무늬병의 내성은 미니 장미 중에 최고며, 무농약 재배로 충분히 키울 수 있다. 진드기가 잘 안 생기고, 화단에서 재배가 어렵다는 종래의 미니 장미에 대한 상식을 뒤집은 품종이다.

4cm 약한 향 ▲횡장/0.7m×0.7m ■코르데스(독일) 2009년
※Zwergkönig 78의 묘목×The Fairy의 묘목
검은별무늬병: 강, 흰가루병: 강, 수세: 강

스칼렛 보니카 Scarlet Bonica

Fl 사철 개화

꽃은 어두운 붉은색이며 편평형으로 피고, 여러 겹의 꽃잎이 겹쳐 나 꽃송이가 된다. 꽃이 잘 달린다. 꽃잎이 튼튼해 꽃이 시들지 않고 오래간다. 또한 반복해서 피는 성질이 강하고, 시든꽃자르기를 하지 않고도 다음 꽃봉오리가 올라와 사계절 내내 꽃이 끊이지 않는다. 가을에 약간 강한 밑동 새순이 나올 수 있지만, 수형은 작고 아담하게 정돈되어 흐트러지지 않는다. 내병성이 강해 매우 키우기 쉬운 품종이다.

7cm 약한 향 ▲반횡장/0.7m×0.7m ■메이앙(프랑스) 2015년
※Kronjuwel ×(Rote Max Graf×Deborah)
검은별무늬병: 강, 흰가루병: 강, 수세: 강

루비 플라워 카니발 Ruby Flower Carnival

Fl 사철 개화

짙은 붉은색의 5겹 이상의 꽃잎이 겹쳐 나 꽃송이가 되고, 꽃이 잘 달린다. 꽃잎은 튼튼해서 꽃이 시들지 않고 오래간다. 조금 늦게 피며, 따뜻한 지역에선 중생中生 품종(6~9월 개화)이 만개할 무렵에 피어난다. 계절에 따라 반복해서 잘 핀다. 가을 초에 약간 자라기도 하지만, 수형이 무너질 정도는 아니다. 내병성이 강해 무농약 재배로도 충분히 키울 수 있다. 내한성도 강해 서리가 내릴 즈음에는 단풍도 즐길 수 있다.

6cm 약한 향 ▲반횡장/1.3m×1.3m ■코르데스(독일) 2012년 ※실생×실생
검은별무늬병: 강, 흰가루병: 강, 수세: 강

이지 타임 Easy Time

Fl 사철 개화

선명한 오렌지색 꽃이 피며 시간이 지남에 따라 약간 붉은색이 나오고 살구색으로 퇴색한다. 물결 꽃잎이며 약간 톱니 모양이 들어가 있고 편평형으로 개화한다. 큰 꽃이 여러 겹의 꽃잎이 겹쳐 나 꽃송이가 되고, 꽃이 잘 달리면서 시들지 않고 오래간다. 이른 개화로 계절에 따라 잘 핀다. 수세가 있지만, 직립성으로 가운데로 모여 단정하다. 내병성이 강해 병에 거의 걸리지 않는다. 가꾸기가 쉽고 초심자가 꽃 피우기 쉬운 품종이다.

11cm 중간 향 ▲반횡장/1.0m×0.8m ■하크니스(영국) 2014년
※(Queen Charlotte×Della Balfour)×Baby Love
검은별무늬병: 강, 흰가루병: 강, 수세: 강

애프리코트 캔디 Apricot Candy

HT 사철 개화

꽃은 밝은 살구색의 둥근 삼각 꽃잎이 우산형으로 개화한다. 꽃이 잘 피고 여러 겹의 꽃잎이 겹쳐 나 꽃송이가 되고, 여름에도 반복해서 자주 핀다. 꽃이 시들지 않고 오래간다. 직립성이지만, 수세가 강하고 힘차게 자란다. 튼튼해 키우기 쉬운 이 품종은 몇 년의 무더위에도 잘 자라 꽃을 피워 내서성이 강한 품종으로 알려졌다.

11cm 중간 향 ▲반직립/1.5m×1.0m ■메이앙(프랑스) 2007년
※(Just Joey×Midas Touch)×(Alphonse Daudet×Glowing Peace)
검은별무늬병: 강, 흰가루병: 강, 수세: 강

앙드레 그란디에 André Grandier

HT 사철 개화

레몬색을 띤 노란색이며 꽃이 잘 달리지만, 시들지 않고 오래가는 편은 아니다. 둥근 꽃잎이 편평형으로 피며, 꽃잎이 약간 적어 깔끔한 인상이다. 여름에도 반복해서 잘 피고 더위에 강하다. 왕성하게 자라고 내한성도 있다. 내병성이 상당히 강해 매우 키우기 쉽다. 노란색 계열 하이브리드 티 중에서 무농약 재배로 피해를 크게 보지 않는 품종 중 하나이다. 비가 많이 내리는 시기에도 월 1회 정도의 살균제 살포로 충분히 재배할 수 있다.

10cm 약한 향 ▲반직립/1.5m×0.8m ■메이앙(프랑스) 2012년
※(Carefree Beauty×Yakimour)×Christopher Columbus
검은별무늬병: 강, 흰가루병: 강, 수세: 강

레용 드 솔레이유 Rayon de Soleil

Fl 사철 개화

꽃은 밝은 노란색의 둥근 꽃잎으로 개화한다. 홑꽃에서 여러 겹의 꽃잎이 겹쳐 나 꽃송이가 되고, 때때로 큰 꽃송이가 피기도 한다. 약간 늦게 피지만, 꽃이 잘 달리며 특히 시들지 않고 오래간다. 반복해서 잘 피고, 시든꽃자르기를 하지 않아도 다음 꽃봉오리가 바로 올라온다. 거의 수직으로 뻗어 흐트러지지 않는다. 또한 가시가 적어 가꾸기가 쉽다. 상대적으로 병에 약한 노란색 계열 중에서 내병성이 강해, 무농약으로도 검은별무늬병에 걸리지 않아 매우 키우기 쉽다.

7cm 약한 향 ▲직립/1.0m×0.7m ■메이앙(프랑스) 2015년
※(Apogée×실생)×Margaret Merril
검은별무늬병: 강, 흰가루병: 강, 수세: 강

킨렌포 金蓮歩 Kinrenpo

Fl 반복 개화

노란색에서 크림색으로 변색하는 둥근 꽃잎에서 물결 꽃잎으로 개화한다. 일찍 개화하며, 여러 겹의 꽃잎이 겹쳐 나 꽃송이가 된다. 꽃이 잘 달리면서 시들지 않고 오래간다. 만개할 때는 포기 전체를 덮을 만큼 꽃이 피고 꽃 색깔의 그러데이션이 아름답다. 열매가 맺기 쉬우므로 반복해서 피우게 할 때는 시든꽃자르기를 자주 해야 한다. 여름이 지나면 드물게 반덩굴성 형태의 새순이 나오지만, 심은 지 몇 년이 지나면 거의 나오지 않으므로 오래된 가지도 남기도록 한다. 내병성이 강한 튼튼한 품종이다.

8cm 약한 향 ▲횡장/1.6m×1.6m ■게이세이 장미 원예(일본) 2007년
※Umilo×Evergold
검은별무늬병: 강, 흰가루병: 강, 수세: 강

티픈 톱 Tip'n Top

HT 사철 개화

옅은 황금빛의 둥근 꽃잎이 찻잔형으로 개화한다. 홑꽃에서 3겹 정도의 꽃잎이 겹쳐 나 꽃송이가 되며, 꽃이 잘 달리면서 시들지 않고 오래간다. 가지는 다소 일어서는 직립성이다. 여름 이후에도 잘 핀다. 내병성이 강해 무농약이라도 거의 병에 걸리지 않는다. 노란색 계열 하이브리드 티 중에서는 내병성이 강한 품종이다.

8cm 약한 향 ▲직립/1.2m×0.8m ■코르데스(독일)
2015년 검은별무늬병: 강, 흰가루병: 강, 수세: 보통

레몬 피즈 Lemon Fizz

Fl 사철 개화

꽃은 밝은 노란색의 반겹꽃으로 개화한다. 일찍 개화해 5겹 정도의 꽃잎이 겹쳐 나 꽃송이가 된다. 꽃은 시들지 않고 오래 가는 것은 아니나, 반복적으로 잘 핀다. 그러나 열매를 맺기 쉬우므로 반복해서 꽃을 피우기 위해선 정기적으로 시든꽃자르기를 해 줘야 한다. 따뜻한 지역에서 한여름의 고온기에는 성장이 늦지만, 가을이 되면 잘 자란다. 내병성이 강해 무농약 재배로도 충분히 견디므로 살충제를 살포하기 어려운 곳에서 노란색 꽃을 키울 때 추천한다. 초심자가 매우 키우기 쉬운 품종이다.

7cm 약한 향 ▲반횡장/0.8m×0.8m ■코르데스(독일) 2012년
※실생×실생
검은별무늬병: 강, 흰가루병: 강, 수세: 보통

프리티 레이디 Pretty Lady

Fl 사철 개화

약간 새먼핑크를 머금은 옅은 분홍색의 둥근 꽃잎에서 둥근 삼각 꽃잎이 우산형으로 개화한다. 여러 겹의 꽃잎이 겹쳐 나 꽃송이가 되며 꽃이 잘 달린다. 포기는 튼튼하고 수세가 있으며, 작고 아담하게 가운데로 모여 단정하다. 드물게 고온기에 잎이 황변해 낙엽이 질 수 있으나, 내병성이 강해 병은 거의 걸리지 않으므로 초심자가 재배하기 쉬운 품종이다.

8cm 중간 향 ▲횡장/1.0m×1.0m ■스크리벤(영국) 1997년
※(실생 ×(*Rosa davidii elongata*×실생))×(Troika×Alpine Sunset)
검은별무늬병: 강, 흰가루병: 강, 수세: 보통

마리 앙투아네트 Marie Antoinette

Fl 사철 개화

꽃은 아이보리 화이트의 둥근 꽃잎이 편평형 개화에서 크림색을 띤 찻잔형 개화로 섬세하게 변화한다. 여러 겹의 꽃잎이 겹쳐 나 꽃송이가 되고, 꽃이 잘 달린다. 수형은 작고 아담하면서 가늘게 서서 연약해 보이지만 튼튼하다. 여름에 약간 생장이 멈추기도 하지만, 시원해지는 가을 초에는 다시 성장하기 시작한다. 병은 거의 없으며 가꾸기가 번거롭지 않아 재배하기 쉬운 품종이다.

10cm ◎중간 향 ▲반횡장/1.0m×1.0m ■탄타우(독일) 2003년
※Bernstein-Rose×RT74101
검은별무늬병: 보통, 흰가루병: 강, 수세: 보통

팔로마 블랑카 Paloma Blanca

Fl 사철 개화

살짝 아이보리빛 띤 흰색이며 가을이 깊어질수록 약간 핑크빛 도는 둥근 꽃잎이 핀다. 여러 겹의 꽃잎이 겹쳐 나지만 가을에는 홑꽃으로도 잘 핀다. 수형은 가운데로 모여 단정하며 흐트러지지 않는다. 내서성이 강해 여름에도 새싹이 잘 나고 반복해서 꽃이 핀다. 매우 튼튼해서 무농약이라도 검은별무늬병에는 거의 걸리지 않는다.

9cm ◎약한 향 ▲반직립/1.5m×1.0m ■백(미국) 1984년
※(Vera Dalton×(Pink Princess×Lillian Gibson)×(Florence Mary Morse × (Josef Rothmund×*Rosa laxa* Retzius))
검은별무늬병: 강, 흰가루병: 강, 수세: 보통

스테파니 구텐베르크 Stephanie Guttenberg

Fl 사철 개화

아이보리에서 중심으로 갈수록 옅은 핑크색이 되는 그러데이션의 찻잔형 개화로 가을 초의 한기에 개화할 때는 핑크색이 진해진다. 5겹 정도의 꽃잎이 겹쳐 나 꽃송이가 되고, 꽃이 잘 달리면서 시들지 않고 오래간다. 가지는 옆으로 뻗지만, 작고 아담하게 가운데로 모여 단정해 화분 재배에도 적합하다. 내병성이 뛰어나 검은별무늬병과 흰가루병에 걸리지 않으며, 무농약 재배에도 적합하다. 여름에 약간 성장이 느리지만, 내한성은 매우 강하다. 초심자가 키우기 쉬운 품종이다.

10cm ◎중간 향 ▲횡장/0.7m×0.7m ■탄타우(독일) 2011년
※Tan97104×Lions Rose
검은별무늬병: 강, 흰가루병: 강, 수세: 보통

그레텔 Gretel

Fl 사철 개화

꽃은 아이보리로 피다가 완전히 피어나면 핑크가 도는 둥근 꽃잎이 편평형으로 개화한다. 여러 겹의 꽃잎이 겹쳐 나 꽃송이가 되며, 꽃이 매우 잘 달린다. 약간 늦게 핀다. 열매가 거의 달리지 않아, 시든꽃자르기를 안 해도 사계절 내내 끊임없이 꽃이 핀다. 새순 갱신은 거의 하지 않아 오래된 가지도 남기도록 한다. 새 가지가 많으면 수세가 떨어진다. 수형은 작고 아담해 가꾸기가 쉽다. 매우 튼튼해 무농약 재배로도 충분히 자라므로 초심자에게 추천하는 품종이다.

8cm ◎약한 향 ▲횡장/0.7m×0.6m ■코르데스(독일) 2014년
※(Immensee×실생)×New Zealand
검은별무늬병: 강, 흰가루병: 강, 수세: 강

반덩굴장미 Shrub Rose

자연 수형이나 소형 덩굴장미로도 사용할 수 있는
반덩굴성 장미이다.

직립장미와 덩굴장미의 중간 장미를 일컫는다. 곧게 자라던 가지가 그 끝이 점차 휘어지며 아래로 늘어져 완만한 아치 모양이 된다. 주로 자연 수형으로 즐기지만, 전정이나 유인에 따라 수형과 수고를 조절할 수 있으므로 다양한 장소에 활용하기 쉽고, 다양한 연출이 가능하다. 수형이나 새순의 신장, 가지의 성질, 개화 습성 등은 품종과 재배 환경에 따라 달라진다. 품종의 특성을 잘 파악해 재배하는 것이 핵심이다.

자연 수형으로 즐기는 '나이스 이지Nice'n' Easy'

오벨리스크로 유인한 소형 덩굴장미
'샤토 드 슈베르니Château de Cheverny'

포복성 '스노우 샤워Snow Shower'는
걸이용 화분에 적합하다.

샬리마르 Shalimar

S 사철 개화

연분홍 물결 꽃잎이 로제트형으로 개화한다. 3~5겹 정도의 꽃잎이 겹쳐 나 꽃송이가 된다. 꽃이 매우 잘 달리며 반복해서 핀다. 수형은 작고 아담하게 가운데로 모여 단정하고, 가지는 유연해 늘어지듯 핀다. 내병성이 매우 강해 무농약으로도 병은 거의 생기지 않는다. 육종가인 기무라木村가 지향하고 있는 꽃의 아름다움과 재배의 용이성을 융합시킨 제1호 품종으로 '로사 오리엔티스Rosa Orientis' 시리즈의 새로운 단계를 느끼게 하는 품종이다.

10cm ◎중간 향 ▲반횡장/1.3m×1.2m
■기무라 다쿠노리(木村卓功, 일본) 2019년 ※미발표
검은별무늬병: 강, 흰가루병: 강, 수세: 강

스태리 헤븐즈 Starry Heavens

S 사철 개화

꽃은 벚꽃 같은 핑크로 둥근 꽃잎이 편평형에서 찻잔형으로 개화한다. 여러 겹의 꽃잎이 겹쳐 나 꽃송이가 되고, 꽃이 잘 달린다. 더위에도 강해 한여름에도 꽃은 쉬지 않고 계속 피어난다. 생장이 왕성하지만, 수형은 작고 아담하며 가지에는 거의 가시가 없다. 무농약이라도 검은별무늬병과 흰가루병은 거의 걸리지 않는다. 수형이 흐트러지지 않아 초심자가 키우기 쉬운 품종이다.

7cm ◎약한 향 ▲반횡장/1.0m×0.8m
■기무라 다쿠노리(일본) 2019년 ※미발표
검은별무늬병: 강, 흰가루병: 강, 수세: 보통

콘스탄체 모차르트 Constanze Mozart

Fl 반복 개화

꽃은 회색이 도는 연한 파우더 핑크이다. 피기 시작할 때는 둥근 삼각 꽃잎이 대칭형으로 피다가 로제트형으로 개화해 꽃 모양의 변화가 많다. 5겹 정도의 꽃잎이 겹쳐 나 꽃송이를 이루며, 꽃이 시들지 않고 오래간다. 약간 늦게 피며 향기는 좋다. 새순은 똑바로 자라 휘감기는 일은 없지만, 심은 지 몇 년이 지나도 지표면 근처에 돋는 밑동 새순은 거의 나지 않는다. 여름 전정은 일주일 정도 빨리한다. 여름이 지나 나온 새순은 강하게 잘라 수세를 떨어뜨리듯이 하면 꽃이 잘 핀다. 무농약 재배도 가능해 초심자가 재배하기 쉽다.

10cm 강한 향 ▲횡장/1.3m×1.1m ■코르데스(독일) 2012년
※The McCartney Rose×실생
검은별무늬병: 강, 흰가루병: 강, 수세: 강

로잘리 라몰리에르 Rosalie Lamorlière

Fl 사철 개화

꽃은 벚꽃 핑크의 로제트형으로 피며, 5겹 이상의 꽃잎이 겹쳐 나 꽃송이가 된다. 꽃이 시들지 않고 오래가지는 않지만, 꽃이 잘 달리고 만개할 무렵에는 포기 전체를 덮듯이 핀다. 또, 반복해서 잘 피므로 사계절 내내 꽃이 끊어지는 일이 없다. 수형은 작고 아담하면서 내병성도 뛰어나 매우 키우기 쉽다. 화단에서 화분에 이르기까지 다양한 환경에서 활약하는 품종이다.

6cm 약한 향 ▲횡장/1.0m×1.0m ■메이앙(프랑스) 2014년
※(The Fairy×(Katharina Zeimet×Orange Meillandina))
×(Carefree Beauty×Bonica '82) 검은별무늬병: 강, 흰가루병: 강, 수세: 강

바일란도 Bailando

Fl 사철 개화

꽃은 살구색이 도는 새먼핑크가 찻잔형으로 피고, 초가을에는 로제트형 개화를 하기도 한다. 5겹 이상의 꽃잎이 겹쳐 나 큰 꽃송이가 되는 경우가 많고, 꽃이 매우 잘 달린다. 또한, 꽃잎이 단단하고 꽃도 시들지 않고 오래간다. 조금 늦게 핀다. 수형은 매우 작고 아담하면서, 흐트러지는 것이 없어 화분이나 좁은 장소에 재배가 쉽다. 내병성이 강해 무농약으로도 병에 걸려 낙엽이 지는 일이 없다. 내한성이 강해 누구나 키우기 좋은 품종이다.

6cm 약한 향 ▲횡장/1.0m×1.0m ■탄타우(독일) 2008년
※Traumland×Astrid Lindgren
검은별무늬병: 강, 흰가루병: 강, 수세: 보통

마이가든 MyGarden

HT 강한 반복 개화

진줏빛 도는 핑크색 뾰족 꽃잎이 우산형 개화에서 구형 개화로 변화한다. 거의 홑꽃으로 피는 거대륜의 꽃이 존재감이 있고 향기도 강하다. 수고가 높아 여름이 지나도 잘 자라므로, 여름 전정은 따뜻한 지역에선 통상보다 10일 정도 이른 8월 중순 후에 하면 가을에도 꽃이 핀다. 단, 가지를 짧게 자르면 꽃이 잘 안 피니 주의해야 한다. 튼튼해 잘 자라며, 비료를 많이 주면 지나치게 커지므로 노지에 심을 때는 겨울에만 비료를 준다. 무농약으로도 키울 수 있다.

13cm 강한 향 ▲반직립/1.8m×1.5m ■메이앙(프랑스) 2008년
※(Wimi×Rouge Meilland)×Margaret Merril
검은별무늬병: 강, 흰가루병: 강, 수세: 강

다프네 Daphne

S 사철 개화

꽃은 새먼핑크에서 연한 핑크로 피다가 완전히 피어나면 담록색으로 변하는 물결 꽃잎이 겹꽃으로 개화한다. 여러 겹의 꽃잎이 겹쳐 나 꽃송이가 되며, 특히 꽃이 시들지 않고 오래가서 오랫동안 꽃을 즐길 수 있다. 수세가 강하고 매우 튼튼하다. 땅에 심었을 때 비료를 많이 주면 너무 커지게 되므로 추울 때 하는 정도(겨울 비료)로 그친다. 자연 수형으로 즐기는 것 외에 소형 덩굴장미로도 이용 가치가 높다. 내병성이 강해 무농약으로도 검은별무늬병과 흰가루병에는 걸리지 않는다.

7cm 중간 향 ▲횡장/1.4m×1.2m ■기무라 다쿠노리(일본) 2014년
※미공개×Home&Garden
검은별무늬병: 강, 흰가루병: 보통, 수세: 강

올리비아 로즈 오스틴 Olivia Rose Austin

S(ER) 반복 개화

꽃은 연분홍색의 찻잔형에서 로제트형으로 개화한다. 봄에는 겹꽃으로 피지만, 가을에는 홑꽃으로 잘 피고 그다지 반복해서 피지 않는다. 섬세한 아름다움으로 과일 계열의 좋은 향기가 난다. 포기의 생장은 왕성하고 매우 튼튼하다. 가지는 유연해 약간 처진다. 영국 장미 중에선 상당히 내병성이 강한 품종이다. 병은 대부분 생기지 않아서 초심자가 기르기 쉽다. 데이비드 오스틴 주니어의 딸 이름이 붙은 품종이다.

8cm 중간 향 ▲직립/1.2m×1.0m ■데이비드 오스틴(영국) 2014년 ※실생×실생
검은별무늬병: 강, 흰가루병: 강, 수세: 보통

한스 괴네바인 Hans Gönewein

Fl 사철 개화

핑크의 찻잔형 꽃으로, 5~6겹의 꽃잎에서 수세가 좋으면 20겹 정도의 꽃잎이 겹쳐 나 큰 꽃송이가 된다. 꽃이 매우 잘 달린다. 약간 늦게 핀다. 가지와 꽃자루는 유연해 고개를 숙여 핀다. 향기는 옅은 과일 향이 난다. 포기는 신장력이 있고, 장마 이후 밑동 새순이 왕성하게 발생한다. 비료를 많이 주면 웃자라므로 주의해야 한다. 땅에 심을 때는 겨울 비료만으로 충분하다. 소형으로 키우면 덩굴장미로도 이용할 수 있다. 내병성이 강해 키우기 쉬우므로 초심자에게 추천하는 품종이다.

6cm ◎중간 향 ▲횡장/1.0m×1.2m ■탄타우(독일) 2009년
※Bassino×Pierre de Ronsard
검은별무늬병: 강, 흰가루병: 강, 수세: 강

레미 창 Remi Chang

S 반복 개화

꽃은 차분한 느낌의 웜 핑크이며 찻잔형으로 개화한다. 여러 겹의 꽃잎이 겹쳐 나 꽃송이가 된다. 주변에 풍기는 향기가 매우 좋다. 여름 이후에도 새순의 끝에서 반복해서 핀다. 수세가 강하고, 여름 이후 반덩굴성 형태의 밑동 새순이 자주 나온다. 가지는 단단하고 가시가 적다. 내병성이 매우 강해 초심자에게 추천한다.

10cm ◎강한 향 ▲횡장/1.2m×1.2m ■이와시타 아쓰야(일본) 2003년
※Pu Tao Hong×불명
검은별무늬병: 강, 흰가루병: 강, 수세: 강

로즈 시낙티프 Rose Synactif

S 반복 개화

꽃은 밝은 라일락색이며 둥근 꽃잎이 우산형으로 개화한다. 홑꽃으로 잘 핀다. 꽃잎은 약간 약하지만, 아주 좋은 향기가 난다. 수세는 강하고 생장이 왕성하다. 여름부터 반덩굴성 수형으로 강한 밑동 새순이 다수 발생한다. 과한 비료로 수형이 흐트러질 수 있으니, 땅에 심을 때는 겨울 비료만으로 충분하다. 자연 수형 외에도 덩굴장미로 가꿔 즐길 수도 있다. 내병성이 강해 기르기 쉬운 품종이다.

10cm ◎강한 향 ▲반횡장/1.5m×1.2m ■델바르(프랑스) 2006년
※Centenaire de Lourdes×Lasting Love
검은별무늬병: 강, 흰가루병: 강, 수세: 강

베벌리 Beverly

HT 사철 개화

꽃은 분홍색으로 뾰족 꽃잎의 우산형에서 완전히 피어나면 둥근 꽃잎의 편평형이 된다. 거의 홑꽃이 피고, 꽃이 매우 잘 달리면서 시들지 않고 오래가며 향기도 훌륭하다. 심은 초기에는 반덩굴성 수형으로 자라지만, 새순 갱신이 어렵고 성장함에 따라 가운데로 모여 단정해진다. 내한성이 있어 한랭지에서도 재배하기 쉽다. 튼튼해 매우 기르기 쉽고 무농약 재배도 가능하다.

10cm ◎강한 향 ▲횡장/1.5m×1.0m ■코르데스(독일) 2008년
※실생×Centenaire de Lourdes
검은별무늬병: 강, 흰가루병: 강, 수세: 강

오두르 다무르 Odeur d'Amour

HT 사철 개화

보랏빛 음영을 띤 핑크색 둥근 꽃잎이 구형으로 개화한다. 여러 겹의 꽃잎이 겹쳐 나 꽃송이가 되고, 꽃이 매우 잘 달린다. 여름 이후에도 반복해서 핀다. 다마스크 향에 차분하고 시원한 향이 감돈다. 수고가 높고 왕성하게 자란다. 새순 발생도 많은 대형 반덩굴성이지만, 가운데로 모여 단정하다. 내병성은 매우 강해 무농약으로도 거의 병이 생기지 않아 키우기 쉬운 장미이다. 소형 덩굴장미로도 즐길 수 있다.

8cm ◎강한 향 ▲직립/1.6m×1.0m ■코르데스(독일) 2018년
검은별무늬병: 강, 흰가루병: 강, 수세: 강

마리아테레지아 Mariatheresia

S 사철 개화

꽃은 소프트 핑크의 로제트형 개화로 5겹 정도의 꽃잎이 겹쳐 나 꽃송이가 된다. 꽃이 잘 달리며 시들지 않고 매우 오래간다. 수세가 강하고 가지는 유연하다. 여름 이후 반덩굴성 형태의 새순이 발생해 소형의 덩굴장미로도 즐길 수 있다. 심은 지 몇 년이 지나면 밑동 새순은 거의 발생하지 않게 되므로 처음 몇 년 안에 포기의 모양을 잡아야 한다. 내병성이 강해 병은 거의 생기지 않으므로 키우기 좋은 품종이다.

10cm 약한 향 ▲횡장/1.5m×1.5m ■탄타우(독일) 2004년
※(Tan87212×실생)×Tan73815
검은별무늬병: 강, 흰가루병: 강, 수세: 강

핑크 스와니 Pink Swany

S 반복 개화

꽃은 진분홍색 로제트형 개화로 5겹 이상의 꽃잎이 겹쳐 나 꽃송이가 된다. 약간 늦게 피고 만발할 때는 한 그루를 덮을 정도로 꽃이 잘 달린다. 여름 이후에는 반복 개화한다. 수세가 강하고 가지는 유연하다. 특히 여름 이후에는 반덩굴성 형태의 새순이 많이 발생한다. 자연 수형뿐만 아니라 소형의 덩굴장미로도 즐길 수 있다. 내한성도 있어 매우 튼튼해 키우기 쉬운 품종이다.

6cm 약한 향 ▲횡장/1.0m×1.2m ■메이앙(프랑스) 2003년
※(Immensee×실생)×Prairie Star
검은별무늬병: 강, 흰가루병: 강, 수세: 강

더 메이플라워 The Mayflower

S(ER) 사철 개화

핑크에서 연한 핑크로 색이 변하며 로제트형으로 개화한다. 여러 겹의 꽃잎이 겹쳐 나 꽃송이가 되고, 꽃이 잘 달린다. 수형은 작고 아담하며 가운데로 모여 단정한 모습이 된다. 가지는 가늘고 긴 가시가 있으며, 지엽枝葉은 전통 장미를 연상시킨다. 약간 더위에 약하고 고온기에 생장이 느려질 수 있으나 타고나기를 아주 튼튼하다. 내병성이 매우 강해 무농약이라도 거의 병에 걸리지 않는다. 가지 변이 품종인 '수잔 윌리엄스 엘리스Susan Williams-Ellis'는 같은 성질로 순백색의 꽃이다.

6cm 중간 향 ▲반직립/1.1m×0.7m
■데이비드 오스틴(영국) 2001년 ※실생×실생
검은별무늬병: 강, 흰가루병: 강, 수세: 보통

해피 트레일스 Happy Trails

Min 사철 개화

꽃은 선명한 분홍색 폼폰형으로 개화하며 5겹 정도의 꽃잎이 겹쳐 나 꽃송이가 된다. 늦게 피지만 꽃이 잘 달려서 봄이 지나 늦가을까지 반복해서 계속 피고, 꽃이 진 후에는 열매를 즐길 수도 있다. '스노우 샤워Snow Shower'에 비하면 위쪽으로도 약간 자라지만 포복성이다. 내병성이 강해 무농약이라도 병에 걸리는 일은 거의 없다. 모아 심기나 걸이용 화분에 어울린다. 땅에 심을 때는 화단 바로 앞에 식재한다.

3cm 약한 향 ▲횡장/0.3m×0.3m ■잘리(미국) 1992년
※Immensee×Roller Coaster
검은별무늬병: 강, 흰가루병: 강, 수세: 보통

빙고 메이딜란드 Bingo Meidiland

S 반복 개화

중심 부분의 색이 빠져 안쪽이 흰색인 새먼핑크색 꽃이 홑꽃으로 핀다. 5겹 이상의 꽃잎이 겹쳐 나 큰 꽃송이가 되며, 꽃이 매우 잘 달린다. 다소 늦게 피지만 봄에 만개할 무렵에는 포기 전체를 덮을 정도로 핀다. 수세가 강하고 가지는 유연하다. 여름 이후 반덩굴성 형태의 새순이 많이 나오지만, 그렇게 많이는 피지 않는다. 내병성이 강해 매우 기르기 쉽다. 신장력이 있어 자연 수형 외에도 소형 덩굴장미로 활용할 수 있다.

4cm 약한 향 ▲횡장/1.2m×1.3m ■메이앙(프랑스) 1991년 이전
※(Eyepaint×Nirvana)×Smarty
검은별무늬병: 강, 흰가루병: 강, 수세: 강

페어리 시리즈 Fairy Series 늦가을까지 계속해서 다시 피어나는 아름다움

폴리안타 계열의 명화名花인 '더 페어리'처럼 사철 개화성으로 오래가는 꽃이 잘 피고, 재배가 쉽다는 장점을 물려받은 가지 변이 시리즈이다.

더 페어리 The Fairy

Pol 사철 개화(4품종 공통)

꽃은 복숭아색 둥근 꽃잎이 편평형으로 개화한다. 20겹 또는 그 이상의 꽃잎이 겹쳐 나 큰 꽃송이가 되며, 특히 꽃이 잘 달리면서 시들지 않고 오래간다. 약간 늦게 핀다. 가지는 유연하고 작고 아담하며, 자연 수형에선 돔 형태로 가운데 모여 단정하다. 봄부터 늦가을까지 계속해서 핀다. 내병성이 강해 검은별무늬병과 흰가루병에는 무농약으로도 거의 걸리는 일이 없는 튼튼한 품종으로 교배친으로서 널리 쓰인다.

3cm 약한 향 ▲횡장/1.2m×1.2m ■벤톨(영국) 1932년
※Paul Crampel×Lady Gay 검은별무늬병: 강, 흰가루병: 강, 수세: 강

(4품종 공통)

크리스털 페어리 Crystal Fairy

'더 페어리'의 흰색 가지 변이 품종이다.

3cm 약한 향 ▲횡장/0.8m×0.8m ■카이렌(네덜란드) 2001년 검은별무늬병: 강, 흰가루병: 강, 수세: 강(러블리 페어리, 페어리 퀸과 공통)

러블리 페어리 Lovely Fairy

'더 페어리'의 진한 핑크색 가지 변이 품종이다.

■스펙(네덜란드) 2001년

페어리 퀸 Fairy Queen

'러블리 페어리'의 진분홍색이 빨간색이 된 가지 변이 품종이다.

■퓨렌스(네덜란드) 1992년

페어리 버튼 Fairy Button

Min 사철 개화

꽃은 연분홍색이며, 기온이 낮으면 약간 새먼색이 돌고 찻잔형으로 개화한다. 꽃잎이 겹겹이 많아 버튼 아이button eye가 나타나기도 한다. 10겹 내외의 꽃잎이 겹쳐 나 꽃송이가 되고, 꽃이 잘 달리며 시들지 않고 오래가며 사계절 내내 반복해서 꽃이 핀다. '더 페어리'가 교배친이라서 포기는 매우 튼튼하다. 수세는 강하지만, 작고 아담하게 가운데 모여 단정하므로 걸이용 화분에도 추천한다. 내병성이 높아 무농약 재배에도 병은 거의 없다. 초심자가 재배하기 쉬운 품종이다.

3cm 약한 향 ▲반횡장/0.6m×1.0m ■사카우에 고이치(일본) 2005년
※The Fairy의 실생 검은별무늬병: 강, 흰가루병: 강, 수세: 강

블루 포 유 Blue For You

Fl 반복 개화

적자색에서 푸른빛이 도는 자줏빛이 되는 독특한 꽃 색깔이다. 꽃은 5겹 정도의 꽃잎이 겹쳐 나 꽃송이가 되며, 매우 잘 달린다. 강한 향신료 계열의 향기가 있다. 수세가 매우 강해 여름 이후에 반덩굴성 형태의 새순이 나오기도 한다. 반복해서 꽃을 피우고 싶을 경우 부지런히 시든꽃자르기를 한다. 그러지 않고 그대로 두면 오렌지색 열매가 맺힌다. 내병성도 강해 청색 계열 중에서는 초심자가 키우기 좋은 품종이다.

6cm 강한 향 ▲반횡장/1.3m×0.8m ■제임스(영국) 2007년
※Natural Beauty×실생 검은별무늬병: 강, 흰가루병: 강, 수세: 강

라벤더 메이딜란드
Lavender Meidiland

S 사철 개화

꽃잎의 앞면은 연한 자주색, 뒷면이 라벤더색인 복색 찻잔형 개화로 10겹 이상의 꽃잎이 겹쳐 나 큰 꽃송이가 된다. 꽃 자체는 오래가지 않지만, 꽃이 매우 잘 달리며 만개 시에는 포기 전체를 덮을 정도로 멋지게 핀다. 피면서 차례차례 꽃봉오리가 올라와 반복해서 피기 때문에 한여름의 고온기에도 쉬지 않고 늦가을까지 계속 핀다. 수형은 작고 아담하며, 반덩굴성 형태로 너무 많이 성장하지 않아 화분 재배에도 적합하다. 내병성이 뛰어나서 무농약 재배도 가능하다. 더위와 추위에 강해 다양한 기후에서 재배를 즐길 수 있다.

5cm 약한 향 ▲반횡장/1.0m×1.0m ■메이앙(프랑스) 2008년
※(Immensee×Flower Carpet Pink)×Applejack
검은별무늬병: 강, 흰가루병: 강, 수세: 강

집시 소울 Gypsy Soul

HT 사철 개화

꽃은 피기 시작할 때는 와인레드였다가 만개하면 장밋빛이 된다. 둥근 삼각 꽃잎이 편평형으로 피고 꽃 모양이 변해 재미있다. 송이를 이루기는 어려우나, 일찍 꽃이 피어 초봄에 아직 다른 꽃이 피지 않을 때 화단에 장미꽃으로 물들인다. 초봄에는 가운데로 모여 모양이 단정하지만 여름 이후 다소 반덩굴성으로 자란다. 장마철에 다소 검은별무늬병이 생기기도 하나 수세가 강해 튼튼하고 키우기 쉽다.

10cm 중간 향 ▲반직립/1.2m×0.8m ■코르데스(독일) 2015년 ※실생×Beverly
검은별무늬병: 강, 흰가루병: 강, 수세: 강

레드 레오나르도 다빈치
Red Leonardo da Vinci

S 사철 개화

밝은 빨강의 쿼터 로제트형 개화로 5겹 정도의 꽃잎이 겹쳐 나 꽃송이가 된다. 꽃이 잘 달리면서 시들지 않고 매우 오래가며, 꽃잎이 강해 꽃이 잘 상하지 않는다. 새순 갱신은 거의 하지 않고, 심은 지 몇 년이 지나도 거의 밑동 새순이 나오지 않아 가운데로 모여 단정한 수형이 만들어진다. 잔가지에도 꽃봉오리가 잘 달려 가을에 꽃을 많이 피우고 싶을 때는 잔가지를 남기도록 한다. 내한성 및 내병성이 강해 키우기 쉬운 튼튼한 장미이다. 서리가 내릴 무렵의 단풍도 아름답다.

9cm 약한 향 ▲횡장/1.5m×1.1m ■메이앙(프랑스) 2008년
※Rote Max Graf×(Cassandre×Bonica '82)
검은별무늬병: 강, 흰가루병: 강, 수세: 강

드리프트 로즈 시리즈

Drift Rose Series 작고 아담한 수형이 매력적인 미니 반덩굴성

내병성이 강해 가꾸기가 쉬운 미니 반덩굴성이다. 강한 사철 개화성을 갖고 있어 꽃이 피면서 다음 꽃봉오리가 올라와 봄부터 늦가을까지 계속 꽃이 핀다. 성장해도 작고 아담한 수형이라서 전정 가위로 수형을 정리하면 된다. 화분 심기나 여러해살이풀과 함께 모아 심기도 좋다.

핑크 드리프트 Pink Drift

S 사철 개화 (5 품종 공통)

분홍색에 안쪽이 흰색인 홑꽃이 핀다. 꽃이 잘 달리는 소륜화가 5~20겹 정도의 꽃잎이 겹쳐 나 큰 꽃송이가 된다. 일번화는 시들지 않고 오래가지 않지만, 피면서 다음 꽃봉오리가 나오고 늦가을까지 쉬지 않고 계속 개화한다. 이때 새싹이 꽃을 가리는 일이 없어서 열매가 계속 피어 있는 것처럼 보인다. 수형은 작고 아담해 크게 흐트러지지 않는다. 내병성이 강해 무농약이라도 병에 걸리는 일은 거의 없다. 화단의 울타리(산울타리)와 걸이용 화분 등 다양한 연출에 쓸 수 있는 활용성이 큰 품종이다.

◎약한 향 ■메이앙(프랑스) (5품종 공통)
검은별무늬병: 강, 흰가루병: 강, 수세: 강(피치 드리프트 이외의 4품종 공통)
4cm ▲횡장/0.5m×0.5m ■2006년 ※Immensee×실생

(5품종 공통)

애프리코트 드리프트
Apricot Drift

꽃은 살구색이며 폼폰형으로 피고, 버튼 아이 button eye가 나타난다. 여러 겹의 꽃잎이 겹쳐 나 꽃송이가 되며, 꽃이 잘 달리면서 시들지 않고 오래간다. 봄 이후에도 쉬지 않고 반복해서 계속 핀다. 포기는 약간 일어서지만 작고 아담하다. 전정용 가위로 모양을 잡아 주는 정도로만 전정해도 충분히 꽃을 피울 수 있다. 튼튼해 무농약이라도 거의 병에 걸리지 않는다.

5cm ▲횡장/0.6m×0.6m ■2008년
※The Fairy×(Westerland×Yellow Sunblaze)

스위트 드리프트
Sweet Drift

꽃은 밝은 분홍색이며 둥근 삼각 꽃잎이 편평형으로 개화한다. 10겹이나 그 이상의 꽃잎이 겹쳐 나 큰 꽃송이가 되며, 꽃이 잘 달리면서 시들지 않고 오래간다. 조금 늦게 피고 늦가을까지 반복해서 계속 핀다. 수형은 돔형으로 작고 아담하게 완성된다. 지표면 피복이나 화단의 산울타리, 걸이용 화분 등에 써도 좋다. 내병성이 강해 기르기 쉽다.

5cm ▲반횡장/0.6m×0.5m ■2009년 ※실생×The Fairy

레드 드리프트
Red Drift

작은 꽃은 밝은 빨강에 안쪽이 흰색인 둥근 꽃잎이 편평형으로 개화한다. 여러 겹에서 20겹 이상의 꽃잎이 겹쳐 나 큰 꽃송이가 되며, 꽃이 잘 달리면서 시들지 않고 매우 오래간다. 조금 늦게 피는데, 다른 드리프트 시리즈가 만개할 무렵에 피기 시작해 늦가을까지 계속해서 잘 핀다. 내병성도 강해 무농약으로도 거의 병에 걸리지 않는다.

4cm ▲횡장/0.5m×0.5m ■2008년
※(The Fairy×Rote Max Graf)×(실생×Ralph's Creeper)

피치 드리프트 Peach Drift

살구색으로 피다가 오렌지색이 도는 부드러운 색조의 둥근 꽃잎이 편평형으로 개화한다. 10겹 내외의 꽃잎이 겹쳐 나 꽃송이가 되고, 꽃이 잘 달리면서 시들지 않고 매우 오래가며 봄 이후에도 반복해서 계속 핀다. 수세가 강해 수형이 흐트러지는 일이 없고 작고 아담하다. 매우 튼튼하지만, 초봄에 드물게 흰가루병이 생기기도 한다.

5cm ▲반횡장/0.6m×0.5m ■메이앙(프랑스) 2008년
※(Red Minimo×Paul Crample)×(Immensee×Lady Gay)
검은별무늬병: 강, 흰가루병: 보통, 수세: 강

그레이핀 디아나 Gräfin Diana

HT 사철 개화

꽃 색이 깊은 적자색에서 밝은 자색으로 변화하는데, 둥근 삼각 꽃잎이 우산형으로 피었다가 로제트형으로 개화하기도 한다. 다소 늦게 홑꽃으로 피기 쉽지만 꽃이 시들지 않고 오래간다. 이 꽃 색에서는 보기 드문 강한 과일 향이 난다. 심은 뒤 몇 년 동안은 여름 이후에 강한 밑동 새순이 흔히 발생해 수형이 약간 흐트러지지만, 머지않아 강한 새순이 나오지 않으며 수형이 정돈되므로 길게 보고 키우면 좋다. 여름 전정은 평소보다 일주일 정도 빨리한다. 잔가지에도 꽃이 피기 쉬워 겨울 전정 시에 잔가지도 남기면 꽃이 잘 핀다. 무농약 재배로도 충분히 자란다.

11cm 강한 향 ▲횡장/1.5m×1.3m ■코르데스(독일) 2012년
※Chartreuse de Parme×(Esther Geldenhuys×실생)
검은별무늬병: 강, 흰가루병: 강, 수세: 강

핑크 그린 아이스 Pink Green Ice

Min 사철 개화

꽃은 로즈핑크색의 폼폰형으로 개화한다. 10겹이나 그 이상의 꽃잎이 겹쳐 나 큰 꽃송이가 되고, 꽃이 잘 달리면서 시들지 않고 오래간다. 수세가 강하고 약간 반덩굴성이 되지만 가운데로 모여 단정하다. '그린 아이스'의 실생 품종으로 미니 장미임에도 매우 튼튼하다. 내병성이 강해 무농약으로도 병이 생기는 일은 거의 없다.

3cm 약한 향 ▲횡장/0.6m×0.8m
■사카우에 고이치(일본) 2008년 ※Green Ice의 실생
검은별무늬병: 강, 흰가루병: 강, 수세: 강

좀머아벤트 Sommerabend

S 반복 개화

선명한 빨간색에 안쪽이 흰색인 꽃은 가장자리가 물결치는 둥근 꽃잎이 홑꽃으로 핀다. 큰 꽃송이가 되고 꽃이 잘 달린다. 꽃잎이 강해 시들지 않고 매우 오래간다. 늦게 피며 따뜻한 지역에선 5월 하순쯤부터 피기 시작한다. 포복성이며, 수세가 강하다. 특히, 여름 이후 반덩굴성 형태의 새순이 자주 발생한다. 내한성과 내병성이 특히 강해 무농약으로도 거의 병에 걸리지 않는다. 자연 수형뿐만 아니라 덩굴장미로도 활용할 수 있다.

5cm 약한 향 ▲횡장/0.8m×1.6m ■코르데스(독일) 1995년
※(The Fairy×*Rosa luciae*의 실생)×Robin Red Breast
검은별무늬병: 강, 흰가루병: 강, 수세: 강

캔디아 메이딜란드 Candia Meidiland

S 사철 개화

꽃잎은 앞면이 주홍색으로(중심부가 하얗게 빠짐) 안쪽이 흰색, 뒷면이 흰색인 복색의 홑꽃 개화로 여러 겹의 꽃잎이 겹쳐 나 꽃송이가 된다. 봄의 개화는 따뜻한 지역에서 5월 중순부터로 이 계통에서 빠른 편이다. 사철 개화성이 강해 계절 중에는 끊임없이 계속 피어 서리가 내릴 무렵의 단풍도 아름답다. 열매는 맺지만, 시든꽃 자르기를 게을리해도 다음 꽃봉오리가 잘 올라와 가꾸기가 어려운 장소에 심는 걸 추천한다. 가지는 유연해 활 모양으로 자라지만, 크게 수형이 흐트러지지 않는다. 무농약 재배로도 충분히 가능하다.

8cm ◎약한 향 ▲횡장/0.8m×1.0m ■메이앙(프랑스) 2006년
※(Rote Max Graf×실생)×(Pink Meidiland×Immensee)
검은별무늬병: 강, 흰가루병: 강, 수세: 강

로트캡헨 Rotkäppchen

S 사철 개화

꽃은 진한 빨간색이며 로제트형으로 개화한다. 5겹 정도의 꽃잎이 겹쳐 나 꽃송이가 되고, 꽃줄기는 약간 가지가 늘어진다. 꽃잎이 단단해 퇴색이 적고 꽃이 잘 달리며, 특히 시들지 않고 오래간다. 늦게 피고 따뜻한 지역에선 5월 하순쯤부터 피기 시작한다. 포기는 튼튼하고 수세가 매우 강해 여름 이후 반덩굴성 형태의 새순이 발생한다. 단, 밑동 새순은 포기가 오래되면 잘 나오지 않으므로 오래된 가지도 소중히 관리한다. 단풍잎이 아름답고 특히 검은별무늬병에 강해 키우기 쉬운 품종이다.

7cm ◎약한 향 ▲직립/1.2m×0.7m ■코르데스(독일) 2007년 ※실생×Insel Mainau
검은별무늬병: 강, 흰가루병: 강, 수세: 강

조지 베스트 George Best

S 반복 개화

꽃은 벨벳 같은 질감의 빨간색이며 둥근 삼각 꽃잎이 우산형으로 개화하고 미니 반덩굴성이다. 10겹 내외의 꽃잎이 겹쳐 나 꽃송이가 되는데 꽃이 잘 달리면서 시들지 않고 매우 오래간다. 약간 늦게 핀다. 반덩굴성으로, 유연한 꽃가지는 그다지 잘 자라지 않아 수형이 흐트러지지 않고 작고 아담하다. 용기 재배에도 좋다. 검은별무늬병과 흰가루병에 내성이 있어 키우기 쉬운 품종이다.

5cm ◎약한 향 ▲반횡장/0.8m×0.6m ■딕슨(영국) 2007년
※(Minipoul×White Diamond)×실생
검은별무늬병: 강, 흰가루병: 강, 수세: 강

로틸리아 Rotilia

S 반복 개화

꽃은 선명한 빨강의 물결 꽃잎이 편평형으로 개화한다. 약간 늦게 피어 10겹이나 그 이상의 꽃잎이 겹쳐 나 큰 꽃송이가 되고, 만개 시에는 붉은 카펫을 깔아 놓은 것처럼 온통 멋지게 만발한다. 꽃도 시들지 않고 오래간다. 꽃가지는 크게 가지가 처지지 않고 수형도 그다지 흐트러지지 않는다. 여름 이후에도 강한 반덩굴성의 새순은 많이 발생하지 않으므로 수형은 가운데로 모여 단정한 모습이 된다. 튼튼해 매우 키우기 쉽고 병에도 거의 걸리지 않는다.

7cm ◎약한 향 ▲횡장/1.0m×1.2m ■코르데스(독일) 2000년
검은별무늬병: 강, 흰가루병: 강, 수세: 강

레퓌블리크 드 몽마르트르 République de Montmartre

S 사철 개화

꽃은 진홍색이며 로제트형으로 개화한다. 홑꽃에서 여러 겹의 꽃잎이 겹쳐 나 꽃송이가 되며, 매우 농후한 좋은 향기가 난다. 여름 더위를 잘 견디고 한여름에도 반복해서 잘 핀다. 포기는 수세가 강해 자연 수형으로 즐길 수 있을 뿐만 아니라 소형 덩굴장미로 가꿀 수 있다. 다만, 가지는 옆으로 벌어져 비스듬히 올라가므로 울타리 앞 등에 심으면 좋다. 내병성도 강해 키우기 쉬운 품종이다.

8cm ◎강한 향 ▲반횡장/1.3m×1.5m ■델바르(프랑스) 2012년
검은별무늬병: 강, 흰가루병: 강, 수세: 강

수리르 드 모나리자 Sourire de Mona Lisa

S 사철 개화

꽃은 밝은 빨간색의 둥근 꽃잎이 찻잔형으로 개화한다. 홑꽃에서 여러 겹의 꽃잎이 겹쳐 나 꽃송이가 되며, 꽃이 잘 달리면서 시들지 않고 오래간다. 꽃잎이 강해 비가 와도 잘 상하지 않는다. 가지는 유연하고, 여름이 지나 반덩굴성 형태의 새순이 나와서 소형 덩굴장미로도 즐길 수 있다. 내병성이 강해 특히 검은별무늬병, 흰가루병에 뛰어난 내성을 가진 튼튼한 품종이다. 더위와 추위에도 강해 키우기 쉽다.

10cm ◎약한 향 ▲횡장/1.5m×1.5m ■메이앙(프랑스) 2008년
※(Bonica '82×Playboy)×Lusambo
검은별무늬병: 강, 흰가루병: 강, 수세: 강

토이 토이 토이! toi toi toi!

Fl 반복 개화

체리 레드와 아이보리 아롱무늬의 둥근 꽃잎에서 물결 꽃잎이 편평형으로 피며 여러 겹의 꽃잎이 겹쳐 나 꽃송이가 된다. 가을에는 홑꽃으로 피기 쉽지만, 꽃이 시들지 않고 오래간다. 여름이 지나 반덩굴성 형태로 잘 자란다. 수세가 강하므로 여름 전정은 따뜻한 지역에선 조금 일찍 8월 중순 후에 하면 적당하다. 비료를 과하게 주면 수형이 흐트러져 다루기 어려우므로 땅에 심을 때는 겨울 비료만 준다. 내병성이 강해 검은별무늬병에는 특히 강하지만, 초봄이나 초가을 등 일교차가 있을 때 흰가루병이 극히 드물게 발생한다. 뻗은 가지를 작은 격자 구조물이나 오벨리스크로 유인해 덩굴장미로 활용할 수 있다.

11cm ◎약한 향 ▲직립/1.6m×1.3m ■코르데스(독일) 2014년
※Amaretto×Camille Pissarro
검은별무늬병: 강, 흰가루병: 강, 수세: 보통

아우구스타 루이제 Augusta Luise

HT 사철 개화

꽃은 살구색, 주황색, 분홍색 등 복잡한 색이 뒤엉킨 그러데이션의 물결 꽃잎이 로제트형으로 개화한다. 여러 겹의 꽃잎이 겹쳐 나 꽃송이가 되고, 꽃이 잘 달린다. 약간 늦게 핀다. 생장이 왕성하고 가지는 단단하며 튼튼하다. 따뜻한 지역에선 여름 이후 반덩굴성 형태로 자란 가지가 발생할 수 있다. 여름 전정은 통상적인 시기보다 일주일에서 열흘 정도 일찍 한다. 짧게 가지를 자르면 가을에도 꽃이 피기도 한다.

13cm ◎중간 향 ▲직립/1.5m×1.0m ■탄타우(독일) 2010년
검은별무늬병: 강, 흰가루병: 보통, 수세: 강

루이의 눈물 Rui no Namida

HT 사철 개화

아이보리색 꽃잎에 핑크빛이 도는 그러데이션으로 실선 같은 색이 들어간 복륜覆輪이 된다. 둥근 삼각 꽃잎이 우산형으로 개화한 후 편평형으로 피며 꽃잎에 톱니 모양이 있기도 하다. 고전적인 비누 같은 향기가 있다. 홑꽃 개화가 되기 쉽고, 꽃은 시들지 않고 매우 오래간다. 꽃가지는 약간 길며 가을에도 활짝 핀다. 여름 이후 반덩굴성 형태로 자라지만, 새순 갱신은 거의 하지 않아 수형은 크게 흐트러지지 않고 소형 덩굴장미로도 즐길 수 있다. 홋카이도의 후라노富良野에서의 재배 시험을 통해 강한 내한성이 확인된 품종이다.

10cm ◎중간 향 ▲직립/1.5m×0.9m ■코르데스(독일) 2008년
※Stadt Eltville×Arosia
검은별무늬병: 강, 흰가루병: 강, 수세: 강

수지 Susie

S 반복 개화

살구색에서 크림색으로 변하는 둥근 꽃잎이 편평형으로 개화하며 찻잔형 개화를 하기도 한다. 강한 향기가 나고 여러 겹의 꽃잎이 겹쳐 나 꽃송이가 되어, 꽃이 매우 잘 달린다. 수세가 매우 강하며 여름이 지나 강한 새순이 나온다. 덩굴장미로 가꾸기보다 자연 수형으로 가꿔야 품종의 특성이 잘 나타난다. 내병성이 매우 강해, 무농약으로도 검은별무늬병과 흰가루병은 거의 생기지 않아 아주 키우기 쉬운 품종이다.

5cm ◎강한 향 ▲반횡장/1.3m×1.0m ■하크네스(영국) 2015년
※Virginia Mckenna×New Zealand
검은별무늬병: 강, 흰가루병: 강, 수세: 강

더 제너러스 가드너 The Generous Gardener

S(ER) 반복 개화

꽃은 아이보리를 띤 핑크의 찻잔형 개화로 느슨한 로제트형 개화를 하기도 한다. 몰약myrrh향이 나며 여러 겹의 꽃잎이 겹쳐 나 꽃송이가 된다. 꽃이 잘 달리면서 시들지 않고 오래가지만, 가을에는 그다지 피지 않는다. 봄에 시든꽃자르기를 하지 않으면 열매를 맺기 쉬워 그 후 꽃의 수가 적어지는 경향이 있다. 수세가 강하고 새순 발생이 좋다. 자연 수형뿐만 아니라 덩굴장미로서도 관상 가치가 있다. 내병성이 강해 병은 거의 생기지 않는다. 튼튼해 초심자가 매우 키우기 쉽다.

9cm ◎강한 향 ▲반횡장/2.0m×2.0m ■데이비드 오스틴(영국) 2002년
※Sharifa Asma×실생
검은별무늬병: 강, 흰가루병: 강, 수세: 강

에리두 바빌론 Eridu Babylon

S 사철 개화

진한 핑크빛의 꽃봉오리가 가장자리에 분홍색을 띠는 아이보리 화이트 꽃으로 개화한다. 중심에는 체리 핑크색의 적목이 있는 복륜覆輪이 큰 꽃송이로 핀다. 꽃이 잘 달리며 사계절 내내 계속 피어난다. 열매가 달리기 쉬우므로 부지런히 시든꽃자르기를 해야 다음 꽃눈이 잘 나온다. 원종 '로사 페르시카'의 특성이 나타나 가시가 많다. 가지는 반덩굴성 형태로 자라 소형 덩굴장미로도 이용할 수 있다. '핑크 투르말린 바빌론Pink Tourmaline Babylon'이나 '문라이트 바빌론Moonlight Babylon', 해외에서만 발표되는 인터플랜츠 사社의 하이브리드 페르시카계는 이 장미를 교배친으로 많이 사용한다.

6cm ◎약한 향 ▲횡장/1.4m×1.2m ■인터플랜츠(네덜란드) 2008년
※실생×실생
검은별무늬병: 강, 흰가루병: 강, 수세: 강

아이즈 포 유 Eyes for You

Fl 사철 개화

꽃은 연분홍색 바탕의 중심에 적목이 들어가 있으며, 피어나면서 전체적으로 푸른빛으로 변화하고 보랏빛이 도는 그러데이션이 매우 아름답다. 5겹 내외의 꽃잎이 겹쳐 나 꽃송이가 된다. 꽃이 매우 잘 달린다. 반복해서 잘 피고 향기가 강하다. 수형은 작고 아담하면서 내병성이 강하다. 적목이 나타나는 페르시카계 장미는 국내에 인기가 많다. 키우기 쉬워 초심자에게 추천한다.

7cm ◎강한 향 ▲반횡장/1.0m×0.8m ■제임스(영국) 2009년
※Blue For You×Bowral's Rose
검은별무늬병: 강, 흰가루병: 강, 수세: 보통

스마일링 아이즈 Smiling Eyes

S 사철 개화

분홍빛이 도는 살구색에서 필수록 연한 핑크로 변하며, 적목이 들어간 홑꽃으로 핀다. 5겹 내외의 꽃잎이 겹쳐 나 꽃송이가 되며, 꽃은 그다지 오래가지는 않지만 그만큼 반복해서 피는 성질이 뛰어나다. 수형은 작고 아담하면서 가운데로 모여 단정하다. 내병성이 강해 검은별무늬병과 흰가루병에는 거의 걸리지 않는다. 내한성도 강해 독일에서 내한성 및 내병성이 뛰어난 품종에 주어지는 ADR로 인정되었으며 재배하기 쉬운 품종이다.

8cm ◎약한 향 ▲반횡장/0.6m×0.8m ■워너(영국) 2013년
검은별무늬병: 강, 흰가루병: 강, 수세: 강

포 유어 아이즈 온리 For Your Eyes Only

S 사철 개화

약간 새먼색이 도는 분홍색 둥근 꽃잎 안쪽에 큰 적목이 들어간 홑꽃으로 핀다. 여러 겹의 꽃잎이 겹쳐 나 큰 꽃송이가 되고, 꽃은 그다지 오래가는 것은 아니지만 꽃은 아주 잘 달리고 반복해서 핀다. 시든꽃자르기를 하지 않으면 열매를 잘 맺는다. 수세는 강하지만, 수형은 작고 아담하면서 빽빽하게 가운데로 모여 단정하다. 내병성이 강해 무농약이라도 검은별무늬병과 흰가루병은 거의 걸리지 않는다. 초심자가 재배하기 쉬운 품종이다.

7cm ◎약한 향 ▲반횡장/0.8m×1.0m ■워너(영국) 2014년
검은별무늬병: 강, 흰가루병: 강, 수세: 강

아이 오브 더 타이거 Eye of the Tiger

S 사철 개화

꽃은 밝은 노란색으로 중심부가 홍색으로 홑꽃으로 핀다. 여러 겹의 꽃잎이 겹쳐 나 꽃송이가 되고, 꽃은 매우 잘 달린다. 완전한 사철 개화로 여름 이후에도 반복해서 자주 핀다. 왕성하게 생장하지만, 반덩굴성 형태로 되지 않아서 수형은 흐트러지지 않는다. 내병성이 매우 강해 무농약 재배로도 검은별무늬병과 흰가루병은 잘 생기지 않는다. 안쪽이 붉은색인 페르시카계 장미 중에선 상당히 재배하기 쉬운 품종이다.

7cm ◎약한 향 ▲반횡장/1.2m×1.0m ■워너(영국) 2006년
※Belting Pink×Golden Age
검은별무늬병: 강, 흰가루병: 강, 수세: 보통

나이슨 이지 Nice 'n' Easy

S 반복 개화

꽃은 살구색 그러데이션으로 변하며 홑꽃으로 핀다. 여러 겹의 꽃잎이 겹쳐 나 때로는 큰 꽃송이가 되며, 꽃이 아주 잘 달린다. 매우 일찍 피고 꽃이 그렇게 오래가는 것은 아니지만, 반복해서 잘 핀다. 열매를 맺기 쉬우므로 반복 개화를 보고 싶다면 시든꽃자르기를 부지런히 한다. 수형은 약간 반덩굴성 형태가 되지만, 흐트러지지 않는다. 매우 튼튼해 병은 거의 생기지 않는다. 키우기 쉬워 초심자에게 추천하는 품종이다.

5cm ◎약한 향 ▲반횡장/1.0m×1.0m ■호너(영국) 2003년
※(Sweet Magic×실생)×(미니어처 계열의 실생×*Rosa davidii elongata*의 실생)
검은별무늬병: 강, 흰가루병: 강, 수세: 강

리몬첼로 Limoncello

S 사철 개화

꽃은 밝은 노란색에서 피어날수록 담황색으로 변하며 반겹꽃으로 개화한다. 큰 꽃송이가 되어 꽃이 매우 잘 달린다. 만개할 무렵에는 노란색 농담의 그러데이션이 무척 아름다워 눈길을 끈다. 계속 피면서 성장하고 차례차례 꽃봉오리를 맺어 사계절 내내 쉴 새 없이 피어난다. 가지는 연약하며 매우 유연하다. 내병성이 매우 강해 키우기 아주 쉽다. 컨테이너 재배부터 화단까지 다양하게 이용할 수 있다.

4cm ◎약한 향 ▲횡장/0.8m×1.0m ■메이앙(프랑스) 2008년
※(The Fairy×실생)×(Golden Holstein×실생)
검은별무늬병: 강, 흰가루병: 강, 수세: 강

폴라리스 알파 Polaris α

S 사철 개화

꽃은 선명한 노란색의 로제트형 개화로 홑꽃에서 여러 겹의 꽃잎이 겹쳐 나 꽃송이가 되어, 꽃이 잘 달린다. 잘 탈색되지 않으며 고온기에도 선명하게 발색한다. 가지는 약간 반덩굴성 형태가 되고 유연하다. 비료가 과하면 너무 많이 자라서 가지가 늘어지기 쉬우므로 유의한다. 땅에 심을 때는 겨울 비료만으로 충분하다. 노란색 계열로는 튼튼한 편이지만, 생장기에 월 1회 정도 살균제를 살포해 병을 예방하도록 하면 더욱 좋다.

8cm ◎중간 향 ▲반횡장/0.8m×0.8m ■탄타우(독일) 2015년
※Tan07213×Tan89237
검은별무늬병: 보통, 흰가루병: 강, 수세: 강

샤토 드 슈베르니 Château de Cheverny

S 반복 개화

꽃은 노란색에서 레몬옐로로 색이 변하며 찻잔형으로 개화한다. 여러 겹의 꽃잎이 겹쳐 나 꽃송이가 되고, 꽃이 잘 달린다. 매우 수세가 강해 여름 이후에 반덩굴성 형태로 새순이 발생한다. 가지는 잘 자라므로 오벨리스크 등을 사용해 소형 덩굴장미로 가꿔 즐길 수 있다. 내병성이 강해 약제를 살포하지 않아도 검은별무늬병과 흰가루병은 거의 생기지 않는다. 품종명은 루아르Loire의 자연에 둘러싸인 아름다운 옛 성 슈베르니에서 따왔다.

8cm ◎중간 향 ▲반횡장/1.5m×1.5m
■델바르(프랑스) 2016년 ※미발표
검은별무늬병: 강, 흰가루병: 강, 수세: 강

벨 로맨티카 Belle Romantica

S 사철 개화

노란색 로제트형 개화로 5~10겹의 꽃잎이 겹쳐 나 꽃송이가 되며, 꽃이 잘 달린다. 조금 일찍 피므로 봄철 화단에서 밝은 꽃 색깔이 돋보인다. 상쾌한 레몬 같은 감귤류의 향이 난다. 수형은 초봄에는 작고 아담하지만, 여름 이후 반덩굴성 형태로 뻗어나간다. 꽃가지는 짧고 밑동에서부터 생기므로 가운데 모여 단정한 모습이 된다. 자연 수형뿐만 아니라, 가지를 유인해 덩굴장미로 2m 이상 키우면 다양한 장소에서도 즐길 수 있다. 내병성도 뛰어나서 초심자에게 적극적으로 추천하는 품종이다.

7cm ◎중간 향 ▲반직립/1.4m×1.0m ■메이앙(프랑스) 2006년
※Yellow Hammer×(Ghislaine de Férigonde×Yellow Pages)
검은별무늬병: 강, 흰가루병: 강, 수세: 강

칼 플로버그 Karl Ploberger

S 사철 개화

노란색에서 레몬옐로가 되는 로제트형 개화로 홑꽃 개화에서 3겹 정도의 꽃잎이 겹쳐 나 꽃송이가 된다. 꽃이 풍성하게 피며 시들지 않고 오래간다. 수세가 강하고 일번화가 핀 이후에 반덩굴성 형태의 새순이 자주 발생하므로 소형 덩굴장미로서의 이용 가치도 크다. 땅에 심을 경우 비료는 겨울 비료만 준다. 내한성 및 내병성이 강하지만, 한여름 고온기 농약으로 약해를 입을 수 있으므로 여름철 약제 살포는 충분히 주의해야 한다.

10cm 중간 향 ▲직립/1.5m×0.8m ■코르데스(독일) 2008년
※Kupferkönigin×실생
검은별무늬병: 강, 흰가루병: 강, 수세: 강

솔레로 Solero

S 사철 개화

꽃은 레몬옐로 로제트형 개화로 5겹 정도의 꽃잎이 겹쳐 나 꽃송이가 된다. 꽃은 잘 달리지만 늦게 핀다. 유연한 가지에 고개를 숙이듯 달려 피는 꽃은 싱그러운 과일 향이 난다. 잎은 광택이 있는 진한 녹색이다. 새순 갱신이 어렵고 포기는 돔 형태의 수형이 만들어진다. 성장이 빨라 겨울에 심은 큰 묘목은 봄 이후에 꽃을 피워도 가을에도 한뭇한다. 여름에 잎이 거무스름해질 수 있는데 성장이 멈추지는 않는다. 산울타리나 걸이용 화분용으로 즐길 수 있다.

7cm 중간 향 ▲횡장/1.3m×1.3m ■코르데스(독일) 2008년
※Gelber Engel×(Immensee의 실생×Bernstein-Rose)
검은별무늬병: 강, 흰가루병: 강, 수세: 강

베이비 러브 Baby Love

Min 반복 개화

꽃은 노란색에서 레몬옐로로 변화하며 홑꽃으로 핀다. 여러 겹의 꽃잎이 겹쳐 나 꽃송이가 되며, 때로는 큰 꽃송이가 되고, 꽃이 아주 잘 달린다. 매우 일찍 피며 꽃은 오래가지 않지만, 반복해서 잘 핀다. 열매를 맺기 쉬우므로 반복해서 피우고 싶다면 시든꽃자르기를 부지런히 한다. 수형은 약간 반덩굴성 형태가 되지만, 흐트러지지는 않는다. 매우 튼튼해 병은 거의 생기지 않으므로 내병성 품종의 교배친으로 이 혈통을 자주 사용한다. 키우기 쉬워 초심자에게 추천하는 품종이다.

3cm 약한 향 ▲반횡장/1.0m×1.0m ■스크리벤(영국) 1992년
※(Sweet Magic×실생)×(미니어처 계열의 실생×*Rosa davidii elongata*의 실생)
검은별무늬병: 강, 흰가루병: 강, 수세: 강

윈더미어 Windermere

S (ER) 사철 개화

아이보리빛에서 점차 순백색으로 변하는 로제트형 꽃이 핀다. 몇 송이가 무리 지어 피며, 꽃이 풍성하고 오래간다. 개화 시기는 비교적 늦은 편으로, 시트러스 계열의 상쾌한 과일향이 난다. 수형은 관목 형태로 자라지만 균형 있게 정돈되며, 가시가 적어 관리가 수월하다. 병해에도 강해 검은별무늬병과 흰가루병에 거의 걸리지 않는다. 꽃 이름은 영국 북부의 호수 윈더미어에서 유래했다.

7cm 강한 향 ▲반직립/1.2m×0.8m
■데이비드 오스틴(영국) 2006년 ※실생×실생
검은별무늬병: 강, 흰가루병: 강, 수세: 보통

라 펠라 La Perla

HT 사철 개화

꽃은 아이보리로 둥근 삼각 꽃잎이 로제트형으로 개화한다. 꽃줄기가 강하고 홑꽃으로 잘 핀다. 늦게 피고 초봄의 새싹이 발생하지 않기 쉬운데 그대로 방치해도 새싹이 자라나 장마 전에는 피기 시작한다. 티 향과 과일이 혼합된 듯한 독특한 향기가 특징적이다. 새순이 잘 나오고 수형은 반덩굴성 형태로 성장하지만, 지나치게 길지 않고 가지런한 수형을 이룬다. 재배하기 쉬워 무농약 재배도 가능할 정도로 튼튼하다.

10cm 중간 향 ▲직립/1.3m×0.8m ■코르데스(독일) 2011년
※Pink Panther×Arosia
검은별무늬병: 강, 흰가루병: 강, 수세: 강

에두아르 마네 Edouard Manet

S 사철 개화

크림색 바탕에 핑크 아롱무늬가 화려하며 찻잔형으로 개화한다. 여러 겹의 꽃잎이 겹쳐 나 꽃송이가 되고, 꽃이 잘 달려서 여름 이후에도 반복해서 핀다. 과일 향의 달콤한 향기가 있다. 생장이 왕성하고 반덩굴성 형태의 새순이 나온다. 가시가 적은 유연한 가지가 잘 자란다. 자연 수형 외에도 소형의 덩굴장미로 가꿀 수 있다. 내병성이 강해 무농약으로도 검은별무늬병과 흰가루병에 거의 걸리지 않아 키우기 쉬운 품종이다.

8cm 강한 향 ▲횡장/1.7m×1.5m
■델바르(프랑스) 2016년 ※미발표
검은별무늬병: 강, 흰가루병: 강, 수세: 강

파시미나 Pashmina

Fl 사철 개화

꽃은 로제트형 개화로 흰색에서 중심부로 핑크빛이 도는 그러데이션이 아름다운 장미이다. 약간 늦게 핀다. 여러 겹의 꽃잎이 겹쳐 나 꽃송이가 되고, 꽃이 잘 달린다. 꽃은 시들지 않고 매우 오래가며, 마지막엔 꽃잎이 녹색으로 변한다. 수형은 작고 아담하면서, 강한 새순은 잘 나오지 않는다. 새순 갱신이 어려워 심은 지 몇 년이 지나도 밑동 새순은 거의 발생하지 않는다. 수형은 흐트러지지 않으므로 화분에도 적합하다. 내병성이 뛰어나고 튼튼해 무농약 재배도 가능하다. 사계절 내내 잘 피어 초심자가 재배하기 쉬운 품종이다.

7cm 약한 향 ▲횡장/1.0m×0.9m ■코르데스(독일) 2008년
검은별무늬병: 강, 흰가루병: 강, 수세: 강

사쿠라기 桜木 Sakuragi

Fl 사철 개화

꽃은 분홍색에 안쪽이 흰색이며 홑꽃으로 핀다. 유연한 가지에 축 늘어지듯 매우 잘 달리는 꽃은 큰 꽃송이가 되며, 봄에 만개할 때는 포기 전체를 덮을 정도로 핀다. 시든꽃자르기를 하지 않으면 열매를 즐길 수도 있다. 수형은 작고 아담해 가운데로 모여 단정한 모습이다. 내병성이 뛰어나 검은별무늬병에 매우 강하지만, 진드기에는 주의가 필요하다.

3.5cm 약한 향 ▲반횡장/0.5m×0.4m
■우에야마 히로시(일본) 1996년 ※(Baby Carol×실생)×실생
검은별무늬병: 강, 흰가루병: 강, 수세: 보통

플록시 베이비 Phloxy Baby

Pol 사철 개화

꽃 색은 벚꽃색에서 연한 핑크색이 되는 그러데이션이며, 안쪽이 흰색인 하트 모양의 둥근 꽃잎이 홑꽃으로 핀다. 꽃이 잘 달리고 10겹 이상의 꽃잎이 겹쳐 난다. 큰 꽃송이에서 작은 꽃이 반복해서 피고 끊기는 일이 없다. 시든꽃자르기를 하지 않으면 알이 작은 열매가 맺히고 추워지면 붉게 물든다. 가지는 가늘고 매우 연약하지만 내병성이 강하다. 꽃가지도 거의 자라지 않고, 사계절 내내 작고 아담한 수형을 유지하므로 모아 심기도 가능하다. 한여름에 진드기가 생기면 세찬 물로 씻어 내 대처한다.

2cm 약한 향 ▲반직립/0.5m×0.3m ■래들러(미국) 2001년 ※Minima×불명
검은별무늬병: 강, 흰가루병: 강, 수세: 강

뉴사 Neusa

S 사철 개화

꽃은 흰색에서 시작해 연한 핑크가 도는 그러데이션의 홑꽃으로 핀다. 꽃송이가 크고 꽃이 잘 달린다. 사철 개화성이 뛰어나고 개화하면서 다음 새싹이 나와 사계절 내내 꽃이 끊이지 않는다. 시든꽃자르기를 하지 않으면 열매를 즐길 수 있으며, 낙엽이 진 후 붉은 줄기도 아름답다. 수형은 작고 아담하면서 가운데로 모여 단정하다. 매우 튼튼해 무농약으로도 병에 걸리는 일은 거의 없다. 화단뿐만 아니라 모아 심기에도 잘 어울리는 품종이다.

3cm 약한 향 ▲반횡장/0.8m×0.8m
■기무라 다쿠노리(일본) 2014년 ※미발표
검은별무늬병: 강, 흰가루병: 강, 수세: 보통

유키코 雪っ子 Yukikko

S 사철 개화

연한 핑크색 홑꽃으로 피어 점점 하얘지는 작은 꽃으로 여러 송이가 모여 큰 꽃송이로 보이기도 한다. 꽃이 시들지 않고 오래가는 것은 아니지만, 반복해서 피어나 사계절 내내 끊임없이 핀다. 약간 늦게 핀다. 시든꽃을 남기면 꽃이 잘 피지 않지만, 열매를 잘 맺는다. 수형은 작고 아담하며, 잔가지가 많이 분지分枝하므로 겨울 전정은 그다지 짧게 자르지 않고 수형을 정돈하는 정도로 그친다. 내병성이 강해 검은별무늬병과 흰가루병이 거의 없으므로 초심자가 키우기 쉬운 품종이다.

3cm 약한 향 ▲횡장/0.8m×0.7m
■우에야마 히로시(일본) 2002년 ※실생×담설(淡雪)
검은별무늬병: 강, 흰가루병: 강, 수세: 보통

아스피린 로즈 Aspirin Rose

S 반복 개화

꽃은 연한 핑크에서 피어나면서 하얘지는 둥근 삼각 꽃잎이 편평형으로 개화한다. 10겹 내외의 꽃잎이 겹쳐 나 꽃송이가 되며, 꽃이 잘 달리면서 시들지 않고 오래간다. 가을의 기온이 낮은 시기에 개화할 때는 분홍색이 좀 더 뚜렷해 보인다. 수형은 직립형이고, 강한 새순은 드물게 나온다. 꽃가지도 그다지 자라지 않아 반덩굴성 수형이지만 가운데로 모여 단정하다. 내한성이 강해 한랭지에서도 월동할 수 있는 튼튼한 품종이다. 내병성도 있어 키우기 쉽다.

6cm 약한 향 ▲횡장/0.8m×1.0m ■탄타우(독일) 1997년 ※실생×실생
검은별무늬병: 강, 흰가루병: 강, 수세: 강

스노우 샤워 Snow Shower

Min 사철 개화

순백의 폼폰형 개화로 버튼 아이button eye가 나타나기도 한다. 5겹 내외의 꽃잎이 겹쳐 나 꽃송이가 되며, 꽃이 잘 달린다. 백색 계열이지만 꽃잎이 강해 잘 상하지 않는다. 늦게 피고 따뜻한 지역에선 5월 말경부터 피기 시작해 사계절 내내 반복해서 핀다. 가늘고 연약해 보이지만 매우 튼튼해 검은별무늬병과 흰가루병이 발생하는 일은 거의 없으며, 무농약 재배로도 충분히 견딘다. 가지는 유연하고 용기나 걸이용 화분으로 가지를 늘어뜨리듯이 피우기에 적합하다.

3.5cm 중간 향 ▲횡장/0.5m×0.4m ■자리(미국) 1993년
※Immensee×Roller Coaster
검은별무늬병: 강, 흰가루병: 강, 수세: 보통

코케트 로맨티카 Coquette ROMANTICA

S 사철 개화

흰색의 작은 로제트형 개화로 여러 겹의 꽃잎이 겹쳐 나 꽃송이가 되고, 꽃이 잘 달리며 시들지 않고 아주 오래간다. 여름 이후에도 반복해서 잘 핀다. 가지는 작고 아담하며 분지分枝가 잘되지만, 가운데로 모여 단정한 수형이 된다. 시든꽃자르기를 하지 않아도 잘 피므로 도로 등 가꾸기가 어려운 곳에도 어울린다. 내병성은 강해 무농약이라도 거의 병이 생기지 않는다.

6cm 약한 향 ▲횡장/0.6m×0.6m ■메이앙(프랑스) 2019년
검은별무늬병: 강, 흰가루병: 강, 수세: 보통

코스모스 KOSMOS

Fl 사철 개화

벌어지기 시작할 때의 꽃봉오리는 약간 붉은빛이 도는 아이보리 화이트이다. 크림색에서 중심을 향해 약간 살구색이 감도는 그러데이션으로 피고 만개할 즈음에는 순백이 된다. 풍성한 로제트형 개화로 5겹 내외의 꽃잎이 겹쳐 나 꽃송이가 된다. 꽃가지는 활 모양으로 자라고 고개를 숙이며, 꽃은 연한 과일 향이 난다. 부드럽게 축 늘어지므로 산울타리도 어울린다. 생장이 여름에는 더뎌졌다가 가을에는 다시 자란다. 잎에 광택이 있고 내병성이 강해 약제 살포도 거의 필요 없는 품종이다.

12cm 중간 향 ▲횡장/1.3m×1.0m ■코르데스(독일) 2006년
※(Bernstein-Rose×Flower Carpet)×(Heckenfeuer×실생)
검은별무늬병: 강, 흰가루병: 강, 수세: 강

프라우 홀레 Frau Holle

S 사철 개화

흰색의 숟가락 모양의 꽃잎에서 둥근 꽃잎이 편평형으로 개화한다. 다소 일찍 피고 따뜻한 지역에선 5월 중순부터 피기 시작한다. 큰 꽃송이가 되고 하나의 꽃은 그리 오래 피지 않지만, 꽃봉오리가 많아 사계절 내내 계속 피어난다. 수세가 강해 여름 이후 반덩굴성 형태의 새순이 많이 발생한다. 내병성이 강해 기르기 쉽다. 내한성도 강해 한랭지에서도 튼튼하게 자란다. 늦가을에 붉게 물드는 열매도 아름답다.

7cm 약한 향 ▲횡장/1.2m×1.5m
■코르데스(독일) 2006년 ※The Fairy×실생
검은별무늬병: 강, 흰가루병: 강, 수세: 강

덩굴장미 Climbing Rose

가지가 덩굴 모양으로 길게 뻗어 유인이 필요한 장미

덩굴장미는 가지가 길게 뻗는 장미의 총칭으로, 덩굴장미로 만들어진 품종 외에 직립성 장미가 가지 변이로 덩굴성이 된 것도 있다. '덩굴'이라고 해도 가지가 스스로 휘감아 올라가지 않아 길게 뻗은 가지나 자립이 어려운 포기를 지탱하기 위해 '유인'이라는 작업이 필요하다. 개화는 봄에 한 번 피는 한철 개화지만, 다른 시기에도 꽃을 즐길 수 있는 사철 개화성과 반복 개화성 등의 품종도 늘고 있다. (이 장에선 한 품종만 한철 개화다.) 과거의 덩굴장미는 정아우세 현상으로 가지를 수평으로 유인하지 않으면 꽃이 많이 피지 않는 품종이 많았다. 그런데 최근 발표된 품종은 그렇게 하지 않아도 꽃이 잘 피도록 개량되었다. 또한 직립성, 반덩굴성과 마찬가지로 밑동 새순이 많이 발생해 가지를 갱신하는 유형(새순 갱신형)과 오래된 가지에 꽃을 계속 피우는 유형(새순 무갱신형)이 있다. 유형에 따라 전정과 유인 방법이 각각 다르다.

덩굴장미는 아이디어에 따라 다양한 연출이 가능하다. 기르는 장소와 용도에 맞는 품종을 고르는 것이 중요하다.

아치를 풍성하게 휘감는 신장력이 강한 '스타 체이서Star Chaser'

높은 울타리나 그늘시렁으로 고개를 숙이고 피는 꽃을 아래에서 올려다보며 즐길 수 있는 '재스미나Jasmina'

격자 구조물을 뒤덮는 새빨간 '그랑데 아모레Grande Amore'

봉으로 부드러운 가지를 나선형으로 유인한 '엔젤 하트Angel Heart'

크리스티아나 Christiana

LCl 사철 개화

꽃은 순백에서 중심을 향해 파우더 핑크빛을 띠는 그러데이션으로 찻잔형 또는 로제트형으로 개화한다. 홑꽃이 피어 여러 겹의 꽃잎이 겹쳐 나 꽃송이가 되며, 꽃이 잘 달린다. 향기는 훌륭하고 여름 이후에도 반복적으로 핀다. 가지는 유연하고 가시는 적다. 수세가 강해 여름 지나도 새순이 자주 발생한다. 내한성 및 내병성도 강하며, 꽃이 잘 달리는 등 전체적으로 균형이 좋아 초심자에게 특히 추천하는 품종이다.

8cm ◎강한 향 ▲1.8m ■코르데스(독일) 2013년
※Geoff Hamilton×실생
검은별무늬병: 강, 흰가루병: 강, 수세: 강

엔젤 하트 Angel Heart

LCl 사철 개화

연한 펄 핑크로 약간 라일락색을 띠기도 한다. 로제트형 개화로 5겹 내외의 꽃잎이 겹쳐 나 꽃송이가 되고, 꽃이 잘 달린다. 꽃잎이 단단하고 꽃도 시들지 않고 오래간다. 약간 늦게 핀다. 가지가 단단해 심은 지 몇 년이 지나도 밑동 새순은 거의 나오지 않으므로, 오래된 가지를 많이 자르지 않아야 꽃이 더 잘 피니 유의한다. 잎이 두껍고 광택이 있다. 내병성이 매우 강해 무농약으로도 검은별무늬병과 흰가루병에 걸리지 않는 튼튼하고 키우기 쉬운 덩굴장미이다.

7cm ◎중간 향 ▲2.0m ■딕슨(영국) 2013년
※Wild Rover×실생
검은별무늬병: 강, 흰가루병: 강, 수세: 강

로즈 블러시 Rose Blush

S 반복 개화

꽃은 파우더 핑크색으로 로제트형으로 피고 다마스크 계열의 향기가 있다. 심은 후 몇 년이 지나 수세가 좋아지면 가을에도 반복해서 잘 핀다. 수세가 강하고 생장이 왕성하다. 여름에 생장이 다소 느슨해지기도 하지만, 가을에는 다시 돌아온다. 내병성이 매우 강해 무농약으로도 병이 생기는 일은 드물다. 대형 수형으로 가꾸기에도 추천하는 품종이다.

11cm ◎강한 향 ▲2.0m ■라투(프랑스) 2018년 ※미발표
검은별무늬병: 강, 흰가루병: 강, 수세: 강

로즈 드 그랑빌 Rose de Granville

S 반복 개화

꽃은 연한 핑크빛이며 찻잔형으로 개화한다. 여러 겹의 꽃잎이 겹쳐 나 꽃송이가 되고, 향기로운 향이 난다. 수세가 좋아지면 여름 이후에도 반복해서 핀다. 수세가 강하고, 가지에 가시가 적어 다루기 쉽다. 시든꽃자르기를 하지 않으면 가을에는 오렌지색 열매를 맺는다. 생장이 왕성해 따뜻한 지역에선 큰 덩굴장미로 가꾸면 이 품종의 특성을 맘껏 발휘할 수 있다. 무농약으로도 검은별무늬병 및 흰가루병이 거의 발생하지 않는 아주 튼튼하고 키우기 쉬운 품종이다.

11cm ◎중간 향 ▲1.6m ■라투(프랑스) 2010년 ※미발표
검은별무늬병: 강, 흰가루병: 강, 수세: 강

루미너스 필러 Luminous Pillar

LCl 사철 개화

연한 핑크에 약간 라벤더색이 도는 그러데이션의 꽃 색깔로 둥근 삼각 꽃잎의 로제트형으로 개화한다. 꽃은 크고 3겹 정도의 꽃잎이 겹쳐 나 꽃송이가 되며 만개했을 때 아주 멋지다. 꽃이 잘 달리면서 시들지 않고 오래가며, 여름 이후에도 반복해서 핀다. 수세가 강해 심은 지 몇 년 동안은 힘차게 밑동 새순이 나오지만, 그 후에는 새순 갱신을 하지 않아 오래된 가지도 남겨서 유인한다. 가지는 단단하고, 곧게 유인해도 꽃이 잘 핀다.

10cm ◎중간 향 ▲2.0m ■딕슨(영국) 2016년
검은별무늬병: 강, 흰가루병: 강, 수세: 강

아미 로맨티카 Amie Romantica

LCl 사철 개화

꽃은 앞면이 흰색이고 중심을 향해 분홍색이 도는 복륜이 찻잔형으로 개화한다. 부드럽고 크게 개화한 꽃은 여러 겹의 꽃잎이 겹쳐 나 꽃송이가 되어 조밀하게 달리는데, 봄에 만개하면 포기 전체를 덮을 정도다. 꽃이 시들지 않고 오래가며 꽃잎이 강해 잘 상하지 않는다. 여름 이후에도 반복해서 잘 핀다. 수세가 강해 봄 개화 후 새순 발생이 매우 좋다. 가지는 가늘고 유연하지만 야무지다. 내병성이 강해 검은별무늬병과 흰가루병에 거의 걸리지 않아 매우 기르기 쉽다.

7cm 약한 향 ▲2.0m ■메이앙(프랑스) 2010년
※(Anthony Meilland×César)×Tchaikovski
검은별무늬병: 강, 흰가루병: 강, 수세: 보통

사쿠라고로모 桜衣 Sakuragoromo

LCl 반복 개화

약간 새먼색이 도는 핑크이며 로제트형으로 개화한다. 5겹 내외의 꽃잎이 겹쳐 나 꽃송이가 되며, 꽃이 잘 달린다. 다소 늦게 피고, 심은 초기에는 가을에 꽃이 적게 핀다. 수세가 강하고 생장이 왕성하다. 여름 이후에도 새순 발생이 매우 좋다. 내병성이 매우 강해 무농약이라도 병은 거의 생기지 않는다. 내한성이 있어 한랭지에서 작고 아담한 반덩굴성으로 자라고, 여름 이후에도 그다지 수형이 흐트러지지 않는다.

7cm 약한 향 ▲2.0m ■게이세이 장미 원예(일본) 2019년
검은별무늬병: 강, 흰가루병: 강, 수세: 강

마리 헨리에테 Marie Henriette

LCl 사철 개화

꽃은 분홍색으로 일교차가 나면 은빛이 돌며 로제트형으로 개화한다. 홑꽃에서 여러 겹의 꽃잎이 겹쳐 나 꽃송이가 되며, 꽃이 풍성해 만개할 때 보기 좋다. 여름 이후에도 반복해서 핀다. 한랭지에선 그다지 자라지 않아 반덩굴성으로 가꿔 즐길 수 있다. 가지는 단단하지만, 유인은 그리 힘들지 않다. 꽃가지는 짧고 수형이 흐트러지는 일은 없다. 내병성이 강해 초심자가 실패 없이 기를 수 있는 향기로운 품종이다.

10cm 강한 향 ▲2.0m ■코르데스(독일) 2013년
※Geoff Hamilton×(Arioso×실생)
검은별무늬병: 강, 흰가루병: 강, 수세: 강

신데렐라 Cinderella

LCl 반복 개화

부드러운 핑크의 둥근 꽃잎이 찻잔형 개화에서 로제트형으로 개화한다. 여러 겹에서 10겹 이상의 꽃잎이 겹쳐 나 꽃송이가 되고, 꽃이 잘 달리며 시들지 않고 오래간다. 만개하면 포기 전체를 덮듯이 핀다. 여름 이후에도 반복해서 잘 핀다. 꽃가지는 짧아 수형이 흐트러지는 일은 거의 없다. 생장이 왕성하지만, 심은 지 몇 년이 지나면 밑동 새순은 거의 발생하지 않아, 오래된 가지를 자르지 않고 가능한 한 소중히 관리한다. 내한성과 내병성이 뛰어나고, 가꾸기도 그다지 까다롭지 않아 다양하게 연출해 즐길 수 있다.

7cm 약한 향 ▲2.5m ■코르데스(독일) 2003년
※실생×Centenaire de Lourdes
검은별무늬병: 강, 흰가루병: 강, 수세: 강

자스미나 Jasmina

LCl 약한 반복 개화

중심부의 핑크가 가장자리로 갈수록 옅어지며 찻잔형으로 개화한다. 비누와 같은 옅은 향기가 나고 20겹 정도의 꽃잎이 겹쳐 나 큰 꽃송이가 되며, 고개를 숙이고 조용히 핀다. 꽃잎이 강해 꽃이 시들지 않고 오래가서 봄에 만개했을 때는 2주 이상 계속 핀다. 2년 차 이후에는 반복해서 잘 핀다. 신장력이 왕성해 비료를 많이 주면 꽃가지가 너무 많이 자라므로 땅에 심으면 겨울 비료만으로 충분하다. 잎은 밝은 녹색이며, 광택이 있고 내병성이 강해 무농약 재배도 가능하다. 늦서리 등의 추위를 맞으면 잎에 검붉은 반점이 나타날 수 있으나, 생장에는 문제가 없다.

5cm 약한 향 ▲3.0m ■코르데스(독일) 2006년
※실생×Centenaire de Lourdes
검은별무늬병: 강, 흰가루병: 강, 수세: 강

쾰너 플로라 Kölner Flora

LCl 사철 개화

코랄핑크의 화려한 대륜화는 구형의 찻잔형 개화로 홑꽃에서 여러 겹의 꽃잎이 겹쳐 나 꽃송이가 된다. 일찍 피고 좋은 향기가 있다. 꽃잎이 섬세해 고온기 등에서는 잘 손상된다. 여름 이후에도 반복해서 잘 핀다. 가지에는 가시가 거의 없고 유연해 유인 등을 할 때도 다루기 쉽다. 매우 튼튼해 내병성이 강해, 검은별무늬병과 흰가루병에 걸리는 일이 거의 없어 키우기 쉬운 품종이다.

10cm 강한 향 ▲2.0m ■코르데스(독일) 2014년
※Geoff Hamilton×실생
검은별무늬병: 강, 흰가루병: 강, 수세: 강

아이즈 온 미 Eyes on Me

S 반복 개화

안쪽이 붉은 핑크색 홑꽃으로, 선명하고 큰 적목red eye이 특징이다. 여러 겹의 꽃잎이 겹쳐 나 꽃송이가 되며, 때로는 큰 꽃송이가 된다. 꽃이 잘 달리고 여름 이후에도 반복해서 잘 핀다. 생장이 왕성하고, 반덩굴성 형태의 새순이 나오지만 유연하다. 가지에 가시는 적고 다루기 쉽다. 자연 수형으로 키울 수 있지만, 신장력이 있어 소형 덩굴장미로도 즐길 수 있다. 매우 튼튼해서, 무농약이라도 검은별무늬병과 흰가루병은 거의 생기지 않는 키우기 쉬운 품종이다.

6cm 약한 향 ▲2.0m ■워너(영국) 2013년
※Summer Wine×(Scrivbell×(Tigris×Baby Love))
검은별무늬병: 강, 흰가루병: 강, 수세: 강

카멜롯 Camelot

LCl 반복 개화

새먼빛이 감도는 핑크색 바탕에 짙은 복숭아색 아롱무늬가 들어간 둥근 꽃잎이 편평형으로 개화한다. 여러 겹의 꽃잎이 겹쳐 나 꽃송이가 되고, 꽃이 잘 달리지만 오래가지 않고 중간 정도이다. 심은 후 몇 년은 그다지 반복해서 피지 않으나 수세가 좋으면 여름 이후에도 피게 된다. 성목이 되면 밑동 새순은 나오기 어려워지므로 오래된 가지도 소중히 관리한다. 가지는 유연해 유인이 쉽다. 추위와 더위에 강하고 내병성도 강해 무농약으로도 충분히 재배할 수 있다. 초심자가 키우기 좋은 품종이다.

7cm 중간 향 ▲2.0m ■탄타우(독일) 2011년
※Barock×Lions-Rose
검은별무늬병: 강, 흰가루병: 강, 수세: 강

피에르 에르메 Pierre Hermé

S 반복 개화

살구색 둥근 꽃잎이 편평형으로 피고 여러 겹의 꽃잎이 겹쳐 나 꽃송이가 되며 꽃이 잘 달린다. 처음 심었을 때는 그다지 반복해서 피지 않지만, 포기가 성장하면 가을에도 반복해서 피게 된다. 수세가 좋고 내병성이 매우 강해 무농약이라도 검은별무늬병과 흰가루병에는 거의 걸리지 않는다. 프랑스에서는 직립성이지만, 따뜻한 지역에선 덩굴장미로 만드는 편이 좋다.

11cm 중간 향 ▲2.0m ■라투(프랑스) 2018년 ※미발표
검은별무늬병: 강, 흰가루병: 강, 수세: 강

유키코 ユキコ Yukiko

Clmin 한철 개화

분홍색 둥근 꽃잎이 로제트형으로 개화하고 여러 겹의 꽃잎이 겹쳐 나 꽃송이가 되며 꽃이 잘 달린다. 수세가 매우 강하고, 새순이 다수 발생해 생장이 왕성하다. 가지는 유연하고 가시가 없어 유인 등의 가꾸기가 쉽다. 내병성이 매우 강해 거의 병에 걸리지 않는다. 꽃잎이 약간 약하고, 습도가 높을 때는 꽃이 피지 않을 수도 있다.

3cm 약한 향 ▲5.0m ■아토미 아키라(일본) 1997년
※Pink Spray×*Rosa multiflora*
검은별무늬병: 강, 흰가루병: 강, 수세: 강

프랑부아즈 바니유 Framboise Vanille

LCl 반복 개화

꽃은 분홍색 농담濃淡이 있는 아롱무늬 둥근 꽃잎이 로제트형으로 개화한다. 여러 겹의 꽃잎이 겹쳐 나 꽃송이가 되고, 꽃이 잘 달리며 시들지 않고 오래간다. 수세가 좋아 여름 이후 새순이 자주 발생한다. 가지에는 가시가 적어 다루기 쉽다. 잎에 광택이 있으며 무농약으로도 검은별무늬병과 흰가루병에 거의 걸리지 않는 튼튼한 품종이다. 초심자가 키우기 아주 좋다.

10cm ◎약한 향 ▲2.5m ■메이앙(프랑스) 2010년
※Deborah×(Sorbet Fruité Cl.×Bonica '82)
검은별무늬병: 강, 흰가루병: 강, 수세: 강

녹아웃, 클라이밍 Knock Out, Climbing

ClFl 반복 개화

뛰어난 내병성 품종 '녹아웃'의 가지 변이 덩굴장미이다. 이 품종도 마찬가지로 내병성이 매우 강해 키우기 쉽다. 꽃이 잘 달리고 여러 겹의 꽃잎이 겹쳐 나 꽃송이가 되며, 꽃가지도 짧고 가운데로 모여 단정한 수형으로 여름 이후에도 반복해서 피어난다. 특별한 가꾸기 기술이 없는 초심자가 키워도 골고루 개화한다.

8cm ◎중간 향 ▲2.0m ■메이앙(프랑스) 2017년
※Knock Out의 가지 변이
검은별무늬병: 강, 흰가루병: 강, 수세: 강

폼포넬라 Pomponella

Fl 사철 개화

꽃은 진분홍색의 찻잔형 개화로 10겹 내외의 꽃잎이 겹쳐 나 꽃송이가 되고 때로는 20겹 이상의 꽃잎이 겹쳐 나 큰 꽃송이가 되기도 한다. 꽃이 잘 달리며 시들지 않고 오래간다. 약간 늦게 피고, 일번화가 개화한 후에도 반복해서 잘 핀다. 초기 생장은 느리고 강한 새순은 잘 나오지 않지만, 몇 년 만에 수세가 좋아지면 가지 수가 갑자기 늘어난다. 성목이 되면 밑동 새순은 나오기 어려우므로, 오래된 가지는 소중히 관리한다. 가지를 곧게 펴는 자연 수형이라서 반덩굴성으로 가꿀 수도 있다. 내한성과 내병성이 강해 키우기 쉽다.

5cm ◎약한 향 ▲2.0m ■코르데스(독일) 2005년 ※실생×Angela
검은별무늬병: 강, 흰가루병: 강, 수세: 보통

퍼레니얼 블루 Perennial Blue

LCl 반복 개화

안쪽은 흰색을 띠는 적자색의 둥근 꽃잎이 20겹 내외로 겹쳐 나 큰 꽃송이가 되고, 꽃이 잘 달리며 시들지 않고 오래간다. 반복 개화성이지만, 심은 초기에는 여름 이후 거의 피지 않는다. 수세가 좋으면 여름 이후에도 다시 피지만, 비슷한 품종 '퍼레니얼 블러시Perennial Blush' 만큼 자주 피지 않는다. 수세가 매우 좋아 심은 지 몇 년 후에 왕성하게 밑동 새순이 발생하지만, 포기가 안정되면 나오기 어려워지므로 오래된 가지도 소중히 관리한다. 내병성은 매우 강하지만, 여름철 고온기에 진드기에 주의해야 한다.

4cm ◎중간 향 ▲1.8m ■메일링(영국) 2004년
※Blue Rambler×Super Excelsa
검은별무늬병: 강, 흰가루병: 강, 수세: 강

아이반호 Ivanhoe

LCl 사철 개화

편평형에서 찻잔형으로 개화하고, 5~10겹 정도의 적자색 꽃잎이 겹쳐 나 꽃송이가 된다. 꽃이 잘 달리면서 시들지 않고 오래간다. 다소 늦게 피고 향기가 좋은 꽃은 가을에 반복해서 핀다. 수세가 강해 새순의 발생은 왕성하다. 가지가 유연해 유인 등으로 다루기 쉽다. 내병성은 매우 강해 무농약이라도 검은별무늬병과 흰가루병에 걸리는 일은 거의 없다. 초심자가 안심하고 키울 수 있는 적자색 계열의 덩굴장미이다.

5cm ◎강한 향 ▲3.0m ■워너(영국) 2009년
검은별무늬병: 강, 흰가루병: 강, 수세: 강

슈퍼 엑셀사 Super Excelsa

LCl 사철 ~ 반복 개화

20겹 정도의 짙은 로즈핑크 꽃잎이 폼폰형으로 피어 큰 꽃송이가 된다. 꽃이 잘 달리면서 시들지 않고 오래간다. 가지는 가늘고 매우 유연해 유인이 쉽다. 여름 이후에 발생한 새순에도 반복해서 잘 핀다. 시든꽃자르기를 하지 않으면 다수의 열매가 열리고 가을에는 붉게 물든다. 내병성이 강해 무농약으로도 검은별무늬병과 흰가루병에 거의 걸리지 않는다. 반복해서 피는 성질이 강해 유인하지 않고, 자연 수형으로 지표면 피복이나 반덩굴성으로 가꿔 즐길 수도 있다.

4cm 약한 향 ▲2.0m ■헤첼(독일) 1986년
※Excelsa×불명
검은별무늬병: 강, 흰가루병: 강, 수세: 강

마그네틱 아이즈 Magnetic Eyes

LCl 사철 개화

둥근 꽃잎의 앞면은 벨벳 같은 질감의 빨간색이고 안쪽은 희다. 뒷면도 흰색이며 편평형으로 개화한다. 꽃이 아주 잘 달리며 10겹 이상의 꽃잎이 겹쳐 나 큰 꽃송이가 되고 밑동에도 단단히 달린다. 꽃잎이 강해 시들지 않고 오래간다. 약간 늦게 핀다. 사철 개화성이 강해 일번화 이후로도 잘 핀다. 심은 후 몇 년은 수세가 강해 새순이 자주 발생하지만, 안정된 이후에는 잘 나지 않으므로 오래된 가지도 남겨야 좋다. 무농약으로도 검은별무늬병과 흰가루병에는 거의 걸리지 않는 튼튼한 품종이다.

6cm 약한 향 ▲2.5m ■딕슨(영국) 2014년
※실생×Rambling Rosie
검은별무늬병: 강, 흰가루병: 강, 수세: 강

플로렌티나 Florentina

LCl 반복 개화

꽃은 진한 빨간색으로 찻잔형에서 로제트형으로 개화하며 여러 겹의 꽃잎이 겹쳐 나 꽃송이가 되고 꽃이 잘 달린다. 꽃잎이 강해 꽃이 시들지 않고 오래간다. 다소 늦게 피고 따뜻한 지역에선 5월 하순에 만개한다. 가지가 곧게 뻗고 꽃가지가 다소 길게 늘어지는 경향이 있으므로, 크게 가꿔 올려다보듯이 꽃을 피우면 더 아름답게 감상할 수 있다. 심은 뒤 몇 년은 자주 새순이 발생하지만, 그 후는 나기 어렵고 오래된 가지에서 계속 피는 유형이다. 내한성, 내서성 및 내병성이 강해 무농약으로도 거의 병이 발생하지 않는다.

9cm 약한 향 ▲2.0m ■코르데스(독일) 2011년
※(Tradition 95×실생)×Prodige Ecarlate
검은별무늬병: 강, 흰가루병: 강, 수세: 강

러브스트럭 Lovestruck

LCl 사철 개화

꽃은 로즈핑크로 피다가 완전히 피어나면 적자색을 띠고 일교차가 커지면 더 짙어진다. 둥근 꽃잎이 편평형으로 개화한다. 5겹 내외의 꽃잎이 겹쳐 나 꽃송이가 되며, 꽃이 잘 달리면서 시들지 않고 오래간다. 여름 이후에도 반복해서 핀다. 가지는 단단하며 꽃가지는 짧고 가운데로 모여 단정한 모습이 된다. 자연 수형으로 가꿔 대형 반덩굴성으로 즐길 수도 있다. 검은별무늬병과 흰가루병에 강해 무농약 재배에도 추천한다. 품종명은 '사랑에 빠져 있다'라는 뜻이다.

10cm 중간 향 ▲2.0m ■딕슨(영국) 2017년
※실생×Knock Out
검은별무늬병: 강, 흰가루병: 강, 수세: 강

그랑데 아모레 Grande Amore

LCl 반복 개화

선명한 빨간색의 뾰족 꽃잎이 우산형으로 개화한다. 홑꽃에서 여러 겹의 꽃잎이 겹쳐 나 꽃송이가 되고, 꽃이 잘 달리면서 시들지 않고 오래간다. 따뜻한 지역에선 덩굴 모양으로 자라지만, 독일에서는 직립성이어서 여름 이후에도 반복해서 피고 한랭지에선 직립성으로도 기를 수 있다. 강직해 구부리기 어렵고, 꽃가지도 그다지 자라지 않아 방사형으로 넓게 펼쳐 유인하는 것이 좋다. 내병성이 매우 강해, 드물게 병이 들어 낙엽이 져도 수세가 떨어지지 않는다. 내한성도 강한 정형화整形花의 덩굴장미이다.

13cm 약한 향 ▲2.5m ■코르데스(독일) 2005년
※Christopher Columbus×실생
검은별무늬병: 강, 흰가루병: 강, 수세: 강

신伸 Shin

HWich 반복 개화

중심부가 흰색인 부드러운 붉은색 꽃잎이 홑꽃으로 핀다. 한랭지에선 색이 매우 짙어져 흑적색이 된다. 꽃이 잘 달린다. 늦게 피고 따뜻한 지역에선 5월 하순부터 피기 시작해 가을에는 꽃수가 적다. 매우 튼튼하고 신장력이 있어 그늘시렁 등의 대형 구조물이나 지표면 피복으로도 활용할 수 있다. 가지는 가늘고 유연하며 꽃송이의 무게로 꽃가지는 약간 아래로 늘어진다. 가시가 적어 유인 등 덩굴장미로 관리가 쉽다. 내병성이 강해 무농약 재배에도 거의 병이 생기지 않아 초심자용 품종이다.

3cm 약한 향 ▲4.0m ■가와이 다카시(일본) 2009년
※Super Drothy×아즈미노
검은별무늬병: 강, 흰가루병: 강, 수세: 강

오랑주리 Orangerie

LCl 반복 개화

붉은빛을 머금은 진한 오렌지색 꽃이 매우 인상적이다. 홑꽃에서 여러 겹의 꽃잎이 겹쳐 나 꽃송이가 되고, 꽃이 잘 달리며 시들지 않고 오래간다. 여름 이후에도 반복해서 잘 핀다. 수세가 강하고, 심은 뒤 몇 년은 새순이 자주 발생해 생장이 빠르다. 다만, 그 후에는 밑동 새순이 별로 나오지 않으므로 오래된 가지를 남기도록 관리한다. 내한성이 강하고, 검은별무늬병과 흰가루병에는 무농약으로도 거의 문제없을 정도로 내병성도 강하다.

8cm 약한 향 ▲2m ■코르데스(독일) 2015년
※Sunny Sky×Sommersonne
검은별무늬병: 강, 흰가루병: 강, 수세: 강

선셋 글로우 Sunset Glow

LCl 반복 개화

벽돌색이나 새먼핑크 등 다양한 색이 섞인 개성 넘치는 물결 모양 꽃잎이 핀다. 5겹 내외의 꽃잎이 겹쳐 나 꽃송이가 되며 꽃이 잘 달린다. 반복해서 피지만, 가을에는 그렇게 많이 피지 않는다. 강한 향기가 난다. 수세가 강해 새순은 잘 나온다. 가지는 유연하고 유인이 쉽다. 꽃은 새순 끝에 피므로 유인은 고저 차를 두고, 가지 끝이 골고루 흩어지도록 하면 가지 전체에 꽃이 달린다. 매우 튼튼해 내병성이 강해 검은별무늬병과 흰가루병은 거의 걸리지 않는다.

7cm 강한 향 ▲2.5m ■워너(영국) 2010년
※Alfresco×(Arcadian×Baby Love)
검은별무늬병: 강, 흰가루병: 강, 수세: 강

스타 체이서 Star Chaser

LCl 강한 반복 개화

진한 오렌지색이었다가 만개하면 살구색 그러데이션으로 물든다. 둥근 삼각 꽃잎에서 둥근 꽃잎으로 개화하며 3~5겹의 꽃잎이 겹쳐 나 꽃송이가 된다. 꽃이 잘 달리면서 시들지 않고 오래간다. 꽃잎이 튼튼해 비가 계속 와도 잘 상하지 않는다. 연한 과일 향이 나고, 잎은 짙은 녹색으로 광택이 있다. 짧은 꽃가지뿐만 아니라 가지 끝까지 골고루 꽃이 달려서 봄철 개화 절정기는 특히 볼만하다. 겨울 전정으로 낮게(짧게) 잘라도 봄에는 반덩굴성으로 즐길 수 있다. 품종명은 별을 쫓는 사람이라는 뜻이다.

9cm 약한 향 ▲3.0m ■딕슨(영국) 2011년 ※실생×실생
검은별무늬병: 강, 흰가루병: 강, 수세: 강

시나몬 차이 Cinnamon Chai

LCl 반복 개화

꽃은 짙은 살구색이 도는 노란색으로 둥근 꽃잎이 로제트형으로 개화한다. 여러 겹의 꽃잎이 겹쳐 나 꽃송이가 되고, 꽃이 잘 달리며 시들지 않고 오래간다. 사철 개화성이라서 따뜻한 지역에선 잘 자라지만, 한랭지에선 성장이 늦다. 반복해서 피고 새순을 많이 내며, 영국에서는 직립성으로도 자라지만 반덩굴성이다. 한여름에 40℃를 넘기면 약간 수세가 떨어진다. 내병성은 강하나 드물게 검은별무늬병에 걸릴 수 있고, 흰가루병은 거의 걸리지 않는다.

7cm 중간 향 ▲1.8m ■딕슨(영국) 2018년 ※실생×Spice of Life
검은별무늬병: 강, 흰가루병: 강, 수세: 강

스마일리 페이스 Smiley Face

LCl 반복 개화

레몬옐로의 둥근 꽃잎이 편평형으로 개화한다. 5~10겹 이상의 꽃잎이 겹쳐 나 꽃송이가 되며 꽃이 매우 잘 달린다. 꽃가지가 길어 큰 송이가 되면 가지가 처진다. 수세가 강하고 생장이 왕성해 여름 이후에도 반복해서 핀다. 오래된 가지에도 꽃을 피우지만, 새순도 많이 발생한다. 노란색 계열은 검은별무늬병에 약한 장미가 많은데 이 장미는 내병성이 매우 강하다. 다양한 방법으로 가꿔도 꽃이 잘 피므로 노란 장미를 심고 싶은 초심자에게 추천하는 덩굴장미이다.

10cm 약한 향 ▲3.0m ■메이앙(프랑스) 2011년
※Clos Fleuri Jaune×Follette
검은별무늬병: 강, 흰가루병: 강, 수세: 강

맬번 힐 Malvern Hills

LCl(ER) 반복 개화

꽃은 크림색에서 피어날수록 하얘지며 폼폰형으로 개화한다. 작은 꽃잎으로 꽉 찬 겹꽃이 10겹 이상 겹쳐 나 큰 꽃송이를 이루고, 꽃이 잘 달리며 시들지 않고 오래간다. 심은 후 몇 년까지는 가을에는 거의 피지 않지만, 수세가 좋으면 반복해서 피게 된다. 생장이 왕성해 곁순이 흔히 발생한다. 가지에 가시는 거의 없어 유인 등의 작업이 쉬워 관리하기 좋다. 내병성이 강해 검은별무늬병과 흰가루병은 거의 발생하지 않는다.

4cm 중간 향 ▲3.0m
■데이비드 오스틴(영국) 2000년 ※실생×실생
검은별무늬병: 강, 흰가루병: 강, 수세: 강

일루미나레 Illuminare

LCL 사철 개화

연둣빛이 도는 크림옐로색의 둥근 꽃잎이 편평형으로 개화한다. 3~5겹 정도의 꽃잎이 겹쳐 나 꽃송이가 되며, 꽃이 잘 달리면서 시들지 않고 오래간다. 수세가 강해 여름 이후 왕성하게 성장하고 새순의 발생도 좋다. 자연 수형으로 즐긴다면 큰 반덩굴성 수형으로 가꿀 수 있고 독일에서는 직립성으로도 자란다. 교배친인 '라이온스 로즈Lions Rose'로부터 내병성을 물려받아 매우 튼튼해 기르기 쉽다. 무농약이라도 병은 거의 생기지 않는다. 내한성도 강해 한랭지에선 직립성이 된다.

8cm ◎약한 향 ▲1.8m ■코르데스(독일) 2016년
※Lions-Rose×(실생×Gebrüder Grimm)
검은별무늬병: 강, 흰가루병: 강, 수세: 강

아르테미스 Artemis

LCL 사철 개화

꽃잎이 많은 둥근 꽃봉오리에서 약간 크림색이 도는 흰색의 꽃이 찻잔형으로 개화한다. 몰약myrrh 향기가 난다. 꽃이 잘 달리면서 시들지 않고 오래가며 밑동에서 큰 꽃송이가 잘 달린다. 흰색 계열이지만 꽃잎이 좋아서 비를 맞아도 얼룩이 잘 지지 않는다. 포기는 여름 이후 반덩굴성 형태로 성장하기 시작한다. 겨울 전정으로 높이를 조절하면 초봄에는 정리된 반덩굴성 수형으로 가꿀 수도 있다. 잎에 광택이 있고, 강풍으로 잎이 상하는 일도 없다. 검은별무늬병에 강해 포기 전체가 언제까지나 아름답다.

7cm ◎약중간 향 ▲2.5m ■탄타우(독일) 2009년 ※실생×Heritage
검은별무늬병: 강, 흰가루병: 강, 수세: 보통

시리우스 Sirius

LCL 반복 개화

아이보리 화이트의 부드러운 꽃 색깔로 중심에 핑크빛이 돌기도 한다. 둥근 꽃잎이 편평형으로 개화하며 10겹 정도의 꽃잎이 겹쳐 나 공 모양의 봉긋한 꽃송이가 된다. 꽃이 잘 달리면서 시들지 않고 오래간다. 늦게 피는 편이라 따뜻한 지역에선 5월 말에 피기 시작한다. 매우 튼튼하고 내병성이 뛰어나다. 무농약이라도 거의 병이 생기지는 않는다. 내한성은 강하지만 여름 고온기에 일시적으로 성장이 멈출 수 있다.

7cm ◎약한 향 ▲2.0m ■탄타우(독일) 2013년
※Bremer Stadtmusikanten×Banquet
검은별무늬병: 강, 흰가루병: 강, 수세: 보통

가드너스 글로리 Gardeners' Glory

LCL 반복 개화

밝은 노란색의 둥근 꽃잎이 편평형으로 개화한다. 여러 겹의 꽃잎이 겹쳐 나 꽃송이가 되며 꽃이 잘 달린다. 여름 이후에도 반복해서 핀다. 포기는 매우 튼튼하고 가지는 강직하면서 유연하다. 현재 노란색 계열의 덩굴장미 중에서 튼튼한 품종이 적어 매우 귀중하다. 가지 끝에 꽃이 달리기 쉬우므로 고저 차를 둔 전정으로 가지 끝을 골고루 흩뜨리면 포기 전체에 꽃이 달리게 된다. 내병성이 강해 검은별무늬병과 흰가루병은 거의 생기지 않는 키우기 쉬운 품종이다.

7cm ◎중간 향 ▲3.0m ■워너(영국) 2010년
검은별무늬병: 강, 흰가루병: 강, 수세: 강

윈드 송 Wind Song

LCL 사철 개화

피어나는 동안 살구색에서 아이보리색이 되는 홑꽃으로 꽃이 잘 달린다. 티 향기가 나며 여러 겹의 꽃잎이 겹쳐 나 꽃송이가 되고 여름 이후에도 반복해서 잘 피지만 열매 맺기 쉬우므로 부지런히 시든꽃자르기를 한다. 시든 꽃을 남기면 가을에 열매를 즐길 수 있다. 생장이 왕성하고 새순 발생은 매우 좋지만, 가지는 강직하다. 위로 뻗는 나무장미 유형의 덩굴장미이므로 골고루 피우려면 겨울 유인 시에 고저 차를 두고 전정하도록 한다. 내병성이 매우 강해 키우기 쉬운 품종이다. 품종명은 폭이 넓은 꽃잎이 바람에 흔들리는 모습에서 따왔다고 한다.

7cm ◎중간 향 ▲3.0m ■가와이 다카시(일본) 1993년
※Compassion×Playboy
검은별무늬병: 강, 흰가루병: 보통, 수세: 강

서머 메모리즈 Summer Memories

LCl 강한 반복 개화

단정한 꽃봉오리에서 약간 크림색을 띠는 흰색이 겹겹으로 로제트형으로 개화한다. 심은 초기에는 홑꽃이 피기 쉽지만, 수년 내에 5~10겹 정도의 꽃잎이 겹쳐 나 꽃송이가 되고 그루 전체를 덮듯이 핀다. 꽃잎의 질이 좋고, 흰색 꽃이어도 잘 상하지 않으며 꽃도 시들지 않고 오래간다. 연한 과일 향이 나며, 진한 녹색의 잎은 광택이 있어 꽃의 아름다움이 한층 돋보인다. 초기 생장은 느리지만 수세가 붙으면 신장력이 좋아진다. 비료를 많이 주면 꽃가지가 단정하지 않게 자라므로 조심한다. 특히 땅에 심을 때는 겨울 비료만으로 충분하다.

9cm 약한 향 ▲3.0m ■코르데스(독일) 2005년
※Bansai83×Immensee의 실생
검은별무늬병: 강, 흰가루병: 보통, 수세: 강

페레니얼 블러시 Perennial Blush

LCl 반복 개화

흰색에서 연한 분홍색의 둥근 꽃잎이 편평형으로 개화하며 20개 내외의 소륜이 큰 꽃송이가 된다. 꽃이 잘 달리면서 시들지 않고 오래가며 만개했을 때 그루 전체를 덮을 정도로 피어 있는 모습이 멋지다. 여름 이후에도 반복해서 핀다. 심은 지 몇 년은 밑동 새순이 자주 나오지만, 얼마 지나면 거의 나오지 않게 되므로 오래된 가지도 소중히 관리한다. 오래된 가지가 굵어지기 시작할 무렵이 되면 한층 더 반복해서 피게 된다. 내병성이 뛰어나서 무농약으로도 검은별무늬병과 흰가루병은 거의 생기지 않지만, 고온기의 진드기는 주의해야 한다.

4cm 약한 향 ▲1.8m ■메일링(영국) 2007년
※Super Fairy×Wee Barbie
검은별무늬병: 강, 흰가루병: 강, 수세: 강

스노우 구스 Snow Goose

S(ER) 반복 개화

순백의 소륜화는 10겹이나 그 이상의 꽃잎이 겹쳐 나 큰 꽃송이가 되며 꽃이 잘 달린다. 시든꽃자르기를 하지 않으면 작은 오렌지색 열매를 즐길 수 있다. 여름 이후에도 반복해서 핀다. 수세가 강해 매우 튼튼하다. 반덩굴성 모양의 새순이 많이 나온다. 가지는 유연하고 가시가 거의 없어 다루기 쉽다. 반나절 그늘에서 잘 자라고, 내병성이 강해 검은별무늬병과 흰가루병은 거의 발생하지 않아 초심자가 키우기 쉬운 품종이다.

4cm 중간 향 ▲3.0m ■데이비드 오스틴(영국) 1997년
※미발표
검은별무늬병: 강, 흰가루병: 강, 수세: 강

스노우스톰 Snowstorm

LCl 반복 개화

선명한 흰색 꽃잎이 찻잔형으로 여러 겹이 겹쳐 나 꽃송이를 이루며 때로는 큰 꽃송이가 된다. 꽃이 잘 달리며 여름 이후에도 반복해서 핀다. 수세는 있지만, 가지는 유연해 대형 수형을 만드는 데 적합하다. 내병성이 뛰어나서 무농약으로도 검은별무늬병과 흰가루병에 거의 걸리지 않는다. 키우기 쉬워서 처음 기르는 흰색 덩굴장미로 추천한다.

6cm 중간 향 ▲2.5m ■워너(영국) 2015년
검은별무늬병: 강, 흰가루병: 강, 수세: 강

심플 라이프 The Simple Life

LCl 반복 개화

꽃은 연한 핑크의 홑꽃이 핀다. 여러 겹의 꽃잎이 겹쳐 나 꽃송이를 이루고 봄꽃이 잘 핀다. 포기는 튼튼하고 여름 무렵부터 반덩굴성 형태의 새순이 왕성하게 발생한다. 수세가 매우 강해 땅에 심을 때는 이를 억제하기 위해 겨울 비료 정도만 준다. 덩굴장미로 가꾸는 것 외에 자연 수형으로도 즐길 수 있다. 내병성이 강해 무농약이라도 검은별무늬병과 흰가루병에는 거의 걸리지 않는다. 초심자에게 추천하는 튼튼한 품종이다.

8cm 약한 향 ▲1.5m ■하크네스(영국) 2014년 ※미발표
검은별무늬병: 강, 흰가루병: 강, 수세: 강

Chapter 2

최신 & 스테디셀러 ! 인기 장미

새로운 꽃 색깔과 모양, 향기를 가진 품종, 스테디셀러인 명화名花와 오래전부터 사랑받아 온 전통 장미, 야생종 등 매력이 넘치는 품종을 엄선해 소개한다.

직립장미 Bush Rose

크로셰 Crochet

HT 사철 개화

꽃잎이 벚꽃색과 그보다 더 연한 핑크색 겉면이 그러데이션을 이루며 로제트형으로 개화한다. 레이스 뜨개질처럼 촘촘하게 꽃잎이 포개진다. 여러 겹의 꽃잎이 겹쳐 나 꽃송이가 되고 꽃이 잘 달린다. 장마철 등의 시기에는 꽃잎에 얼룩이 생기기도 한다. 몰약과 티의 독특한 향기가 난다. 가지는 단단하고 거칠지만, 작고 아담하며 흐트러지지 않는다. 내병성은 보통이며, 정기적으로 약제를 살포해서라도 꽃을 보고 싶어지는 품종이다.

8cm 약한 향 ▲반횡장/1.0m×1.0m
■가와모토 마키코(일본) 2016년 ※미공개
검은별무늬병: 보통, 흰가루병: 보통, 수세: 보통

라 프랑스 La France

HT 사철 개화

분홍색 둥근 삼각 꽃잎이 우산형으로 개화하며 홑꽃에서 5겹 정도의 꽃잎이 겹쳐 나 꽃송이가 된다. 꽃은 잘 달리지만, 꽃송이가 별로 좋지 않아 단정한 모습으로 피어 있는 시간은 짧다. 꽃줄기가 유연해 고개를 숙이고 피는 경우가 많다. 꽃잎이 상당히 섬세해 습도가 높으면 피지 않고 봉오리로 썩어버리는 일도 종종 있다. 진한 다마스크 향기가 난다. 가지는 가늘지만, 새순의 발생은 좋다. 흰가루병에 걸리기 쉬우므로 발생 시기에는 확실한 예방이 필요하다. 현대 장미의 탄생 → P.10 참조.

12cm 강한 향 ▲반직립/1.3m×1.0m ■기요(프랑스) 1867년
※Madame Falcot의 실생
검은별무늬병: 보통, 흰가루병: 약, 수세: 보통

유메카 夢香 Yumeka

Fl 사철 개화

일교차가 있을 때는 짙어지고, 만개하면 보랏빛이 도는 연한 핑크색 둥근 꽃잎이 5겹 정도 겹쳐서 찻잔형으로 개화한다. 꽃이 잘 달리지만 꽃잎은 잘 상하며, 향은 강하고 달콤하다. 심고 수년 후부터 새순은 거의 나지 않는다. 가지가 가운데로 모여 가꾸기 쉬우므로 화분에 재배하기 좋다. 흰가루병에 약하므로 주의.

10cm 강한 향 ▲반직립/1.4m×1.0m
■게이세이 장미 원예(일본) 2007년 ※실생×실생
검은별무늬병: 보통, 흰가루병: 보통, 수세: 보통

마담 카롤린 테스투 Madame Caroline Testout

HT 사철 개화

밝은 분홍색 뾰족 꽃잎이 구형으로 개화한다. 꽃줄기는 유연하며 홑꽃으로 잘 핀다. 수형은 작고 아담하면서 가운데로 단정하게 모여 화분 재배에도 적합하다. 초기 하이브리드 티는 비교적 검은별무늬병에 강한 품종이 많지만, 이 품종은 취약하므로 주의한다. 교배친으로도 많이 쓰이며 덩굴성 가지 변이가 있다.

12cm 중간 향 ▲직립/1.2m×0.7m ■뒤셰(프랑스) 1890년
※Madame de Tartas×Lady Mary Fitzwilliam
검은별무늬병: 약, 흰가루병: 보통, 수세: 보통

미스터 로즈 Mr. Rose

HT 사철 개화

연한 핑크색 바탕에 피어날수록 새먼핑크가 도는 둥근 삼각 꽃잎이 우산형으로 개화한다. 전형적인 정형화整形花로 아름다운 대륜화가 피고, 고전적인 하이브리드 티 계열의 직립성으로 강직하다. 검은별무늬병에 약해, 정기적인 약제 살포가 필요하다. 품종명은 '미스터 로즈'라고 불린 게이세이 장미 원예 초대 육종가, 고故 스즈키 쇼오조 탄생 100주년을 기념해 지어졌다.

12cm 강한 향 ▲반직립/1.5m×1.0m
■게이세이 장미 원예(일본) 2013년 ※Fountain Square×실생
검은별무늬병: 약, 흰가루병: 약, 수세: 보통

미셸 메이앙 Michèle Meilland

HT 사철 개화

꽃은 약간 베이지색을 띤 연한 핑크로 둥근 삼각 꽃잎이 우산형으로 개화해 꽃송이가 되고 꽃이 잘 달린다. 일찍 피고 티 장미 향이 난다. 수형은 작고 아담하면서 가운데로 모여 단정해 땅뿐만 아니라 화분에 키우기도 적합하다. 가지는 가늘고 가시는 적다. 심은 지 처음에는 새순 발생이 좋지만, 얼마 후에는 가지가 목질화되어 새순은 거의 나오지 않는다. 내병성은 보통으로 통상적인 약제 살포가 필요하다. 덩굴장미 가지 변이가 있다.

10cm 중간 향 ▲반횡장/1.2m×0.8m ■메이앙(프랑스) 1997년
※Joanna Hill×Peace
검은별무늬병: 보통, 흰가루병: 보통, 수세: 보통

드레스덴 돌 Dresden Doll

Min 사철 개화

연분홍색의 꽃이 구형으로 핀다. 5~10겹 정도의 꽃잎이 겹쳐 나 꽃송이가 되고, 꽃이 잘 달리며 시들지 않고 오래간다. 가지와 꽃봉오리에 모스 로즈Moss rose 특유의 선모가 있어 관상 가치가 크다. 가지는 거칠고 뭉쳐지지 않는다. 내병성이 보통이므로 정기적인 약제 살포가 필요하며 특히 흰가루병에 주의해야 한다. 가을까지 잎을 남길 수 있어도 가지가 야물어지지 않아 한랭지에선 잘 시든다. 육종가 고故 무어는 다양한 전통 장미의 특징적인 형질을 도입한 현대 미니 장미를 많이 개량했는데, 초기 미니 모스 '페어리 모스Fairy Moss'에서 대를 거듭한 이 품종은 아름다운 이끼를 뒤집어쓴 듯하다.

3cm 약한 향 ▲반횡장/0.6m×0.3m
■무어(미국) 1975년 ※Fairy Moss×실생
검은별무늬병: 보통, 흰가루병: 약, 수세: 보통

마틸다 Matilda

Fl 사철 개화

꽃은 연한 핑크 그러데이션의 물결 꽃잎으로 개화한다. 초가을에는 복륜이 또렷이 나온다. 5겹 정도의 꽃잎이 겹쳐 나 꽃송이가 되며 꽃이 잘 달린다. 봄에 만개했을 때는 포기 전체를 덮을 정도로 피고, 그 이후에도 반복해서 잘 핀다. 내병성은 보통 수준이지만, 잎을 떨어뜨려도 회복이 빠르다. 내한성이 있어 한랭지에서도 적게 시들어 추위에 잘 견딘다.

7cm 약한 향 ▲반횡장/1.0m×0.8m ■메이앙(프랑스) 1988년
※Coppélia '76×Nirvana
검은별무늬병: 보통, 흰가루병: 보통, 수세: 보통

퀸 엘리자베스 Queen Elizabeth

HT 사철 개화

꽃은 복숭아색으로 둥근 꽃잎이 편평형으로 개화한다. 여러 겹의 꽃잎이 겹쳐 나 꽃송이가 되며, 꽃이 잘 달리면서 시들지 않고 오래간다. 수고가 높고 신장력이 있다. 새순은 심은 지 몇 년이 지나면 거의 나오지 않게 되고 오래된 포기는 나무처럼 보인다. 가지를 짧게 자르면 꽃이 잘 달리지 않으니 주의해야 한다. 내병성은 그다지 강하지 않지만, 수세가 강해 다소 병으로 잎을 떨어뜨려도 약해지는 일은 거의 없다. 수많은 국제 콩쿠르에서 수상했으며, 1979년 세계장미연맹 명예의 전당에 들었다. 흰 꽃 '화이트 퀸 엘리자베스'나 덩굴장미가 된 가지 변이 종 등 다수가 있다.

10cm 중간 향 ▲반직립/1.6m×1.2m ■라마츠(미국) 1954년
※Charlotte Armstrong×Floradora
검은별무늬병: 보통, 흰가루병: 보통, 수세: 강

프린세스 드 모나코 Princesse de Monaco

HT 사철 개화

흰색 바탕에 복숭아색의 복륜으로 둥근 삼각 꽃잎이 우산형으로 개화한다. 꽃이 잘 달리면서 시들지 않고 오래간다. 중심에서 가장자리를 향해 변하는 색감이 절묘해 인기가 많다. 수형은 반직립성으로 새순 갱신하기 쉽고 가시는 적다. 여름철 고온기에 잎이 둥글게 말리는 등 다소 더위에 약하다. 내병성이 보통이므로 예방은 확실해야 한다.

12cm 중간 향 ▲반직립/1.5m×1.3m ■메이앙(프랑스) 1981년
※Ambassador×Peace
검은별무늬병: 보통, 흰가루병: 보통, 수세: 보통

파르테논 Parthenon

HT 사철 개화

아이보리색에 핑크빛이 도는 복륜으로 둥근 삼각 꽃잎이 우산형으로 개화한다. 홑꽃에서 여러 겹의 꽃잎이 겹쳐 나 꽃송이가 되며 꽃이 잘 달린다. 수형은 가는 가지가 조밀하게 나며 풍성하지만, 가운데로 모여 단정하므로 화분 재배에도 적합하다. 새순 발생은 좋다. 내병성은 보통이므로 통상적인 약제 살포가 필요하다.

14cm 중간 향 ▲반직립/1.5m×0.8m ■델바르(프랑스) 1970년
※Chic Parisien×(Bayadere×Rome Glory)
검은별무늬병: 보통, 흰가루병: 보통, 수세: 강

호노카 Honoka

Fl 사철 개화

아이보리빛에 로즈핑크빛이 실린 복륜으로 피기 시작한 둥근 꽃잎이 머지않아 물결 꽃잎이 되며 편평형으로 개화한다. 홑꽃이 피기 쉽지만, 꽃이 잘 달린다. 꽃은 시들지 않고 오래가며 꽃잎은 잘 흩어지지 않는다. 꽃잎도 질이 좋고 꽃 색깔은 최종적으로 녹색이 된다. 가지에는 가시가 많지만, 수형은 작고 아담하다. 내병성은 보통이지만, 다소 병에 걸려 낙엽이 져도 어느 정도 수세는 떨어지지 않는다.

10cm ◎약한 향 ▲반횡장/1.2m×0.9m ■게이세이 장미 원예(일본) 2004년
※코마이코× 메이세이
검은별무늬병: 보통, 흰가루병: 보통, 수세: 강

수브니흐 드 라 말메종 Souvenir de la Malmaison

B 사철 개화

꽃은 파우더 핑크의 쿼터 로제트형으로 개화한다. 홑꽃에서 3겹 정도의 꽃잎이 겹쳐 나 꽃송이를 이루며 꽃이 잘 달린다. 꽃잎이 섬세하고 비 등으로 습도가 높을 때는 벌어지지 않을 수 있다. 개량 당시에는 드물었던 작고 아담한 수형의 사철 개화성 품종이다. 흰가루병은 주의해야 하므로 정기적으로 약제를 살포한다. 가지 변이로 꽃잎이 줄어든 '수브니흐 드 상 안즈Souvenir de St. Anne's', 색이 연해진 '마담 코르넬리센Madame Cornelissen', 흰색의 '크론프린체신 빅토리아Kronprinzessin Viktoria', 로즈색의 '레버슨 고워Leveson Gower'의 덩굴장미 등이 있다.

10cm ◎강한 향 ▲반횡장/0.8m×0.6m ■벨루제(프랑스) 1843년
※Madame Desprez×Tea
검은별무늬병: 보통, 흰가루병: 약, 수세: 보통

마담 앙투안 마리 Madame Antoine Mari

T 사철 개화

연분홍색으로 피어나면서 가장자리에 핑크가 도는 뾰족 꽃잎이 우산형으로 개화한다. 봄에는 꽃송이가 되지만, 가을에는 홑꽃이 잘 핀다. 꽃이 잘 달리며 따뜻한 지역에선 11월 말경까지 계속 반복해서 핀다. 꽃줄기는 유연하며 고개를 숙이고 피어난다. 가지는 가늘지만, 가지가 잘 분지해 수형이 단정하지 않다. 내병성은 보통이며, 흰가루병에는 주의가 필요하다. 정기적으로 약제를 살포하는 것이 좋다.

8cm ◎중간 향 ▲반횡장/1.0m×0.7m ■마리(프랑스) 1901년
검은별무늬병: 보통, 흰가루병: 약, 수세: 보통

장 뒤셰 Jean Ducher

T 사철 개화

새먼색이 도는 연분홍색의 둥근 삼각 꽃잎이 우산형으로 개화한다. 여러 겹의 꽃잎이 겹쳐 나 꽃송이가 되고 꽃이 잘 달린다. 일찍 피고 좋은 향기가 난다. 꽃가지는 가늘고 유연하며 가지는 거칠고 약간 흐트러진다. 몇 년 안에 거의 새순은 나오지 않는다. 내병성은 중간 정도이지만, 흰가루병에는 주의해야 한다. 초기에 제대로 예방하면 수년 만에 원줄기가 단단해져, 다소 병이 생겨도 그다지 수세가 떨어지지 않는다. 내한성은 약하다. 티 장미인 '질베르 나보낭Gilbert Nabonnand'과 종종 혼동되기도 한다.

8cm ◎중간 향 ▲횡장/1.2m×1.0m ■뒤셰(프랑스) 1874년
검은별무늬병: 보통, 흰가루병: 약, 수세: 보통

뒤셰스 드 브라반 Duchesse de Brabant

T 사철 개화

꽃은 새먼핑크의 찻잔형 개화로 5겹 정도의 꽃잎이 겹쳐 나 꽃송이가 된다. 일찍 피고 초봄부터 늦가을 서리가 내릴 무렵까지 잘 핀다. 유연한 꽃줄기로 고개를 숙이고 적당히 피는 꽃은 티 향기가 감돈다. 심은 지 몇 년이 지나도 새순은 거의 발생하지 않는다. 흰가루병은 잘 걸리지만, 검은별무늬병에는 강하다. 너무 많이 자라지 않아 화분 재배도 적합하고, 8호(약 5.1L) 화분 내외라면 몇 년은 옮겨 심지 않아도 꽃을 즐길 수 있다. 덩굴성 등의 가지 변이도 있다.

8cm ◎중간 향 ▲반횡장/1.3m×1.3m ■베르네이드(프랑스) 1857년 이전
검은별무늬병: 강, 흰가루병: 보통, 수세: 강

에르모사 Hermosa

Ch 사철 개화

복숭아색 찻잔형 개화로 5겹 내외의 꽃잎이 겹쳐 나 꽃송이가 되고, 꽃이 잘 달리며 봄에 만개할 때는 포기를 덮을 정도로 핀다. 다소 일찍 피고 따뜻한 지역에선 12월경까지 계속 반복해서 핀다. 가지는 가늘고 가지가 갈라지며 잘 자란다. 생장이 왕성해 새순이 많이 나오지만, 작고 아담하면서 가운데로 모여 단정해 화분 재배에도 적합하다. 내병성은 보통이다. 흰가루병에는 주의가 필요하다. 정기적으로 약제 살포가 필요하나, 다소 잎이 떨어져도 수세가 떨어지는 일은 별로 없다.

6cm ◎중간 향 ▲반횡장/0.9m×0.6m ■마르슈소(프랑스) 1837년 이전
검은별무늬병: 보통, 흰가루병: 약, 수세: 보통

마담 르나히 Madame Renahy

HP 사철 개화

연한 핑크부터 중심을 향해 진하게 물드는 그러데이션으로 둥근 꽃잎이 구형 개화에서 찻잔형으로 개화한다. 일번화는 대륜화이지만, 이번화가 핀 이후는 중륜의 꽃이 핀다. 꽃은 잘 달리지만, 꽃잎이 약해 장마철 등에는 쉽게 상한다. 다마스크 계열의 강한 향기가 난다. 포기는 초기 성장이 느리고 수세도 약해 수년은 가지가 가늘다. 5년 정도 느긋하게 재배하면 포기의 수세가 좋아져 새순이 자주 발생하고 커지기 시작한다. 내병성은 중간 정도이지만, 초봄의 저온기나 가을비 무렵의 흰가루병에는 주의가 필요하다.

10cm ◎강한 향 ▲반횡장/1.0m×0.7m ■기요(프랑스) 1889년
검은별무늬병: 보통, 흰가루병: 약, 수세: 약

그레이 펄 Grey Pearl

HT 사철 개화

자줏빛이 도는 갈색 꽃잎은 피어날수록 회색빛이 돌고 일교차가 있으면 푸른빛이 들어간 자줏빛이 돈다. 둥근 삼각 꽃잎이 우산형으로 개화하며 로제트형으로 개화하기도 한다. 3겹 정도의 꽃잎이 겹쳐 나 꽃송이가 되며 꽃이 잘 달린다. 수형은 가늘어서 쉽게 흐트러진다. 수세가 매우 약해 약제를 확실히 살포해야 한다. 이 장미는 자색 계열의 현대 장미 제1호라고 할 수 있는 종으로, 이후에 발표된 대부분의 자색 계열에 이 품종의 유전자가 관련된다.

10cm ◎중간 향 ▲반횡장/0.8m×0.6m ■맥그레디 3세(영국) 1945년
※(Mrs. Charles Lamplough×실생)×(Sir David Davis×Southport)
검은별무늬병: 약, 흰가루병: 약, 수세: 약

블루 문 Blue Moon

HT 사철 개화

밝은 연보랏빛 둥근 삼각 꽃잎이 우산형으로 개화한다. 봄에는 꽃잎 여러 겹이 겹쳐 나며 가을에는 홑꽃이 잘 핀다. 향기가 진하다. 가지는 거칠고 적은 편이되 신장력이 있다. 시든꽃자르기가 늦으면 새싹이 나기 어려우니 가지가 단단해지기 전에 부지런히 한다. 여름 전정은 짧게 하지 않는다. '그레이 펄Grey Pearl'에서 시작된 근대 푸른 장미 중 중요한 완성형 품종이며, 이 장미가 새로운 역사를 열었다고 해도 과언이 아니다. 생장기에는 잎이 떨어지지 않게 주의한다. 덩굴성 가지 변이가 있다.

11cm ◎강한 향 ▲직립/1.4m×0.8m ■탄타우(독일) 1964년
※(Sterling Silver×실생)×실생
검은별무늬병: 보통, 흰가루병: 약, 수세: 보통

글렛셔 Gletscher

Fl 사철 개화

약간 벽돌색이 도는 보라색 둥근 꽃잎이 찻잔형으로 개화한다. 5겹 내외의 꽃잎이 겹쳐 나 꽃송이를 이루고, 꽃이 잘 달리며 봄의 만개 시에는 포기 전체에 핀다. 열매가 맺히기 쉬우니 시든꽃자르기를 부지런히 해야 다음 꽃이 핀다. 새순 갱신이 어려운 유형이다. 수형은 작고 아담하면서 꽃가지도 그리 길지 않으나, 가지는 강한 횡장성으로 수형을 잘 다듬기 어렵다. 내병성은 중간 정도이므로 정기적으로 약제를 살포한다. 가지는 단단해 잎을 남기도록 관리하면 겨울에도 잘 시들지 않는다.

7cm ◎약한 향 ▲횡장/1.0m×1.0m ■코르데스(독일) 1955년
※실생×Lavender Pinocchio
검은별무늬병: 보통, 흰가루병: 약, 수세: 보통

스털링 실버 Sterling Silver

HT 사철 개화

연보라색의 아름다운 뾰족 꽃잎이 우산형으로 개화한다. 여러 겹의 꽃잎이 겹쳐 나 꽃송이가 되고 꽃이 잘 달린다. 블루 로즈의 좋은 향기가 난다. 가지는 거칠고 새순은 잘 나오지 않는다. 시든꽃자르기를 부지런히 하지 않으면 새싹 발생에 악영향을 끼친다. 내병성은 그다지 강하지 않으므로 제대로 관리해야 한다. '그레이 펄Grey Pearl'의 유전자를 통해 투명한 연보라색을 발현시킨 제1호 품종이라고 본다. 가지 변이로 덩굴성이 있어 내병성은 비슷하나 신장력과 수세가 뛰어나다.

10cm ◎강한 향 ▲반횡장/1.2m×0.8m ■피셔(미국) 1956년
※실생×Peace
검은별무늬병: 약, 흰가루병: 약, 수세: 보통

마담 비올레 Madame Violet

HT 사철 개화

연보라색의 뾰족 꽃잎이 우산형으로 개화한다. 홑꽃에서 여러 겹의 꽃잎이 겹쳐 나 꽃송이가 되며, 꽃이 잘 달리면서 시들지 않고 오래간다. 수세는 강하지만, 새순 갱신이 어려워 오래된 가지를 살리도록 한다. 꽃가지를 길게 관리하면 큰 포기가 된다. 내병성이 강하지 않으므로 예방은 확실히 하면서 재배해야 하는 장미이다. 덩굴성의 가지 변이 품종이 있다.

11cm ◎약한 향 ▲반직립/1.4m×0.9m ■데라니시 기쿠오(일본) 1981년
※(Lady X×Sterling Silver)×Sterling Silver
검은별무늬병: 약, 흰가루병: 약, 수세: 강

타소가레 Tasogare

Fl 사철 개화

짙은 연보라색 둥근 꽃잎이 반겹꽃으로 개화한다. 10~20겹의 꽃잎이 겹쳐 나 큰 꽃송이가 되기 쉽고 꽃이 잘 달린다. 새순 발생은 그다지 좋지 않다. 병으로 잎이 떨어지면 수세가 금방 떨어져 버려서 시드는 원인이 되기도 한다. 내병성도 그리 강하지 않아 정기적으로 약제를 살포하고 가을까지 잎을 많이 남기도록 관리한다. 비교적 내한성이 있으므로 눈이 내리는 한랭지라면 재배할 수 있다.

7cm 약한 향 ▲반직립/1.0m×1.0m ■고바야시 모리지(일본) 1970년
※Gletscher×(Sterling Silver×Gletscher)
검은별무늬병: 약, 흰가루병: 보통, 수세: 보통

블루 바유 Blue Bajou

Fl 사철 개화

연보라색 둥근 꽃잎이 피고 한 겹에서 여러 겹의 꽃잎이 겹쳐 나 꽃송이가 된다. 가을에는 색이 짙어지고 홑꽃이 잘 핀다. 약간 늦게 핀다. 본래 새순 갱신이 어려운 유형으로, 심은 지 몇 년이 지나면 밑동 새순은 거의 나오지 않는다. 이 기간은 원줄기를 만드는 시기이므로 검은별무늬병을 비롯한 병 예방에는 충분히 조심한다. 장마철 등에 잎이 떨어지면 수세가 나빠져 겨울에 잘 시든다. 또, 가지를 짧게 자르면 눈이 쉽게 제거될 수 있으니 주의해야 한다.

8cm 약한 향 ▲반직립/1.2m×0.9m ■코르데스(독일) 1993년
검은별무늬병: 약, 흰가루병: 약, 수세: 보통

시노부레도 Shinoburedo

Fl 사철 개화

연보라색 둥근 꽃잎이 찻잔형으로 개화한다. 5겹 정도의 꽃잎이 겹쳐 나 꽃송이가 되며, 꽃이 잘 달리면서 시들지 않고 오래간다. 가을은 홑꽃이 잘 핀다. 좋은 향기가 난다. 생장이 왕성하지만, 가운데로 모여 단정하고 작고 아담하다. 심은 지 몇 년이 지나 수세가 좋아지면 밑동 새순이 많이 나온다. 여름 전정을 할 때 짧게 가지를 자르면 새싹이 나오지 않을 수 있으니 길게 자른다. 내병성은 중간 정도여서 정기적인 약제 살포로 병을 예방한다.

8cm 중간 향 ▲반직립/1.2m×1.0m ■게이세이 장미 원예(일본) 2006년
※실생×Blue Bajou
검은별무늬병: 보통, 흰가루병: 보통, 수세: 강

실버 클라우드 Silver Cloud

Fl 사철 개화

라벤더색 꽃 중심에 크림색 섞인 갈색이 피어오르고 은빛도 감돌아 매우 멋지다. 물결 꽃잎에서 둥근 꽃잎으로 5겹 정도의 꽃잎이 겹쳐 나 꽃송이가 되며, 꽃은 일찍 피고 잘 달리면서 시들지 않고 오래간다. 향기는 거의 없다. 밑동 새순은 심은 지 몇 년이 지나도 거의 발생하지 않는다. 내병성은 보통이며 통상적인 예방이 필요하다. '킹 오브 미니어처'라고 칭해진 고故 랠프 무어가 개량한 몇 안 되는 플로리분다로, 귀중한 보랏빛 장미이다. 품종명은 '은백색의 구름'이라는 의미이다.

8cm 약한 향 ▲반직립/1.3m×0.8m ■무어(미국) 1990년
※Ellen Poulsen×Angel Face
검은별무늬병: 보통, 흰가루병: 보통, 수세: 강

엔찬티드 이브닝 Enchanted Evening

Fl 사철 개화

꽃은 약간 붉은빛을 띠는 연보라색이며 편평형으로 개화한다. 5겹 정도의 꽃잎이 겹쳐 나 꽃송이가 되며 꽃이 잘 달린다. 강한 향기가 있다. 포기는 가지에 가시가 적어 작고 아담하게 가운데로 모여 단정하므로 화분 재배에도 추천한다. 검은별무늬병에 잘 걸리므로, 장마 등 비가 많은 시기는 예방에 유의해야 한다. 병으로 낙엽이 지면 겨울에 말라죽기도 한다. 내한성은 약하므로 한랭지에선 충분한 방한 대책을 마련한다.

7cm 강한 향 ▲직립/1.2m×0.6m ■자리(미국) 2009년
※Cotillon×Blue Bajou
검은별무늬병: 약, 흰가루병: 보통, 수세: 보통

뉴웨이브 New Wave

HT 사철 개화

연보라색 물결 꽃잎이 편평형으로 개화한다. 3~5겹의 꽃잎이 겹쳐 나 꽃송이로 되고, 꽃이 잘 달리지만 오래가지 않는다. 강한 향기가 난다. 가지는 가늘고 한 가지에 꽃이 많이 달리므로 약간 가지가 늘어진다. 수세는 중간 정도지만, 새순은 잘 나온다. 내병성은 보통이며, 초봄의 흰가루병에는 주의가 필요하다. 정기적으로 약제를 살포해 재배하는 품종이다.

10cm 강한 향 ▲반직립/1.2m×0.8m ■데라니시 기쿠오(일본) 2000년
※(Tira-Mi-Su의 실생×실생)×실생
검은별무늬병: 보통, 흰가루병: 약, 수세: 보통

마미 블루 Mamy Blue

HT 사철 개화

연보라색의 아름다운 뾰족 꽃잎이 우산형으로 개화한다. 꽃은 홑꽃으로 잘 달리지만, 꽃잎은 약한 편이다. 청량한 블루 계열 향에 과일향도 난다. 새순이 매우 잘 발생해 풍성하며 수형이 단정하다. 내병성은 보통이다. 정기적인 약제 살포가 필요하지만, 연보라색 계열의 장미 중에선 비교적 재배하기 쉬운 품종이다.

10cm ◎강한 향 ▲반직립/1.2m×0.8m ■델바르(프랑스) 1991년
※((Holstein×Bayadère)×(Prélude×Saint-Exupery))×실생
검은별무늬병: 보통, 흰가루병: 보통, 수세: 보통

라일락 뷰티 Lilac Beauty

HT 사철 개화

라벤더색 꽃은 피어나면서 겉면에 붉은 보라색이 도는 복륜으로 둥근 꽃잎이 우산형으로 개화한다. 홑꽃에서 3겹 정도의 꽃잎이 겹쳐 나 꽃송이가 된다. 향기는 진하고 과일 향에 전통 장미 향이 섞이는 듯한 매우 복잡한 향기가 난다. 새순 발생이 왕성하고 꽃가지는 긴 편이다. 비료를 많이 주면 너무 자라서 단정하지 못한 형태가 되니 조심한다. 보라색 계열 중에선 비교적 튼튼해 키우기 쉬우므로 초심자에게 추천하는 품종이다.

12cm ◎강한 향 ▲직립/1.5m×1.0m ■메이앙(프랑스) 2004년
※Charles de Gaulle×(Shocking Blue×Sterling Silver)
검은별무늬병: 보통, 흰가루병: 강, 수세: 보통

미스티 퍼플 Misty Purple

Fl 사철 개화

옅은 연보라색 물결 꽃잎이 편평형으로 개화한다. 여러 겹의 꽃잎이 겹쳐 나 꽃송이가 되며 꽃이 잘 달린다. 은은하고 시원한 향기가 난다. 가지는 가늘며 꽃가지는 길고 유연해 고개를 숙이며 핀다. 밑동 새순은 심은 지 몇 년이 지나도 거의 나오지 않는다. 오래된 가지에도 잘 피므로 최대한 남기도록 한다. 내병성은 보통이며 흰가루병에 주의해야 한다. 정기적으로 약제를 살포해 재배하는 품종이다.

8cm ◎강한 향 ▲반횡장/1.2m×1.0m ■가와모토 준코(일본) 2003년
※Ondina×Purple Rain
검은별무늬병: 보통, 흰가루병: 약, 수세: 보통

디오레상스 Dioressence

HT 사철 개화

연한 보라색의 완만한 물결 모양 꽃잎이 여러 겹으로 겹쳐 나며 편평형으로 개화한다. 피어날수록 약간 붉은빛을 띠며 뒷면은 조금 색이 짙다. 꽃이 잘 달리고 블루 계열의 상쾌한 향기가 난다. 수형은 아담하지만 새순 발생은 왕성하지 않다. 가지를 짧게 자르면 싹이 트기 어려우니, 특히 여름 전정은 시든꽃자르기 정도만 한다. 내병성은 그다지 강하지 않으므로 정기적으로 약제를 살포하고 제대로 관리해서 재배하는 품종이다.

8cm ◎강한 향 ▲반직립/1.0m×0.8m ■델바르(프랑스) 1984년
※((Holstein×Bayadère)×Prélude)×실생
검은별무늬병: 약, 흰가루병: 약, 수세: 보통

마젠타 쿼츠 Magenta Quartz

Fl 사철 개화

옅은 연보라색으로 약간 핑크빛이 돌기도 하며 로제트형으로 개화한다. 여러 겹의 꽃잎이 겹쳐 나 꽃송이가 되며 연속적으로 개화한다. 꽃잎은 섬세해 비를 맞으면 쉽게 상한다. 비료를 많이 주면 꽃잎이 너무 많아져서 벌어지지 않을 수 있다. 포기는 연약하지만 꽃이 바로 달려서 잘 커지지 않는다. 초기에는 봄에 일번화가 핀 후 부지런한 순따기로 가을까지 꽃이 피지 않게 해서 포기를 키우는 것이 우선이다. 내병성은 보통이며, 정기적으로 약제를 살포해 제대로 관리하며 키우면 좋다.

7cm ◎중간 향 ▲반횡장/1.0m×0.6m ■사카우에 고이치(일본) 2006년
※Magenta의 실생
검은별무늬병: 약, 흰가루병: 약, 수세: 보통

세이류 青龍 Seiryu

HT 사철 개화

청자색의 뾰족 꽃잎이 여러 겹 겹쳐져 우산형으로 개화한다. 꽃이 잘 달리면서 시들지 않고 오래간다. 현재 발표된 것 중에선 푸른빛이 꽤 강하게 발현되는 장미 중 하나이다. 가지는 매우 가냘프며 꽃가지도 가늘고 약하다. 포기가 타고나기를 약해서 좀처럼 커지지 않는다. 내병성이 상당히 약해 상급자가 재배하는 품종이다. 정기적으로 약제를 살포하며, 특히 흰가루병에는 주의해야 한다. 전정은 시든 가지를 자르는 정도로 충분하지만, 애초에 자를 정도로 커지지 않는다.

8cm ◎약한 향 ▲직립/0.8m×0.6m ■고바야시 모리지(일본) 1992년
※Ondina×(Madame Violet×실생)
검은별무늬병: 약, 흰가루병: 약, 수세: 약

샤를 드 골 Charles de Gaulle

HT 사철 개화

라벤더빛이 감도는 붉은색 둥근 삼각 꽃잎이 우산형으로 개화하며 화형이 매우 아름답다. 꽃이 잘 달리며 진한 향기가 난다. 심은 지 몇 년이 지나면 밑동 새순이 거의 발생하지 않게 되므로 오래된 가지를 소중히 관리한다. 또한 그다지 튼튼하지 않아서 심은 초기에는 관리를 잘하고, 성장기에 병으로 잎이 떨어지지 않도록 충분히 주의해야 한다. 덩굴성의 가지 변이 품종이 있다.

10cm ◎강한 향 ▲반횡장/1.3m×1.0m ■메이앙(프랑스) 1974년
※(Blue Moon×Prélude)×(Kordes' Sondermeldung×Caprice)
검은별무늬병: 보통, 흰가루병: 보통, 수세: 보통

소피즈 퍼페추얼 Sophie's Perpetual

Ch 사철 개화

겉잎은 장미색, 안쪽으로는 색이 옅어지는 그러데이션의 둥근 꽃잎이 찻잔형으로 개화한다. 5겹이나 그 이상의 꽃잎이 겹쳐 나 큰 꽃송이가 되고, 꽃도 매우 잘 달린다. 약간 횡장성이지만, 가지는 그리 길어지지 않으므로 수형이 흐트러지지 않는다. 새순은 잘 나오지 않고 오래된 가지에도 꽃을 잘 피우기 때문에 소중히 관리한다. 내병성은 보통이다. 가지도 부드러운 편이므로 정기적으로 약제를 살포한다. 내한성은 약하다.

8cm ◎약한 향 ▲반횡장/1.2m×1.0m ■1922년 이전
검은별무늬병: 보통, 흰가루병: 보통, 수세: 보통

하이디 클룸 로즈 Heidi Klum Rose

Fl 사철 개화

꽃은 바이올렛 핑크의 둥근 꽃잎이 로제트형으로 개화한다. 여러 겹의 꽃잎이 겹쳐 나 꽃송이가 되지만 가을에는 홑꽃이 잘 핀다. 꽃이 잘 달리면서 시들지 않고 오래간다. 진한 향기가 난다. 수고가 작고 아담하면서 가운데로 모여 단정해 화분 재배에도 좋다. 밑동 새순은 심은 지 몇 년이 지나도 거의 발생하지 않는다. 내한성이 강해 한랭지에서도 잘 자란다. 내병성은 보통이지만, 흰가루병에는 특히 주의해야 한다.

10cm ◎강한 향 ▲반횡장/0.8m×0.5m ■탄타우(독일) 2006년
※Old Port×Barkarole
검은별무늬병: 보통, 흰가루병: 보통, 수세: 보통

이터널 Eternal

Fl 사철 개화

차분한 연보라색의 꽃잎이 물결 모양 가장자리를 가지는 독특한 꽃이다. 꽃은 잘 달리나, 꽃잎은 다소 약해 장마철 등에 잘 상한다. 블루 계열의 향기가 난다. 반복해서 피는 성질이 강하며 여름철 고온기에도 잘 핀다. 가지는 가늘고 여러 줄기로 분지되며 가시가 적다. 수형이 작고 아담해 화분에도 적합하다. 내병성은 보통으로 약제가 필요하다. 2015년 '에치고 구릉 공원越後丘陵公園의 국제 향기장미 신품종 콩쿠르'에서 대상을 받은 품종이다.

10cm ◎강한 향 ▲반횡장/1.2m×1.2m ■나카지마 히토시(일본) 2014년
※Blue Moon×불명
검은별무늬병: 보통, 흰가루병: 보통, 수세: 보통

이브 피아체 Yves Piaget

HT 사철 개화

선명한 로즈핑크의 모습이 부드럽고 아름답게 핀 꽃은 대륜의 큰 꽃송이로 화려하다. 꽃은 그다지 잘 달리지 않지만, 매우 진한 향기가 매력적이다. 심은 직후 초기의 포기는 가늘어서 얼마간 새순은 거의 나오지 않는다. 내병성은 그다지 높지 않으므로 처음 몇 년은 병으로 잎이 떨어지는 일이 없도록 조심히 관리한다. 덩굴장미와 꽃 색깔이 다른 가지 변이 품종이 있다.

14cm ◎강한 향 ▲횡장/1.5m×1.2m ■메이앙(프랑스) 1983년
※((Pharaoh×Peace)×(Chrysler Imperial×Charles Mallerin))×Tamango
검은별무늬병: 보통, 흰가루병: 보통, 수세: 보통

벨베티 트와일라잇 Velvety Twilight

Fl 사철 개화

짙은 적자색 물결 꽃잎이 로제트형으로 개화한다. 피어나면 푸른빛이 돈다. 여러 겹의 꽃잎이 겹쳐 나 꽃송이가 되며 꽃이 잘 달리면서 시들지 않고 오래간다. 다마스크 향과 티 장미 향이 섞인 좋은 향기가 난다. 수형은 작고 아담하면서 가운데로 모여 단정해 화분 재배에도 적합하다. 내병성은 보통이다. 수세도 그다지 강하지 않아 정기적으로 약제를 살포하고, 가을철까지 잎을 남기도록 관리하면 매년 꽃이 핀다.

9cm ◎강한 향 ▲반직립/1.0m×0.8m ■가와이 다카시(일본) 2010년
※Francis Dubreuil×Purple Splender
검은별무늬병: 보통, 흰가루병: 보통, 수세: 보통

올드 블러시 Old Blush

Ch 사철 개화

피어날수록 연분홍색에서 진분홍색으로 변한다. 둥근 삼각 꽃잎에서 둥근 꽃잎이 편평형으로 핀다. 10겹 내외의 꽃잎이 겹쳐 나 큰 꽃송이가 되며, 꽃이 잘 달리면서 시들지 않고 오래간다. '목향장미*Rosa banksiae*'에 이어 일찍 개화하며, 이후 초겨울까지 계속해서 핀다. 생장이 왕성하다. 내병성은 보통으로, 약제를 살포하지 않으면 병으로 낙엽이 지는데 재생력이 뛰어나 시들지 않는다. 통칭 '4개의 핵심종'이라고 불리며, 중국에서 유럽으로 사철 개화성의 유전자를 전한 네 품종 중 하나이다. 가지 변이로 덩굴성이나 홑꽃 개화의 '싱글 핑크', 꽃잎이 잎처럼 초록인 '윌리디 플로라*Rosa chinensis* 'Viridiflora''가 있다.

5cm ◎약한 향 ▲반횡장/1.0m×0.8m ■(중국으로 추정) 1793년 이전
검은별무늬병: 보통, 흰가루병: 약, 수세: 보통

하나가스미 花霞 Hanagasumi

Fl 사철 개화

꽃은 희미하게 핑크가 도는 아이보리로 피어나면서 로즈핑크가 올라오는 그러데이션의 반겹꽃(세미 더블) 개화로 5겹 내외의 꽃잎이 겹쳐 나 꽃송이가 된다. 꽃이 잘 달리며 시들지 않고 오래간다. 만개 시에는 포기를 덮듯이 피어 전체가 훌륭한 그러데이션이 된다. 가늘고 갸름하며 타고나기를 약하다. 장마철에 검은별무늬병 등으로 낙엽이 지면 치명적이므로 병에 걸리지 않도록 충분히 주의해 관리한다. 재배 난이도는 높지만, 그만큼 아름다운 꽃을 갖고 있다.

8cm ◎약한 향 ▲횡장/1.1m×1.0m ■게이세이 장미 원예(일본) 1984년
※Europeana×(메이세이×Fidélio)
검은별무늬병: 약, 흰가루병: 보통, 수세: 약

니콜 Nicole

Fl 사철 개화

꽃은 흰색 바탕에 분홍색이 올라오는 복륜으로 피어나면 분홍색이 더 짙어진다. 5겹 정도의 꽃잎이 겹쳐 나 꽃송이가 되며, 꽃이 잘 달리면서 시들지 않고 오래간다. 심은 지 몇 년이 지나면 밑동 새순은 별로 발생하지 않으니 오래된 가지도 소중히 관리한다. 타고난 성질이 그다지 강하지 않으므로 생장기에 검은별무늬병 등으로 잎이 떨어지면 겨울에 시들 수 있다. 특히, 어린 포기는 병을 잘 예방하고 가지를 단단하게 만드는 데 공을 들여야 한다. 이 가지가 나중에 원줄기가 된다.

8cm ◎약한 향 ▲반횡장/0.8m×0.8m ■코르데스(독일) 1984년
※실생×Strawberry Ice
검은별무늬병: 약, 흰가루병: 보통, 수세: 약

로즈우라라 Roseurara

Fl 사철 개화

밝은 로즈핑크로 둥근 꽃잎이 편평형으로 개화한다. 5겹 내외의 꽃잎이 겹쳐 나 꽃송이가 되며, 꽃이 잘 달리면서 시들지 않고 오래간다. 봄에 만개하면 포기를 덮을 정도로 피는 모습이 멋지다. 반복해서 잘 피고 봄부터 서리가 내릴 때까지 꽃은 끊이지 않는다. 수형은 가운데로 모여 단정하고, 밑동 새순은 심은 지 몇 년이 지나도 거의 발생하지 않는다. 가는 가지에도 꽃을 달기 때문에 잔가지를 남기면 꽃이 더욱 잘 핀다. 내병성은 보통이며, 포기가 작고 아담하지만 수세가 강해 다소 병으로 잎이 떨어져도 회복이 빠르고 손상도 적다.

8cm ◎약한 향 ▲횡장/1.0m×1.0m ■게이세이 장미 원예(일본) 1995년
※Mimi Rose×Minuette
검은별무늬병: 보통, 흰가루병: 보통, 수세: 보통

아르시뒤크 조제프 Archiduc Joseph

T 사철 개화

산호색과 살구색이 들어간 선명한 핑크의 꽃이 로제트형으로 개화한다. 홑꽃에서 여러 겹의 꽃잎이 겹쳐 나 꽃송이가 되며, 꽃이 잘 달리면서 시들지 않고 오래간다. 포기는 강직하고 가지는 거칠다. 새순 갱신이 어려워 심은 지 몇 년이 지나도 밑동 새순은 거의 나오지 않으니 오래된 가지도 소중히 관리한다. 내병성은 보통이며 흰가루병에는 주의가 필요하다. 다만, 가지가 단단해 다소 병이 들어도 크게 손상되지 않는다.

6cm ◎약한 향 ▲반횡장/1.5m×1.0m ■나보낭(프랑스) 1894년 이전
※Hermosa×Magna Charta
검은별무늬병: 보통, 흰가루병: 약, 수세: 강

자르당 드 프랑스 Jardins de France

Fl 사철 개화

꽃은 형광빛의 새먼핑크로 둥근 꽃잎이 편평형으로 개화한다. 꽃이 잘 달리며 5겹이나 그 이상의 꽃잎이 겹쳐 나 큰 꽃송이가 된다. 늦게 핀다. 직립성으로 가운데 모여 단정하다. 꽃가지는 길쭉하고 가시가 적어 다루기 쉽다. 내병성은 보통이나 수세가 강해 쉽게 병으로 수세가 나빠지지는 않는다.

7cm ◎중간 향 ▲직립/1.3m×1.0m ■메이앙(프랑스) 2001년
※Celine Delbard×Laura
검은별무늬병: 보통, 흰가루병: 보통, 수세: 보통

Iritani Selection

화분에 키우기 쉬운 장미 I

먼저 포기가 너무 커지지 않고 꽃이 반복해서 많이 피는 성질이 우수한 장미를 고른다. 검은별무늬병의 내성이 낮거나 꽃잎이 약한 품종이라서 비 오는 날은 처마 밑으로 옮기는 등, 날씨에 따라 환경을 바꿔서 관리하면 좋다.

홀리데이 아일랜드 피오니

Holiday Island Peony

HT 사철 개화

흰색 바탕에 밝은 핑크가 뿌려진 아롱무늬의 꽃이 로제트형으로 개화한다. 가을에는 아롱무늬가 옅어지기도 한다. 여러 겹의 꽃잎이 겹쳐 나 꽃송이가 되고, 꽃이 잘 달리며 시들지 않고 오래간다. 약간 늦게 핀다. 수형은 작고 아담하며 가운데로 모여 단정하고 너무 많이 자라지 않아 화분 재배에도 적합하다. 독특한 꽃 색깔이 매력인 이 장미는 그리 튼튼하지 않으니 약제 살포 등의 관리를 잘해야 한다.

10cm 약한 향 ▲횡장/0.8m×0.8m ■인터플랜트(네덜란드) 2013년
※실생×실생
검은별무늬병: 보통, 흰가루병: 보통, 수세: 보통

펜주안로우(클로틸드 수페르) 粉粧楼

Fen Zhuang Lou(Clotilde Soupert)

Pol 사철 개화

연분홍색 찻잔형 개화로 일교차가 커지는 시기에는 꽃의 중심이 분홍색으로 물든다. 5~10겹 정도의 꽃잎이 겹쳐 나 꽃송이가 되며 꽃이 잘 달린다. 진한 향신료 향기가 난다. 새순의 발생이 좋고 수형은 작고 아담하게 가운데로 모여 단정하다. 습도가 높은 곳에선 꽃잎이 상하기 쉽고 장마철 등에는 회색 곰팡이에 의해 꽃봉오리가 떨어질 수 있으므로 관리하기 쉬운 화분 재배를 추천한다. 흰가루병 또한 주의가 필요하다. 덩굴장미의 가지 변이 품종이 있다.

6cm 강한 향 ▲반횡장/1.0m×0.9m ■수페르&노팅(룩셈부르크) 1889년
※Mignonette×Madame Damaizin
검은별무늬병: 보통, 흰가루병: 약, 수세: 보통

아오이 Aoi

Fl 사철 개화

라일락색으로 피어나면서 갈색을 띠는 둥근 꽃잎이 편평형으로 개화한다. 5겹 내외의 꽃잎이 겹쳐 나 꽃송이가 되며, 꽃이 시들지 않고 오래간다. 새순은 가늘고 포기 전체가 작고 아담하다. 수세에 비해 꽃이 잘 달리므로 가지는 짧게 자르지 않고 시든꽃자르기 정도로 정리하면 수세는 그다지 떨어지지 않는다. 내병성은 보통으로, 약제를 확실하게 살포해 재배하는 품종이다. 절화용으로 유통되기도 한다. 가지 변이로 연갈색의 '이오리いおり'가 있다.

5cm 약한 향 ▲반직립/1.0m×0.7m ■쿠니에다 케이지(일본) 2008년
※실생×Lavender Pinocchio
검은별무늬병: 보통, 흰가루병: 보통, 수세: 보통

피네스 Finesse

HT 사철 개화

적자색이 도는 로즈핑크가 찻잔형으로 개화한다. 여러 겹의 꽃잎이 겹쳐 나 꽃송이가 되며 꽃이 잘 달린다. 전통 장미 향기가 난다. 가지는 가늘며 수형은 작고 아담하다. 반복해서 꽃이 잘 피는 성질이므로 심은 초기에는 수세를 올리기 위해 가을까지 순따기를 해 꽃을 피우지 않게 관리한다. 내병성은 보통이며 정기적으로 약제를 살포한다. 다만, 다소 잎을 떨어뜨려도 추위로 말라 죽는 일은 없다.

8cm 강한 향 ▲반횡장/1.2m×1.2m ■오사나이 겐(일본) 2017년
검은별무늬병: 보통, 흰가루병: 보통, 수세: 강

퍼플 타이거 Purple Tiger

Fl 사철 개화

적자색에 흰 아롱무늬가 들어간 둥근 꽃잎이 편평형으로 핀 특색이 있는 꽃이다. 여러 겹의 꽃잎이 겹쳐 나 꽃송이가 되고, 꽃이 잘 달리며 시들지 않고 오래간다. 다마스크 계열의 강한 향기가 난다. 포기는 매우 연약해서 여름의 고온기에는 일시 생장이 멈춘다. 가지의 수명도 짧아서 매년 새로운 새순이 나면 잎을 떨어뜨리지 않도록 관리해야 시들지 않는다. 내병성도 약해 재배 난이도가 높다. 다만, 다른 유례가 없는 개성적인 꽃 색깔의 장미이므로 관리 기술을 구사해서 재배하면 좋은 품종 중 하나이다.

8cm ◎강한 향 ▲반직립/0.8m×0.7m ■크리스텐센(미국) 1992년
※Intrigue×Pinstripe
검은별무늬병: 약, 흰가루병: 약, 수세: 약

커피 오베이션 Coffee Ovation

Min 사철 개화

짙은 붉은 벽돌색의 둥근 꽃잎이 찻잔형으로 개화한다. 존재감이 있는 꽃 색깔은 고온기에는 주홍색이 되는 5겹 이상의 꽃잎이 겹쳐 나 꽃송이가 되고, 꽃이 잘 달리며 시들지 않고 매우 오래간다. 횡장성이 있지만, 매우 작고 아담하며 흐트러지지 않는다. 내병성이 약해 정기적으로 약제를 살포해도 검은별무늬병으로 낙엽이 잘 진다. 내한성도 약하며 따뜻한 지역에서도 겨울에 잘 시든다. 땅에 심는 것보다 화분 재배에 더 적합하다.

3cm ◎약한 향 ▲횡장/0.3m×0.3m ■델이터(네덜란드) 2000년
※Lovely Ovation×(실생×Flaming Festival)
검은별무늬병: 약, 흰가루병: 보통, 수세: 약

무타빌리스 Mutabillis

Ch 사철 개화

꽃은 살구색으로 피어나 핑크가 도는 로즈핑크가 되며 홑꽃으로 핀다. 꽃 색깔이 변하므로 다른 꽃이 피어나는 것처럼 보인다. 약 10겹 혹은 그 이상의 꽃잎이 겹쳐 나 큰 꽃송이가 되며 꽃이 잘 달린다. 초기에는 가지가 가늘고 포기 전체의 인상은 매우 빈약하지만, 새순 갱신이 어려워 매년 조금씩 충실해진다. 기본적으로는 튼튼해 키우기 쉬우나, 여름에 밑줄기 잎이 황변해 낙엽이 질 수 있다. 다만, 가을에는 정상으로 돌아와 그다지 수세가 떨어지지는 않는다.

7cm ◎약한 향 ▲반횡장/1.2m×1.0m ■1894년 이전
검은별무늬병: 보통, 흰가루병: 보통, 수세: 보통

노스탤지 Nostalgie

HT 사철 개화

아이보리로 피어나면서 체리 레드의 색이 올라오는 복륜으로 둥근 꽃잎이 편평형으로 개화한다. 여러 겹의 꽃잎이 겹쳐 나 꽃송이가 되며, 꽃이 잘 달리면서 시들지 않고 오래간다. 생장이 왕성하고 새순은 자주 발생한다. 여름 이후 반덩굴성 형태의 가지가 나오므로 여름 전정은 일찍 실시한다. 내병성은 보통이므로 생장기에는 예방을 노력하도록 한다.

12cm ◎중간 향 ▲직립/2.0m×1.0m ■탄타우(독일) 1997년
검은별무늬병: 보통, 흰가루병: 강, 수세: 강

쥬빌레 뒤 프린스 드 모나코 Jubilé du Prince de Monaco

Fl 사철 개화

흰색 바탕에 체리 레드의 복륜으로 피어나면서 햇빛에 의해 더욱 뚜렷하게 복륜이 보인다. 날씨가 흐릴 때는 색이 선명하게 나타나지 않는다. 홑꽃이 피고 여러 겹의 꽃잎이 겹쳐 나 꽃송이가 되며, 꽃이 잘 달리면서 시들지 않고 오래간다. 가지가 부드러워 축 처지지만, 꽃가지는 짧아서 전체 수형은 흐트러지지 않는다. 비교적 수세가 강하고 튼튼하다.

10cm ◎약한 향 ▲횡장/1.3m×1.4m ■메이앙(프랑스) 2000년
※City of Adelaid×(Tamango×Matangi)
검은별무늬병: 보통, 흰가루병: 보통, 수세: 보통

Iritani Selection

더위에 강한 장미

점점 폭염에 시달리는 해가 많아지고 있다. 고온이나 가뭄으로 생장이 멈추거나 더위가 심할 때는 시들어 버리는 품종이 있다. 이곳에선 국내의 고온 다습한 환경에서도 잘 자라고 꽃이 피는 품종을 선택해 보았다.

캘리포니아 드리밍 California Dreaming

HT 사철 개화

아이보리에 짙은 로즈핑크의 복륜으로 꽃이 피는데 완전히 개화하면 더욱 뚜렷해진다. 둥근 꽃잎에서 둥근 삼각 꽃잎이 우산형으로 개화하며, 상쾌한 향기가 있다. 꽃가지는 짧고 꽃도 시들지 않고 오래간다. 수형은 작고 아담하면서 생장은 완만하다. 가지를 짧게 자르면 꽃수가 줄어들므로 시든꽃자르기나 전정 시에는 그다지 짧게 자르지 않는다. 내서성이 강해 여름에도 생장을 멈추지 않고 계속 핀다. 내병성은 중간 정도이므로 예방은 제대로 해야 한다.

14cm ◎중간 향 ▲반횡장/1.3m×1.0m ■메이앙(프랑스) 2009년
※Princesse de Monaco×(Sonia×Uwe Seeler)
검은별무늬병: 보통, 흰가루병: 강, 수세: 보통

헬렌 트라우벨 Helen Traubel

HT 사철 개화

새먼색을 띤 오렌지색의 둥근 삼각 꽃잎이 우산형으로 개화한다. 홑꽃으로 잘 피고 꽃이 잘 달리지만, 오래가지 않는다. 일찍 핀다. 내병성은 보통이지만, 병을 예방하면 생장이 왕성하다. 가지가 가늘지만 야무지다.

11cm ◎중간 향 ▲직립/1.4m×0.8m ■스윔&윅스(미국) 1951년
※Charlotte Armstrong×Glowing Sunset
검은별무늬병: 보통, 흰가루병: 보통, 수세: 강

프랭클리 스칼렛 Frankly Scarlet

Fl 사철 개화

꽃은 주홍색의 둥근 삼각 꽃잎이 우산형으로 개화한다. 여러 겹의 꽃잎이 겹쳐 나 꽃송이가 되고, 꽃이 잘 달리며 시들지 않고 오래간다. 일찍 핀다. 수형은 작고 아담하면서 가운데로 단정하게 모여 화분 재배에도 적합하다. 내서성이 강해 고온일 때도 잘 피는데, 약간 차갑고 서늘한 지역에선 꽃 색깔이 거무스름하다. 내병성은 보통이며, 정기적으로 약제 살포가 필요하다.

10cm ◎중간 향 ▲반직립/1.0m×0.8m ■자리(미국) 2008년
※Jacimpac×Miss Behavin
검은별무늬병: 보통, 흰가루병: 보통, 수세: 보통

파리스 Paris

S 사철 개화

피어날수록 회색을 띤 핑크에서 진한 핑크가 되는 아름다운 농담濃淡의 꽃잎이 로제트형으로 개화한다. 여러 겹의 꽃잎이 겹쳐 나 꽃송이가 되고, 꽃이 잘 달린다. 다마스크나 과일, 때로는 몰약 향이 난다. 생장이 왕성하나 수형은 가운데로 모여 단정해 화분 재배에도 좋다. 내병성은 중상 정도, 월 1회 정도만 약제를 살포해 줘도 충분히 재배할 수 있다. 내서성이 강해 여름에도 잘 자란다.

7cm ◎중간 향 ▲반직립/1.2m×0.8m ■기무라 다쿠노리(일본) 2013년
※미공개
검은별무늬병: 보통, 흰가루병: 보통, 수세: 보통

셰에라자드 Sheherazad

Fl 사철 개화

푸른빛이 도는 로즈핑크로 테두리가 뾰족한 물결 꽃잎이 편평형으로 개화한다. 5겹 내외의 꽃잎이 겹쳐 나 꽃송이가 되며, 꽃이 잘 달리면서 시들지 않고 오래간다. 가지는 가늘고 꽃줄기는 유연하다. 내한성은 그리 강하지 않으나, 내서성이 뛰어나 한여름에도 잘 피고 자란다. 내병성은 중상 정도로, 비교적 튼튼해 월 1회 정도만 약제를 살포해 줘도 재배할 수 있다.

8cm ◎약한 향 ▲반직립/1.2m×0.8m ■기무라 다쿠노리(일본) 2013년
※로즈우라라×미공개
검은별무늬병: 보통, 흰가루병: 강, 수세: 보통

래디언트 퍼퓸 Radiant Perfume

HT 사철 개화

진한 노란색의 둥근 꽃잎이 우산형으로 개화해 홑꽃으로 잘 핀다. 일찍 핀다. 꽃잎 질이 좋아 습도가 높아도 잘 상하지 않는다. 티 향에 과일 향이 섞인, 상큼하면서 복합적인 향기가 난다. 신장력이 강하나 수형이 흐트러지지 않는다. 밑동 새순은 거의 발생하지 않는다. 장마철 등에는 검은별무늬병에 충분히 주의하고 예방에 힘쓴다. 생장기에 낙엽이 지면 겨울에 잘 죽어 다음 해의 꽃도 기대할 수 없다.

12cm ◎강한 향 ▲직립/1.6m×1.0m ■자리(미국) 2004년
※Henry Fonda×실생
검은별무늬병: 보통, 흰가루병: 보통, 수세: 강

아르 누보 Art Nouveau

Fl 사철 개화

선명한 빨강에 연한 노란색 선 하나가 들어가는 줄무늬 꽃은 보기 드문 색조의 반겹꽃으로 개화한다. 여러 겹의 꽃잎이 겹쳐 나 꽃송이가 되며 꽃이 잘 달린다. 생장이 왕성하다. 가지에 가시가 많고 약간 유연하다. 내병성은 중상 정도이다. 기본적으로는 튼튼해 월 1회 정도만 약제를 살포해 줘도 재배할 수 있다.

6cm ◎약한 향 ▲반횡장/1.2m×0.9m ■제임스(영국) 2009년
검은별무늬병: 보통, 흰가루병: 강, 수세: 보통

피에르 카르댕 Pierre Cardin

HT 사철 개화

꽃은 분홍색에 진분홍색의 희끗희끗한 무늬가 들어간 개성적인 색조로 다른 품종에서 쉽게 볼 수 없는 색이다. 뾰족 꽃잎이 우산형으로 개화하며 홑꽃이 잘 핀다. 일찍 피고 꽃이 그다지 오래가지는 않는다. 과일 향 중에서도 원종인 '로사 페티다*Rosa foetida*'와 같은 계열의 독특한 향기가 난다. 새순이 갱신하는 유형이며, 재배 난이도가 약간 높다. 검은별무늬병과 흰가루병은 보통 정도로 생기므로 아름다운 꽃을 보기 위해선 예방에 노력을 기울여야 한다.

9~14cm ◎강한 향 ▲직립/1.5m×0.9m ■메이앙(프랑스) 2008년
※(Starlite×Papa meilland)×(Susan Hamphire×Deep Secret)
검은별무늬병: 보통, 흰가루병: 보통, 수세: 보통

세이카 聖火 Seika

HT 사철 개화

흰색 바탕에 로즈핑크의 복륜은 피어나면서 전체에 붉은빛을 띤다. 둥근 삼각 꽃잎이 우산형으로 개화하며 꽃이 잘 달린다. 횡장성으로 포기가 풍성하다. 몇 년 지나면 밑동 새순은 거의 발생하지 않으니 오래된 가지가 남도록 관리한다. 내병성은 중간 정도라서 관리를 확실히 한다. 게이세이 장미 원예 개량 제1호 품종이다.

12cm ◎약한 향 ▲횡장/1.2m×1.0m ■게이세이 장미 원예(일본) 1966년
※Rose Gaujard×Crimson Glory
검은별무늬병: 보통, 흰가루병: 약, 수세: 보통

크림슨 글로리 Crimson Glory

HT 사철 개화

벨벳 같은 광택의 진한 빨간색 뾰족 꽃잎이 우산형으로 개화한다. 여러 겹의 꽃잎이 겹쳐 나 꽃송이가 되며 꽃이 잘 달린다. 꽃줄기는 가늘고 짧으며 고개를 숙이듯 핀다. 진한 다마스크 향이 있다. 가지는 단단하고 수형은 작고 아담하며 가운데로 모여 단정하다. 밑동 새순은 심은 지 몇 년이 지나도 거의 나오지 않는다. 내병성은 보통이다. 정기적으로 약제를 살포해 재배한다. 당시 붉은 장미의 걸작으로, 이후 발표되는 붉은 장미 계열 교배에도 많이 썼던 기념비적인 품종이다.

13cm ◎강한 향 ▲횡장/0.7m×0.5m ■코르데스(독일) 1935년
※Cathrine Kordes의 실생×W.E. Chaplin
검은별무늬병: 보통, 흰가루병: 약, 수세: 보통

루이필리프 Louis-Philippe

Ch 사철 개화

짙은 장미 색상에서 일교차가 있을 때는 밝은 빨강이 되는 둥근 꽃잎이 구형으로 개화한다. 5겹의 내외의 꽃잎이 겹쳐 나 꽃송이가 된다. 꽃이 잘 달리지만, 꽃 모양은 금방 흐트러진다. 가지는 가냘프되 거칠고 늘씬하게 옆으로 뻗는다. 가시는 거의 없다. 새순도 잘 나지만 수형은 작고 아담하게 가운데로 모여 단정하다. 내병성은 중간 정도이다. 가지는 단단하며 다소 낙엽이 져도 시들지 않는다.

5cm ◎약한 향 ▲반횡장/0.8m×0.8m ■겔랑(프랑스) 1834년
검은별무늬병: 보통, 흰가루병: 보통, 수세: 보통

루이 14세 Louis XIV

HP 사철 개화

검붉은색의 둥근 꽃잎이 편평형으로 개화한다. 여러 겹의 꽃잎이 겹쳐 나 꽃송이가 되고 꽃이 매우 잘 달린다. 일찍 피고 다마스크 향이 난다. 가지는 가늘고 연약하다. 내서성이 약해 낙엽이 지기도 하며, 수세도 강하지 않다. 내병성은 보통이다. 정기적으로 약제를 살포해 재배한다. 개성적인 색조와 수형 등이 1934년 발표된 흑적색의 장미 '니그렛Nigrette'과 많이 닮아 구별이 어렵다.

6cm ◎강한 향 ▲반횡장/1.0m×0.8m ■기요(프랑스) 1859년
※Général Jacqueminot의 실생
검은별무늬병: 보통, 흰가루병: 약, 수세: 보통

슬레이터스 크림슨 차이나
Slater's Crimson China

Ch 사철 개화

진홍빛의 꽃이 구형으로 개화한다. 고온기에는 약간 밝은 색조가 된다. 5겹의 꽃잎이 겹쳐 나 꽃송이가 되며, 때로 큰 꽃송이가 된다. 꽃이 잘 달린다. 일찍 피면서 반복하여 잘 피고, 반상록성이다. 현대장미로 사철 개화성과 진홍빛을 머금은 귀중한 붉은 장미 품종 중 하나이다. 다만, 당시 이 장미의 실체가 명확하지 않아 유사한 품종이 유통되는 것으로 보인다. 이 품종의 실생종으로 불리는 홑꽃의 '산기네아Sanguinea' 등이 당시 모습을 일부 남기는 듯하다.

5cm ◎약한 향 ▲반횡장/1.0m×0.8m
■슬레이터(영국)가 1790년경에 중국으로부터 들어와 소개함
검은별무늬병: 보통, 흰가루병: 약, 수세: 보통

그루스 앙 테플리츠 Gruss an Teplitz

Hch 사철 개화

약간 장밋빛이 도는 선명한 빨강의 둥근 꽃잎이 찻잔형으로 개화한다. 5~10겹 정도의 꽃잎이 겹쳐 나 꽃송이가 되며, 꽃이 잘 달리면서 시들지 않고 오래간다. 향기가 좋다. 가늘고 섬세한 가지는 약간 반덩굴성 모양으로 자란다. 내병성은 그다지 강하지 않지만, 포기가 충실하고 잘 시들지 않는다. 단, 정기적으로 약제를 살포하는 것이 좋다. 일본식 이름은 '닛코日光'라고 하며, 미야자와 겐지宮沢賢治가 재배했던 것으로 알려진다.

7cm ◎강한 향 ▲반횡장/1.5m×0.7m ■게슈빈트(헝가리) 1984년
※((Sir Joseph Paxton×Fellenberg)×Papa Gontier)×Gloire des Rosomanes
검은별무늬병: 강, 흰가루병: 보통, 수세: 보통

글래머러스 러플 Glamorous Ruffle

Fl 사철 개화

적자색의 조각난 꽃잎으로 고온기에는 둥근 꽃잎이 편평형으로 개화한다. 여러 겹의 꽃잎이 겹쳐 나 꽃송이가 되며, 꽃이 잘 달린다. 새순의 발생도 좋고 '파이어웍스 러플Fireworks Ruffle'과 비교해 키우기 수월하다. 내병성이 보통이라서 약제 살포로 확실히 관리해야 꽃을 볼 수 있는 품종이다.

10cm ◎약한 향 ▲반횡장/1.0m×1.0m ■인터플랜트(네덜란드) 2014년
※실생×실생
검은별무늬병: 보통, 흰가루병: 보통, 수세: 보통

호우준芳純 Hohjun

HT 사철 개화

새먼색을 띤 로즈핑크의 둥근 삼각 꽃잎이 우산형으로 개화한다. 일찍 피고 꽃이 잘 달린다. 시세이도資生堂의 '장미원 시리즈 호우준芳純'의 원료가 된 유명한 향으로 향기가 매우 좋다. 수형은 작고 아담하게 가운데로 모여 단정하다. 꽃의 수가 극단적으로 줄어들어 짧게 자르기는 금물이다. 고온기에 밑줄기 잎이 떨어지기도 하고 내병성이 그다지 강하지 않아 관리를 제대로 해야 하는 품종이다.

13cm ◎강한 향 ▲직립/1.2m×0.8m ■게이세이 장미 원예(일본) 1981년
※Granada×Kronenbourg
검은별무늬병: 보통, 흰가루병: 약, 수세: 보통

퍼머넌트 웨이브 Permanent Wave

Fl 사철 개화

짙은 장미색으로, 가장자리가 물결 모양인 꽃잎이 편평형으로 개화한다. 여러 겹의 꽃잎이 겹쳐 나 꽃송이가 되고, 꽃이 잘 달리며 시들지 않고 오래간다. 가지는 가늘고 거칠다. 밑동 새순은 몇 년 안에 거의 나오지 않는다. 내병성은 그다지 강하지 않으므로 정기적으로 약제를 살포해 재배한다. 흰가루병에는 특히 주의가 필요하다.

7cm ◎약한 향 ▲직립/1.2m×0.6m ■레인델스(네덜란드) 1932년
※Else Poulsen의 가지 변이
검은별무늬병: 보통, 흰가루병: 약, 수세: 보통

상퇴르 루아얄 Senteur Royale

HT 사철 개화

짙은 적자색의 둥근 삼각 꽃잎이 로제트형으로 개화한다. 봄에는 꽃송이를 이루기도 하지만, 가을에는 홑꽃이 잘 핀다. 아주 강한 향기가 난다. 수형은 작고 아담하면서 가시도 적어 다루기 쉽다. 따뜻한 지역에서도 재배할 수 있으나, 다소 더위에 약해 여름에 생장이 느려질 수 있다. 내병성은 보통으로 통상적인 약제 살포가 필요하다.

10cm ◎강한 향 ▲직립/1.2m×1.0m ■탄타우(독일) 2002년
※실생×실생
검은별무늬병: 보통, 흰가루병: 보통, 수세: 보통

코사이光彩 Kohsai

HT 사철 개화

앞면은 선명한 빨간색이고 뒷면은 노란색인 둥근 삼각 꽃잎이 우산형으로 개화한다. 일찍 피고 꽃이 잘 달린다. 수고는 그리 높지 않고 작고 아담해 화분 재배에도 적합하다. 검은별무늬병에 약해 관리가 미흡하면 겨울에 쉽게 시들므로 예방에 충분히 주의해야 한다. 1988년 일본 최초로 미국의 AARS상을 '도보네トボネ'와 함께 수상한, 세계적으로 인정받은 품종이다.

12cm ◎약한 향 ▲반횡장/1.1m×0.7m ■게이세이 장미 원예(일본) 1987년
※Duftwolke×카가야키(かがやき)
검은별무늬병: 약, 흰가루병: 보통, 수세: 약

레이디 에리 Lady Eri

HT 사철 개화

아름답게 다듬어진 꽃봉오리에서 곱게 피어나는 꽃은 진한 장미색의 둥근 삼각 꽃잎이 우산형으로 개화한다. 홑꽃으로 잘 피고 꽃이 잘 달리지만, 꽃잎은 그다지 강하지 않다. 아주 좋은 향기가 난다. 가지는 강직하고 가시가 많다. 타고난 성질은 그리 강하지 않으므로 생장기에 병으로 잎이 떨어지면 겨울에 시들 수 있다. 정기적으로 약제를 살포해 재배한다.

12cm ◎강한 향 ▲반직립/1.2m×0.9m ■오오츠키 히로나카(일본) 2012년
검은별무늬병: 보통, 흰가루병: 약, 수세: 보통

라바글루트 Lavaglut

Fl 사철 개화

벨벳과 같은 광택의 빨강 꽃잎이 둥근 꽃잎으로 핀다. 5겹 정도의 꽃잎이 겹쳐 나 꽃송이가 되며 꽃이 잘 달린다. 꽃잎이 단단해 꽃이 시들지 않고 오래간다. 다소 늦게 피어 6~9월에 개화하는 중생中生 품종이 만개할 무렵에 피어난다. 수형은 가운데로 모여 단정해 작고 아담하다. 내병성은 중간 정도이다. 가을까지 잎을 잘 남길 수 있으면 가지가 야무져 한랭지에서도 시들지 않고 추위를 견딘다.

5cm ◎약한 향 ▲반횡장/0.8m×1.0m ■코르데스(독일) 1979년
※Gruss an Bayern×실생
검은별무늬병: 보통, 흰가루병: 보통, 수세: 보통

크리스티앙 디오르 Christian Dior

HT 사철 개화

꽃은 밝은 빨간색의 뾰족 꽃잎이 우산형으로 개화한다. 홑꽃으로 잘 피고 꽃이 잘 달리는 편은 아니나 꽃 모양이 아름답다. 매우 신장력 있고 수고가 높은 목장미로 꽃가지도 길다. 다만, 내병성이 약하며 특히 흰가루병에는 주의가 필요하다. 또 검은별무늬병으로 낙엽이 지면 바로 수세가 떨어지게 된다. 덩굴장미의 가지 변이 품종이 있으나 꽃가지는 길고 꽃도 그리 잘 달리지 않는다.

12cm ◎약한 향 ▲직립/1.8m×1.0m ■메이앙(프랑스) 1959년
※(Independence×Happiness)×(Peace×Happiness)
검은별무늬병: 보통, 흰가루병: 약, 수세: 보통

레드 퀸 Red Queen

HT 사철 개화

꽃은 주홍색의 뾰족 꽃잎이 우산형으로 개화하며 꽃 모양이 갖추어져 있다. 꽃잎이 좋아 습도가 높을 때도 거의 상하지 않으며 꽃은 시들지 않고 오래간다. 홑꽃이 잘 피고 연한 티 장미의 향기가 난다. 완전 직립성이며 가시도 그리 많지 않아 매우 다루기 쉽다. 새순은 장마 이후에 왕성하게 발생한다. 병충해는 정기적인 약제 살포로 막을 수 있으므로 비교적 재배하기 쉽다. 붉은색의 정형화整形花로 초심자가 키우기 쉬운 품종이다.

12cm ◎약한 향 ▲직립/1.5m×1.1m ■코르데스(독일) 1998년
검은별무늬병: 보통, 흰가루병: 보통, 수세: 보통

Iritani Selection

절화용과 연출에 적합한 장미

여기서는 절화용(꽃꽂이)으로 사용된 적이 있는 품종을 중심으로 골랐다. 절화 품종으로 유통되려면 꽃이 오래가거나 꽃가지가 길거나 가시가 적은 등 정원용과 다른 선정 기준이 있다. 하지만 가정에서 그 기준에 연연할 필요는 없다. 좋아하는 장미를 꽃병에 한 송이 꽂거나 정원에서 피는 자연스러운 꽃의 모습을 살려 연출하는 등 다양하게 즐길 수 있다.

러블리 블루 Lovely Blue

Min 사철 개화

연보라색 둥근 삼각 꽃잎이 우산형으로 개화하는 정형화整形花 형태이다. 명화名花 '블루 문'을 미니 장미로 만든 듯한 분위기가 있다. 여러 겹의 꽃잎이 겹쳐 나 꽃송이가 되고 꽃이 잘 달린다. 블루 계열의 강한 향기가 있다. 수형은 작고 아담하면서 새순의 발생도 매우 좋다. 다만, 내병성이 보통이라 검은별무늬병으로 인해 낙엽이 지게 되면 겨울에 가지에 검붉은 반점이 생기거나 시들기도 한다. 정기적으로 약제 살포가 필요한 품종이다.

5cm 강한 향 ▲반직립/0.7m×0.5m ■게이세이 장미 원예(일본) 1996년
※실생×Blue Moon
검은별무늬병: 보통, 흰가루병: 약, 수세: 보통

히스토리 History

HT 사철 개화

핑크의 둥근 삼각 꽃잎이 우산형에서 로제트형으로 개화한다. 3겹 정도의 꽃잎이 겹쳐 나 꽃송이가 되며, 꽃이 잘 달리면서 시들지 않고 오래간다. 옆으로 뻗으며 포기가 풍성하지만, 가운데로 모여 단정하다. 내병성이 보통이므로 일반적인 관리가 필요하다. 밑동 새순은 심은 지 몇 년이 지나도 거의 나오지 않아 처음에 관리를 확실히 한다. 유럽에선 절화용 품종으로 유통되기도 했다. 가지 변이의 덩굴장미 품종도 있다.

10cm 약한 향 ▲횡장/1.2m×1.5m ■탄타우(독일) 2002년
검은별무늬병: 보통, 흰가루병: 보통, 수세: 보통

쇼트케이크 Shortcake

Min 사철 개화

앞면은 선명한 빨강, 뒷면이 흰색인 둥근 삼각 꽃잎이 편평형으로 개화한다. 5겹 내외의 꽃잎이 겹쳐 나 꽃송이가 되며, 꽃이 잘 달리면서 시들지 않고 오래간다. 꽃가지가 길어 예전에는 절화용 품종으로도 유통되었다. 수세가 강해 미니 장미로는 수고가 높다. 가지가 흐트러지며 자라며 가시가 많다. 내병성이 약해 정기적인 약제 살포가 필요하다.

6cm 약한 향 ▲반횡장/0.7m×0.6m ■게이세이 장미 원예(일본) 1991년
※실생×실생
검은별무늬병: 약, 흰가루병: 보통, 수세: 보통

루주 루아얄 Rouge Royale

HT 사철 개화

검붉은색의 쿼터 로제트형 개화로 호화로운 꽃을 피운다. 초봄에는 새순 발생이 늦고, 늦게 피는 품종이 피기 시작할 무렵에는 개화한다. 꽃줄기는 유연해 고개를 숙이고 꽃이 핀다. 홑꽃이 잘 핀다. 과일향과 전통 장미 향이 섞인 매우 진한 향기가 난다. 직립으로 가운데로 모여 단정하며 새순 발생이 좋다. 전정은 너무 많이 자르면 꽃이 달리지 않으니 얕게 한다. 특히, 여름 전정은 통상보다 일주일 정도 일찍 한다.

12cm 강한 향 ▲횡장/1.6m×1.0m ■메이앙(프랑스) 2001년
※Charlotte Rampling×(Ambassador×Marion Foster)
검은별무늬병: 보통, 흰가루병: 보통, 수세: 보통

블랙 바카라 Black Baccara
HT 사철 개화

꽃은 세련된 검붉은색으로 둥근 삼각 꽃잎이 우산형으로 개화한다. 작지만 여러 겹의 꽃잎이 겹쳐 나 꽃송이가 되고 꽃이 잘 달린다. 본래 절화용 품종이라서 꽃이 시들지 않고 오래간다. 가지는 가늘고 가시가 적으며 잎도 작다. 내병성은 그다지 강하지 않다. 재배 난이도는 높은 편이지만, 꽃 색깔이 독특해서 힘들어도 키우고 싶어지는 품종이다.

9cm ◎약한 향 ▲반직립/1.5m×1.1m ■메이앙(프랑스) 2002년
※Celica×Carte Noir
검은별무늬병: 약, 흰가루병: 약, 수세: 보통

베이비 로맨티카 Baby Romantica
Min 사철 개화

주황색 그러데이션의 꽃잎이 찻잔형으로 개화하고 가을이 깊어지면 색이 짙어진다. 5겹 정도의 꽃잎이 겹쳐 나 꽃송이가 되고 꽃이 시들지 않고 오래간다. 수형은 가운데로 모여 단정해 작고 아담하다. 화분이나 용기 재배에 적합하다. 수고가 높지 않으므로 화단 앞쪽의 햇빛이 잘 드는 곳에 심는다. 밑동 새순은 심은 지 몇 년이 지나도 거의 나오지 않으므로 식재 초기에는 병에 유의해 가지를 단단하게 만들도록 한다.

5cm ◎약한 향 ▲반직립/1.0m×0.8m ■메이앙(프랑스) 2004년
※Tchin-Tchin×Cumba Meillandina
검은별무늬병: 보통, 흰가루병: 보통, 수세: 보통

키보우希望 Kiboh
HT 사철 개화

꽃잎의 앞면은 빛나는 빨강, 뒷면은 노란색의 복색으로 둥근 삼각 꽃잎이 우산형으로 개화한다. 일찍 피고 꽃이 매우 잘 달린다. 가지는 가시가 많고 내병성은 보통이다. 생장기에 검은별무늬병으로 잎이 떨어지면 겨울에 시들기 때문에 예방에 충분히 주의해 관리한다. 특징적인 꽃 색상으로 인해 유럽에서 '집시'라는 품종명으로 지금도 유통된다.

12cm ◎약한 향 ▲반직립/1.1m×0.9m ■게이세이 장미 원예(일본) 1986년
※Liberty Bell×카가야키
검은별무늬병: 약, 흰가루병: 보통, 수세: 약

라 세비야나 La Sevillana
Fl 사철 개화

선명한 주홍색의 둥근 꽃잎이 편평형으로 개화한다. 5~10겹의 꽃잎이 겹쳐 나 큰 꽃송이가 되며, 꽃이 잘 달리면서 시들지 않고 오래간다. 또, 반복해서 잘 핀다. 직립성으로 가지가 그다지 흐트러지지 않는다. 약제를 살포하지 않으면 검은별무늬병으로 낙엽이 지기도 하지만, 수세가 강해 피해는 별로 없다. 색이 옅어진 가지 변이 품종 '핑크 라 세비야나Pink La Sevillana'가 있다.

8cm ◎약한 향 ▲반횡장/1.2m×1.2m ■메이앙(프랑스) 1978년
※((MEIbrim×Jolie Madame)×(Zambra×Zambra))×((Tropicana×Tropicana)×(Poppy Flash×Rusticana))
검은별무늬병: 보통, 흰가루병: 강, 수세: 보통

잉그리드 버그만 Ingrid Bergman
HT 사철 개화

주홍색의 뾰족 꽃잎이 우산형으로 개화한다. 홑꽃으로 피어 여러 겹의 꽃잎이 겹쳐 나 꽃송이가 되며, 꽃이 잘 달리면서 시들지 않고 오래간다. 붉은 장미 중에선 수형이 알맞게 가운데로 모여 단정해 화분 재배에도 적합하다. 새순 발생이 매우 좋다. 가지는 붉은 빛을 띠며 큼직한 잎사귀가 아름답다. 내병성은 중간 정도이다. 정기적으로 약제를 살포해 재배한다. 세계장미연맹 명예의 전당에 든 품종이다.

13cm ◎약한 향 ▲반횡장/1.2m×1.0m ■폴센(덴마크) 1983년
※Precious Platinum×실생
검은별무늬병: 보통, 흰가루병: 보통, 수세: 보통

쿠로신주黑真珠 Kuroshinju

HT 사철 개화

꽃은 벨벳과 같은 광택을 띤 짙은 검붉은색이며 한랭지에선 더욱 발색이 좋다. 둥근 삼각 꽃잎이 우산형으로 개화하며 여러 겹의 꽃잎이 겹쳐 나 꽃송이가 되기도 한다. 하이브리드 티 중에서는 꽃이 작지만, 꽃이 잘 달리면서 시들지 않고 오래간다. 생장이 왕성해 크게 자란다. 땅에 심은 지 몇 년이 지나도 밑동 새순은 거의 발생하지 않으니 오래된 가지도 남긴다. 내병성은 보통이지만, 수세가 강해 다소 병에 걸려도 약해지지 않는다.

10cm ◎약한 향 ▲횡장/1.5m×1.0m ■게이세이 장미 원예(일본) 1988년
※Josephine Bruce×Cara Mia
검은별무늬병: 보통, 흰가루병: 보통, 수세: 강

오클라호마 Oklahoma

HT 사철 개화

차분한 검붉은색의 둥근 삼각 꽃잎이 우산형으로 개화하며 적자색을 살짝 띠기도 한다. 홑꽃으로 잘 피고 일찍 핀다. 아주 강한 향기가 있다. 왕성하게 성장하지만, 심은 지 몇 년이 지나도 새순이 잘 나지 않는다. 내병성은 보통이지만, 튼튼해 잎이 떨어져도 크게 손상되지 않는다. 덩굴장미 가지 변이 품종은 한철 개화다.

13cm ◎강한 향 ▲반직립/1.4m×1.0m ■스윔&윅스(미국) 1964년
※Chrysler Imperial×Charles Mallerin
검은별무늬병: 보통, 흰가루병: 약, 수세: 보통

베르사유의 장미 La Rose de Versailles

HT 사철 개화

약간 검은 빛이 도는 붉은색의 둥근 꽃잎이 우산형으로 피는 거대륜으로 존재감이 인상적이다. 꽃이 잘 달리지는 않지만, 시들지 않고 오래간다. 수세가 강하고 수고가 높은 큰 포기가 된다. 다소 여름철 고온 다습에 약해 잎이 위축될 수 있으나, 가을이 되면 잘 자란다. 내병성은 중상 정도로 월 1회 정도만 약제를 살포해 줘도 충분히 재배할 수 있다.

14cm ◎약한 향 ▲반직립/1.3m×1.0m ■메이앙(프랑스) 2012년
※Alleluia×(Hidalgo×Victor Hugo)
검은별무늬병: 보통, 흰가루병: 강, 수세: 강

미스터 링컨 Mister Lincoln

HT 사철 개화

꽃은 깊은 검붉은색의 둥근 삼각 꽃잎이 우산형으로 개화한다. 꽃은 풍성하며 홑꽃이 잘 핀다. 진한 향기가 있다. 포기가 크고 가지는 강직하다. 내병성은 보통이지만, 수세가 강해 다소 병에 걸려 낙엽이 지더라도 피해는 그리 크지 않다. 같은 교배친을 둔 '오클라호마Oklahoma', '파파 메이앙Papa Meilland'과 함께 검붉은 장미 3대 명화名花로 꼽히고 있다.

12cm ◎강한 향 ▲직립/1.5m×1.2m ■스윔&윅스(미국) 1964년
※Chrysler Imperial×Charles Mallerin
검은별무늬병: 보통, 흰가루병: 보통, 수세: 강

파파 메이앙 Papa Meilland

HT 사철 개화

벨벳과 같은 광택이 있는 세련된 검붉은색의 뾰족 꽃잎이 우산형으로 개화한다. 향기가 진해 화장품 향료의 원료가 되기도 했다. 신장력이 있으면서 꽃가지는 가늘고 가시가 많다. 내병성은 보통으로 흰가루병에 취약하다. 품종명은 현재 메이앙 사Meilland International SA 대표인 앨런 메이앙의 할아버지 앙투안 메이앙의 애칭에서 따왔다. 1988년에 세계장미연맹 명예의 전당에 들었다. 가지 변이로 덩굴성 품종이 있다.

13cm ◎강한 향 ▲직립/1.8m×0.6m ■메이앙(프랑스) 1963년
※Chrysler Imperial×Charles Mallerin
검은별무늬병: 약, 흰가루병: 약, 수세: 보통

블랙 골드 Black Gold

HT 사철 개화

꽃잎의 앞면은 벽돌색이 도는 검붉은색, 뒷면은 황금색인 뾰족 꽃잎이 우산형으로 개화한다. 홑꽃에서 여러 겹의 꽃잎이 겹쳐 나 꽃송이가 되기도 한다. 꽃이 시들지 않고 오래간다. 새순 갱신이 쉽다. 수세가 그다지 강하지 않아서 병 예방에 노력해야 하는 품종이다. 생장기에 병으로 잎이 떨어지면 겨울에 잘 말라 죽는다. 재배 난이도가 매우 높은 상급자용이지만, 꽃 색깔이 독특해 유일무이한 품종이다.

10cm ◎약한 향 ▲직립/1.2m×0.8m ■메이앙(프랑스) 2008년
※(Peace×Yakimour)×Épidor
검은별무늬병: 약, 흰가루병: 약, 수세: 보통

레오니다스 Leonidas

HT 사철 개화

꽃잎의 앞면은 벽돌색, 뒷면 노란색의 둥근 꽃잎이 우산형으로 개화하며 고온기에는 앞면이 주적색이 된다. 홑꽃에서 여러 겹의 꽃잎이 겹쳐 나 꽃송이가 되며, 꽃이 잘 달리면서 시들지 않고 오래간다. 타고난 성질이 매우 약해, 잎이 잘 달리도록 재배해도 가지가 좀처럼 실해지지 않아 겨울에 잘 죽는다. 내병성도 약해 상급자용 품종이다. 정기적으로 약제를 살포해 재배한다. 초기에는 절화용으로 유통되었다. 가지 변이로 벽돌색 일색의 '레이디 고디바Lady Godiva'나 색이 옅어진 '서니 레오니다스Sunny Leonidas' 등이 있다.

11cm 약한 향 ▲반직립/1.0m×0.8m ■메이앙(프랑스) 1995년
※Hello×Peace
검은별무늬병: 약, 흰가루병: 약, 수세: 보통

디즈니랜드 로즈 Disneyland Rose

Fl 사철 개화

오렌지색에서 핑크색으로 변하는 둥근 삼각 꽃잎이 핀다. 5~10겹 정도의 꽃잎이 겹쳐 나 꽃송이가 되며, 꽃이 잘 달리면서 시들지 않고 오래간다. 약간 늦게 핀다. 향기는 연한 과일 향이 난다. 더위에 강해 여름에도 잘 자란다. 심은 초기에 꽃을 많이 피우면 수세가 약해지므로 순따기로 개화를 억제해 포기가 충실하게 자라도록 관리한다. 검은별무늬병에 약하여 잎이 떨어지면 수세가 현저하게 나빠지고 겨울에 시들기 쉬우므로 주의해 관리한다.

8cm 약한 향 ▲횡장/0.9m×0.9m ■자리(미국) 2003년
※Sequoia Gold×Hot Tamele
검은별무늬병: 약, 흰가루병: 보통, 수세: 보통

싱잉 인 더 레인 Singin' in the Rain

Fl 사철 개화

앞면의 중심부는 갈색을 띤 오렌지색이고 뒷면은 벽돌색이 도는 진한 오렌지색이다. 둥근 삼각 꽃잎이 우산형으로 개화한다. 여러 겹의 꽃잎이 겹쳐 나 꽃송이가 되며, 꽃이 잘 달리면서 시들지 않고 오래간다. 향기가 좋다. 가지와 잎이 가운데로 모여 단정하고 작고 아담해 화분 재배에도 적합하다. 내병성이 보통이므로 통상적인 약제를 살포해 재배한다.

8cm 중간 향 ▲반직립/1.0m×0.8m ■맥그레디 4세(뉴질랜드) 1991년
※Sexy Rexy×Pot O'Gold
검은별무늬병: 보통, 흰가루병: 강, 수세: 보통

프린세스 미치코 Princess Michiko

Fl 사철 개화

오렌지색 둥근 꽃잎이 편평형으로 개화한다. 여러 겹의 꽃잎이 겹쳐 나 꽃송이가 되고, 꽃이 잘 달리며 시들지 않고 오래간다. 생장은 왕성하고 새순 발생은 좋지만, 내병성은 그다지 강하지 않다. 병으로 잎이 떨어지면 겨울에 시들 수 있어 정기적으로 약제를 살포하는 것이 좋다. 특히 어릴 때 확실히 병을 예방해야 한다.

7cm 약한 향 ▲직립/1.5m×1.0m ■딕슨(영국) 1985년
※Circus×Spartan
검은별무늬병: 약, 흰가루병: 약, 수세: 보통

수브니흐 드 안네 프랑크 Souvenir d'Anne Frank

Fl 사철 개화

황금색에서 피어나면서 주홍색으로 변하는 둥근 꽃잎이 편평형으로 개화한다. 여러 겹의 꽃잎이 겹쳐 나 꽃송이가 되고, 꽃이 잘 달리며 시들지 않고 오래간다. 가지는 단단하고 가시가 큰 편이다. 내병성은 보통으로 흰가루병에 주의가 필요하다. 병이 들어 낙엽이 지면 겨울에 시들 수 있으므로 제대로 관리하고 키워야 하는 품종이다.

9cm 약한 향 ▲반횡장/1.5m×1.2m ■델포르주(벨기에) 2003년
※Rêve de Capri×Chanteclerc
검은별무늬병: 약, 흰가루병: 약, 수세: 보통

아슈람 Ashram

HT 사철 개화

검은빛을 띤 독특한 진한 오렌지색의 둥근 꽃잎이 편평형으로 개화한다. 홑꽃으로 잘 피고 꽃이 잘 달리면서 시들지 않고 오래간다. 생장은 왕성하고 새순의 발생이 매우 좋다. 가지에 가시가 적고, 작고 아담해 다루기 쉽다. 내병성이 보통이므로 일반적인 약제 살포가 필요하다. 기후 등 조건에 따라 회색 곰팡이병으로 인한 붉은 반점이 생기기도 한다.

10cm 약한 향 ▲직립/1.1m×0.8m ■탄타우(독일) 1998년
검은별무늬병: 보통, 흰가루병: 보통, 수세: 보통

비브 레 바캉스! Vive les Vacances!

Fl 사철 개화

진한 오렌지색의 둥근 꽃잎이 편평형으로 개화하고 꽃잎 가장자리에 약한 물결 모양이 있다. 3~5겹 정도의 꽃잎이 겹쳐 나 꽃송이가 되며, 꽃이 잘 달리면서 시들지 않고 오래간다. 포기 전체를 덮을 정도로 만개한다. 새순이 자주 발생하지만, 수형이 작고 아담하다. 더위에 강해 여름의 고온기에도 잘 개화한다. 비교적 튼튼하지만, 정기적인 약제 살포로 예방하면 더 잘 자란다.

7cm ◎약한 향 ▲횡장/0.9m×0.8m ■메이앙(프랑스) 2011년
※Singin' in the Rain×Chorus
검은별무늬병: 보통, 흰가루병: 강, 수세: 보통

레이디 엠마 해밀턴 Lady Emma Hamilton

S(ER) 사철 개화

오렌지색에 갈색이 도는 독특한 색조로 찻잔형으로 개화한다. 홑꽃에서 여러 겹의 꽃잎이 겹쳐 나 꽃송이가 되며 꽃이 잘 달린다. 과일류의 진하고 상큼한 향기가 난다. 사철 개화성으로 수형은 가운데로 모여 단정하다. 내병성은 보통이며 정기적으로 약제를 살포한다. 여름의 고온 다습한 시기에는 일시적으로 성장이 느려진다. 낙엽이 지면서 수세가 떨어지지만, 가을철에 다시 회복한다.

8cm ◎강한 향 ▲반직립/1.0m×0.8m ■데이비드 오스틴(영국) 2005년
※실생×실생
검은별무늬병: 보통, 흰가루병: 강, 수세: 보통

안나 올리비에 Anna Olivier

T 사철 개화

오렌지색의 길쭉한 꽃봉오리에서 짙은 살구색의 뾰족 꽃잎이 편평형으로 개화한다. 홑꽃에서 3겹 정도의 꽃잎이 겹쳐 나 꽃송이가 되며 고개를 숙이고 적당히 핀다. 꽃은 그다지 오래가지 않는다. 티 장미 특유의 상큼한 향기가 난다. 심은 지 몇 년이 지나도 밑동 새순은 거의 발생하지 않는다. 잎에 광택이 있고 내병성이 있어 기르기 쉽다. 다만, 가지를 짧게 자르면 수세가 쇠퇴하므로 너무 짧게 자르지 않도록 주의해야 한다. 가지 변이 품종으로 색이 연해진 '레이디 로버츠Lady Roberts'가 있다.

8cm ◎중간 향 ▲반직립/1.2m×1.0m ■뒤셰(프랑스) 1872년
검은별무늬병: 강, 흰가루병: 보통, 수세: 보통

플레이보이 Playboy

Fl 사철 개화

오렌지색으로 피었다가 점차 주홍빛이 감도는 둥근 꽃잎이 편평형으로 개화한다. 여러 겹의 꽃잎이 겹쳐 나 꽃송이가 되며 특히 봄에 꽃이 잘 달린다. 일찍 피는 편이다. 심은 지 몇 년이 지나도 밑동 새순은 별로 나오지 않으므로 오래된 가지도 소중히 관리한다. 수세는 강하고 내병성은 중상 정도이다. 월 1회 정도만 약제를 살포해도 충분하다.

7cm ◎약한 향 ▲반횡장/1.0m×0.8m ■코커(영국) 1976년
※City of Leeds×(Chanelle×Piccadilly)
검은별무늬병: 보통, 흰가루병: 약, 수세: 보통

앰버 퀸 Amber Queen

Fl 사철 개화

밝은 오렌지색의 둥근 꽃잎이 편평형으로 개화하며 일교차가 있을 때는 물결 꽃잎이 된다. 여러 겹의 꽃잎이 겹쳐 나 꽃송이가 되고, 꽃이 잘 달리지만 그리 오래가지 않는다. 좋은 향기가 난다. 새순 갱신이 어려운 유형이다. 수형은 작고 아담하면서 가운데로 단정하게 모여 화분 재배에도 적합하다. 내한성이 있다. 내병성은 중상 정도이며, 생장기에 월 1회 정도만 약제를 살포해 줘도 예방할 수 있다.

10cm ◎강한 향 ▲직립/1.0m×0.8m ■하크네스(영국) 1984년
※Southampton×Typhoon
검은별무늬병: 보통, 흰가루병: 강, 수세: 보통

페를 도르 Perle d'Or

Pol 사철 개화

살구색의 둥근 꽃잎이 편평형으로 개화하며 피어나면서 꽃잎이 바깥쪽으로 젖혀진다. 5~10겹이나 그 이상의 꽃잎이 겹쳐 나 큰 꽃송이가 되며 꽃이 잘 달린다. 달달한 티 향이 있다. 폴리안타 계통으로는 수고가 높으나, 가지는 가늘면서 드문드문 작고 아담하게 가운데로 모여 단정하다. 내병성은 중상 정도이다. 검은별무늬병에는 비교적 강하고, 최소한의 약제 살포로 재배할 수 있어 키우기 쉬운 품종이다.

5cm ◎중간 향 ▲직립/1.0m×0.5m ■람보(프랑스) 1875년
※폴리안타 1 품종×Madame Falcot
검은별무늬병: 강, 흰가루병: 보통, 수세: 보통

카페 Café

Fl 사철 개화

밝은 벽돌색에서 베이지색이 도는 붉은 갈색으로 변하는 꽃잎이 로제트형으로 개화한다. 여러 겹의 꽃잎이 겹쳐 나 꽃송이가 되며 꽃이 잘 달린다. 옆으로 뻗고 꽃가지는 짧지만 약간 흐트러진다. 가지는 강직하지만, 꽃줄기는 유연해 고개를 숙이듯 핀다. 수세가 그다지 강하지 않아 관리는 확실히 하고, 내병성도 약해 약제를 부지런히 살포해야 한다.

8cm ◎중간 향 ▲횡장/0.8m×0.8m ■코르데스(독일) 1956년
※(Golden Glow×*Rosa kordesii*)×Lavender Pinocchio
검은별무늬병: 약, 흰가루병: 약, 수세: 보통

줄리아(줄리어스 로즈) Julia

HT 사철 개화

유일무이한 연한 갈색으로 둥근 삼각 꽃잎이 우산형으로 개화하고 피어나면서 물결 꽃잎이 편평형으로 핀다. 홑꽃에서 3겹 정도의 꽃잎이 겹쳐 나 꽃송이가 된다. 꽃도 잘 달리지 않고 그다지 오래가지 않는다. 가지가 가늘고 내병성도 약해 재배할 때 기술적인 관리가 필요하다. 정기적으로 약제를 살포해 병을 확실히 예방해야 한다. 덩굴성 가지 변이 품종이 있는데 수세가 강해 직립성보다 키우기 쉽다.

11cm ◎강한 향 ▲직립/1.3m×0.8m ■타이 스타맨(영국) 1980년
※Blue Moon×Dr. A. J. Verhage
검은별무늬병: 약, 흰가루병: 약, 수세: 보통

로즈 애머시스타 Rose Amethysta

HT 사철 개화

꽃잎의 앞면은 연한 벽돌색으로 약간 보랏빛을 띠며, 뒷면이 짙은 복색의 뾰족 꽃잎이 우산형으로 개화한다. 여러 겹의 꽃잎이 겹쳐 나 꽃송이가 되고, 꽃이 잘 달리지만 그다지 오래가지 않는다. 꽃가지는 짧고 작고 아담하다. 내병성은 보통으로 검은별무늬병에는 취약하다. 가을까지 잎을 남기도록 관리하지 않으면 포기가 약해져 겨울에 시들 수 있다. 정기적으로 약제를 살포해야 한다. 땅에 심는 것도 좋지만, 화분 재배를 추천한다.

11cm ◎약한 향 ▲반직립/0.8m×0.6m ■사카우에 고이치(일본) 2010년
※Julia의 실생
검은별무늬병: 약, 흰가루병: 보통, 수세: 보통

라벤더 피노키오 Lavender Pinocchio

Fl 사철 개화

꽃 색깔에 변화가 있는 둥근 꽃잎이 편평형으로 개화한다. 베이지색을 띤 갈색으로 피고 점차 붉은빛이 감돌고 밤낮의 일교차가 생기면 보라색이 더해져 벽돌색으로 피기도 한다. 5겹 내외의 꽃잎이 겹쳐 나 꽃송이가 되며 꽃이 잘 달린다. 가지는 가늘고 작고 아담하지만, 수형이 편향되기 쉬우므로 전정으로 다듬는다. 수세가 그다지 강하지 않고 내병성도 강하지 않으므로 정기적으로 약제를 살포한다. 자주색 계열의 현대 장미 제1호인 '그레이 펄Grey Pearl'이 1945년에 발표된 지 불과 3년 만에 탄생한 획기적인 자주색 품종이다.

8cm ◎약한 향 ▲직립/0.8m×0.8m ■부너(미국) 1948년
※Pinocchio×Grey Pearl
검은별무늬병: 보통, 흰가루병: 약, 수세: 보통

디스턴트 드럼 Distant Drums

S 사철 개화

벽돌색으로 피었다가 점점 약한 연보랏빛이 감도는 복잡한 색조의 둥근 꽃잎이 편평형으로 개화한다. 여러 겹의 꽃잎이 겹쳐 나 꽃송이가 되고, 꽃이 잘 달리며 시들지 않고 오래간다. 몰약 향이 난다. 비교적 튼튼하지만, 수세는 그리 강하지 않으므로 짧게 자르기를 피한다. 일조량이 부족하거나 고온 다습하면 낙엽이 질 수 있다. 병에 그리 강하지 않으므로 정기적으로 약제를 살포하는 것이 좋다.

9cm ◎중간 향 ▲직립/1.2m× 0.8m ■백(미국) 1984년
※September Song×The Yeoman
검은별무늬병: 보통, 흰가루병: 보통, 수세: 보통

허니 디존 Honey Dijon

HT 사철 개화

짙은 베이지색의 둥근 삼각 꽃잎이 우산형으로 개화하며 가지런한 꽃 모양이 아름답다. 홑꽃으로 피고 꽃이 잘 달리며 시들지 않고 오래간다. 꽃잎은 두껍고 비에 강하지만, 장마 등 다습할 때는 꽃에 붉은 반점이 생길 수 있다. 생장은 왕성하고 새순의 발생도 좋다. 내병성은 보통이며 통상적인 약제를 살포해 재배한다. 갈색 계열의 정형화整形花 중에선 상당히 키우기 쉬운 품종이다.

12cm ◎약한 향 ▲직립/1.3m×0.9m ■스프롤(미국) 2005년
※Stainless Steel×Singin' in the Rain
검은별무늬병: 보통, 흰가루병: 보통, 수세: 강

저스트 조이 Just Joey

HT 사철 개화

살구색 둥근 꽃잎이 구형으로 개화하는 거대륜이다. 홑꽃으로 피고 꽃이 잘 달린다. 일찍 피어서 좋은 향기가 난다. 새순 갱신을 하지 않는 유형으로 가지는 야무지다. 심은 지 몇 년이 지나도 밑동 새순은 거의 발생하지 않는다. 내병성은 보통이지만, 수세는 강해 처음 몇 년간 충실하게 관리하면 그 후는 다소 병이 들어도 시드는 일은 없다. 세계장미연맹 명예의 전당에 들었다.

14cm ◎강한 향 ▲반횡장/1.3m×1.3m ■포지(영국) 1972년
※Duftwolke×Dr. A.J. Verhage
검은별무늬병: 보통, 흰가루병: 보통, 수세: 강

오필리아 Ophelia

HT 사철 개화

연한 핑크색 뾰족 꽃잎이 우산형으로 개화한다. 여러 겹의 꽃잎이 겹쳐 나고, 꽃은 작지만 잘 달리면서 시들지 않고 오래간다. 좋은 향기가 난다. 수형은 작고 아담하지만, 풍성해 화단뿐만 아니라 화분 재배에도 적합하다. 내병성은 보통이다. 정기적으로 약제를 살포해 기른다. 가지 변이로 '마담 버터플라이Madame Butterfly', '레이디 실비아Lady Sylvia', '레몬 오필리아Lemon Ophelia', '웨스트필드 스타Westfield Star', '클라이밍 오필리아CL. Ophelia' 등이 있다. 교배친으로도 많이 사용된다.

9cm ◎강한 향 ▲반횡장/0.9m×0.5m ■폴(영국) 1914년
※Antoine Rivoire의 실생
검은별무늬병: 보통, 흰가루병: 보통, 수세: 보통

세인트 세실리아 St. Cecilia

S(ER) 사철 개화

살구색을 띤 연분홍색의 꽃이 로제트형으로 핀다. 홑꽃에서 여러 겹의 꽃잎이 겹쳐 나 꽃송이가 되며 위를 향해 핀다. 꽃이 잘 달리면서 시들지 않고 오래가며, 사계절 내내 끊임없이 핀다. 몰약의 좋은 향기가 난다. 새순이 자주 발생하고 직립성으로 큰 포기가 된다. 내병성은 보통이나 약간의 악조건으로 병에 걸려도 수세가 떨어지는 일은 없다.

9cm ◎강한 향 ▲직립/1.5m×0.8m ■데이비드 오스틴(영국) 1987년
※Wife of Bath×실생
검은별무늬병: 보통, 흰가루병: 보통, 수세: 보통

그루스 안 아헨 Gruss an Aachen

Fl 사철 개화

분홍빛이 도는 꽃봉오리에서 피는 꽃은 베이지색을 띤 크림색이다. 중심은 살구색으로, 가장자리는 연분홍색으로 물들며 로제트형으로 개화한다. 피어날수록 전체적으로 연한 베이지색이 된다. 사계절 내내 5~10겹 정도의 꽃잎이 겹쳐 핀다. 꽃잎은 섬세해 다습한 장마철에는 잘 상한다. 상큼한 과일 향이 난다. 잎은 광택이 있는 진한 초록색으로 아름다운 꽃을 더욱 돋보이게 한다. 가시가 적으면서 작고, 아담한 수형으로 화분 재배에도 적합하다. 가지 변이로 꽃잎이 흰색, 분홍색, 연분홍색으로 변하거나 덩굴장미가 된 품종이 있다.

10cm ◎중간 향 ▲반직립/1.2m×1.2m ■게둘디히(독일) 1909년
※Frau Karl Druschki×Franz Deegen
검은별무늬병: 보통, 흰가루병: 보통, 수세: 보통

카오루노 薫乃 Kaoruno

Fl 사철 개화

연한 살구색 둥근 꽃잎이 찻잔형으로 개화한다. 5겹 내외의 꽃잎이 겹쳐 나기 쉽지만, 가을에는 홑꽃이 피기도 한다. 꽃은 잘 달리나, 꽃잎이 섬세해 잘 상한다. 향기로운 향이 난다. 직립성으로 흐트러지지 않는다. 다 자란 포기는 거의 새순이 나오지 않는다. 내병성은 보통이나 흰가루병에는 주의가 필요하다. 햇볕이 잘 들고 통풍이 잘되는 곳에 심는다. 생장기에 병으로 잎이 지면 내한성이 매우 낮아져 겨울철에 시들 수 있다.

7cm ◎강한 향 ▲직립/1.0m×0.5m ■게이세이 장미 원예(일본) 2008년
※실생×Harmonie
검은별무늬병: 보통, 흰가루병: 약, 수세: 보통

사프라노 Safrano

T 사철 개화

연한 살구색의 둥근 삼각 꽃잎이 편평형으로 개화한다. 3겹 정도의 꽃잎이 겹쳐 나 꽃송이가 되며 꽃이 잘 달린다. 티 장미 향이 난다. 가늘고 가지가 적어 단정하지 않다. 새순 갱신은 거의 하지 않아 처음 몇 년 동안 확실하게 키운다. 초봄의 흰가루병에는 약하지만, 기본적으로는 튼튼하므로 월 1회 정도만 약제를 살포해도 재배할 수 있다. 내한성은 약하다. 사철 개화성 등의 형질은 교배친인 '파크스 옐로 티 센티드 차이나Parks' Yellow Tea-scented China'를 떠올리게 한다. 가지 변이로 색깔이 옅어진 '이사벨라 스프런트Isabella Sprunt'가 있다.

7cm ◎중간 향 ▲반횡장/1.0m×0.7m ■보르가르(프랑스) 1839년
※Parks' Yellow Tea-scented China×Desprez
검은별무늬병: 보통, 흰가루병: 약, 수세: 보통

가마쿠라鎌倉 Kamakura

HT 사철 개화

밝은 노란색의 뾰족 꽃잎이 우산형으로 피는 정형화整形花이다. 거의 홑꽃으로 피며, 꽃이 잘 달리면서 시들지 않고 오래가며 퇴색도 적다. 가지에는 거의 가시가 없다. 직립성으로 곧게 성장해 수형은 가운데로 모여 단정하다. 내병성은 보통이므로 정기적인 약제 살포가 필요하다. 생장기에 병으로 낙엽이 지면 겨울에 가지에 반점이 생겨 말라 죽을 수 있으므로 주의해 재배한다.

13cm ◎중간 향 ▲직립/1.4m×0.8m ■오오츠키 케이나카(일본) 2003년
검은별무늬병: 보통, 흰가루병: 약, 수세: 보통

잉카 Inka

HT 사철 개화

선명한 노란색의 뾰족 꽃잎이 우산형으로 개화한다. 여러 겹의 꽃잎이 겹쳐 나 꽃송이가 되고, 꽃은 작지만 잘 달리며 시들지 않고 오래간다. 수형은 흐트러짐이 없고 가운데로 모여 단정하다. 검은별무늬병에 약하며, 생장기에 잎이 떨어지면 겨울에 시들어 피해가 크다. 꽃을 예쁘게 피우기 위해선 평소 관리를 게을리하면 안 된다. 탄타우 사社의 노란색 꽃은 선명한 품종이 많아 최상의 관리로 좋은 꽃을 피울 수 있는 품종이다.

10cm ◎약한 향 ▲직립/1.2m×1.0m ■탄타우(독일) 1992년
검은별무늬병: 약, 흰가루병: 보통, 수세: 보통

트로피컬 셔벗 Tropical Sherbet

Fl 사철 개화

진한 노란색으로 피어나면서 꽃잎 가장자리에 주홍색이 올라와 색이 변하는 둥근 꽃잎이 찻잔형으로 개화한다. 홑꽃이 피고 3겹 정도의 꽃잎이 겹쳐 나 꽃송이가 되기도 한다. 꽃이 잘 달리면서 시들지 않고 오래간다. 비교적 튼튼하다. 새순을 갱신하기 어려워, 심은 지 몇 년이 지나도 새순이 거의 나오지 않는다. 내병성은 중상 정도이다. 최소한의 약제 살포로 재배할 수 있는 품종이다.

8cm ◎중간 향 ▲반횡장/1.2m×1.2m ■오사나이 겐(일본) 2003년
※Gold Bunny×에히가사絵日傘
검은별무늬병: 보통, 흰가루병: 보통, 수세: 강

스위트 다이애나 Sweet Diana

Min 사철 개화

선명한 노란색의 뾰족 꽃잎이 우산형으로 개화하며 5겹 정도의 꽃잎이 겹쳐 나 꽃송이가 된다. 꽃이 잘 달리면서 시들지 않고 오래가며 퇴색도 적다. 미니 장미 중에서는 꽃이 크고 포기도 크다. 짙은 녹색의 잎이 노란 꽃을 한층 돋보이게 한다. 가운데 모여 단정한 수형으로 화분 재배에도 적합하다. 내병성은 보통이다. 약제를 살포해 제대로 관리해 키우면 좋은 품종이다.

5cm ◎약한 향 ▲반직립/0.7m×0.4m ■사빌(미국) 2001년
※Cal Poly×June Laver
검은별무늬병: 보통, 흰가루병: 약, 수세: 보통

헨리 폰다 Henry Fonda

HT 사철 개화

맑고 진한 노란색의 뾰족 꽃잎이 우산형으로 개화한다. 일찍 피고 꽃이 매우 잘 달린다. 현재 유통되고 있는 노란색 계열 대륜화 중 색채가 가장 뛰어난 품종으로 매우 인기가 있다. 가지는 가늘고 가시가 약간 많다. 밑동 새순은 심은 지 몇 년이 지나도 잘 나오지 않아, 작고 아담하면서 가운데로 모여 단정한 수형이 된다. 내한성은 그다지 강하지 않으며 내병성은 보통이다. 정기적으로 약제를 살포해 생장기에 최대한 잎이 떨어지지 않도록 관리한다.

12cm ◎약한 향 ▲반직립/1.4m×1.0m ■크리스텐센(미국) 1996년
※실생×실생
검은별무늬병: 약, 흰가루병: 보통, 수세: 보통

피스 Peace

HT 사철 개화

연한 노란색 꽃잎에 가장자리가 핑크로 물드는 복륜이 있다. 둥근 삼각 꽃잎이 우산형으로 피는 보기 좋은 거대륜이다. 홑꽃으로 잘 피고, 꽃이 잘 달리면서 시들지 않고 오래간다. 수형은 가운데로 모여 단정하다. 내병성은 보통이므로 예방을 확실히 한다. 개량 당시 폭신하고 부드러운 꽃과 광택 있는 아름다운 잎, 균형감 좋은 수형 덕에 교배친으로 널리 썼다. 가지 변이 품종에는 색깔이 다른 '시카고 피스Chicago Peace', '크로넨버그Kronenbourg', '클라이밍 피스CL. Peace' 등이 있다.

15cm ◎중간 향 ▲반횡장/1.5m×1.4m ■메이앙(프랑스) 1945년
※((George Dickson×Souvenir de Claudius Pernet)×(Joanna Hill×Charles P. Kilham))×Margaret McGredy
검은별무늬병: 보통, 흰가루병: 보통, 수세: 보통

마이다스 터치 Midas Touch

HT 사철 개화

밝은 노란색의 둥근 삼각 꽃잎이 우산형에서 편평형으로 개화하며 꽃은 작고 홑꽃이 잘 핀다. 가지가 잘 나서 꽃이 매우 잘 달린다. 검은별무늬병에는 그다지 강하지 않으므로 생장기에 잎이 떨어지지 않도록 충분히 주의해 관리한다.

10cm ◎약한 향 ▲직립/1.3m×1.1m ■크리스텐센(미국) 1994년
※Brandy×Friesensohne
검은별무늬병: 보통, 흰가루병: 보통, 수세: 약

골드 버니 Gold Bunny

Fl 사철 개화

선명한 순황색의 둥근 꽃잎이 찻잔형으로 개화한다. 5겹 내외의 꽃잎이 겹쳐 나 꽃송이가 되며, 꽃이 잘 달린다. 일찍 핀다. 심은 지 몇 년이 지나도 밑동 새순이 거의 나오지 않고 가지 끝에 꽃이 무리지어 피며, 오래된 가지에 몇 년이나 꽃을 피운다. 내병성은 그다지 강하지 않으므로 정기적인 약제 살포가 필요하다. 덩굴장미의 가지 변이 품종이 있으며, 일주일 정도 더 빨리 핀다.

7cm ◎약한 향 ▲반횡장/1.0m×0.8m ■파올리노(프랑스) 1973년
※Rusticana×(Charleston×Allgold)
검은별무늬병: 보통, 흰가루병: 보통, 수세: 보통

아마노가와 天の川 Amanogawa

Fl 사철 개화

꽃은 선명한 노란색의 홑꽃이 핀다. 여러 겹의 꽃잎이 겹쳐 나 꽃송이가 되고, 꽃이 잘 달리지만 그다지 오래가지 않는다. 강한 횡장성을 띠며, 가지는 가늘고 가운데로 모여 단정한 모습이 되기 어렵다. 재배 난이도가 높고 병 예방은 확실히 해야 하지만, 노란색의 홑꽃으로 대신할 수 있는 품종이 지금으로서는 없으므로 귀중한 품종이다. 관리가 힘들어도 키우고 싶어지는 장미 중 하나이다.

7cm ◎약한 향 ▲횡장/0.8m×0.8m ■스즈키 쇼조(일본) 1956년
※Golden Scepter의 실생×실생
검은별무늬병: 보통, 흰가루병: 약, 수세: 보통

프리지아 Friesia

Fl 사철 개화

진한 노란색의 둥근 꽃잎이 편평형으로 개화한다. 3~5겹 정도의 꽃잎이 겹쳐 나 꽃송이가 되며 꽃이 잘 달린다. 꽃잎이 단단하고 비에 강하며 퇴색도 거의 되지 않는다. 일찍 피고, 향기로운 향이 난다. 수형은 작고 아담하면서 새순을 갱신하기 어려우므로 짧게 자르는 건 피하고, 오래된 가지도 남기도록 한다. 내병성은 그리 강하지 않으므로 정기적인 약제 살포를 신경 써야 한다.

8cm ◎강한 향 ▲반횡장/1.0m×1.0m ■코르데스(독일) 1973년
※Friedrich Wörlein×Spanish Sun
검은별무늬병: 약, 흰가루병: 보통, 수세: 보통

이즈노오도리코 伊豆の踊子 Izu no Odoriko

Fl 사철 개화

선명한 노란색 둥근 삼각 꽃잎이 우산형으로 개화한다. 5겹 내외의 꽃잎이 겹쳐 나 꽃송이가 되며, 꽃이 잘 달리면서 시들지 않고 오래간다. 일찍 피는 경우가 많은 노란색 계열에서 이색적으로 늦게 피는 품종이다. 생장이 왕성해 새순의 발생은 매우 좋다. 검은별무늬병에 약한 노란색 계열이 많지만, 비교적 튼튼해 키우기 쉬운 부류에 속한다. 겨울철 눈 분화分化가 빠르므로 겨울 전정은 가능한 빨리한다. 해외에선 '카르트 도르Carte d'Or'라는 품종명으로 유통된다.

9cm ◎약한 향 ▲직립/1.5m×0.8m ■메이앙(프랑스) 2002년
※Surprise×실생
검은별무늬병: 보통, 흰가루병: 강, 수세: 강

미세스 오클리 피셔 Mrs. Oakley-Fisher

HT 사철 개화

꽃은 살구색이 도는 베이지색으로 홑꽃이 핀다. 홑꽃에서 여러 겹의 꽃잎이 겹쳐 나 꽃송이가 되며 꽃이 잘 달린다. 교배친은 알 수 없지만, 가는 가지가 자라고 전통 장미 분위기가 있는 장미이다. 수형은 크게 흐트러지지 않되 옆으로 퍼진다. 내병성은 보통이며, 정기적인 약제 살포 등의 관리가 필요한 품종이다.

10cm ◎약한 향 ▲반횡장/0.9m×0.8m ■칸트(영국) 1921년
검은별무늬병: 보통, 흰가루병: 보통, 수세: 보통

아오이츠키 Aoitsuki

HT 사철 개화

레몬색으로 시작해 피어나면서 초록빛이 감도는 뾰족 꽃잎이 우산형으로 개화하며 홑꽃으로 잘 핀다. 꽃이 잘 달리며 녹색으로 색이 바뀐 뒤의 꽃은 시들지 않고 오래간다. 꽃잎은 단단하지만, 장마철 등에는 붉은 반점이 생겨 상할 수 있다. 가지는 가시가 적다. 심은 지 몇 년이 지나도 밑동 새순은 별로 나오지 않는다. 내병성은 그다지 강하지 않으므로 정기적인 약제 살포로 검은별무늬병과 흰가루병을 예방해야 한다. 생장기에 병으로 잎이 떨어지면 겨울에 시들 수 있다.

12cm ◎약한 향 ▲반직립/1.3m×0.8m ■오오츠키 케이나카(일본) 2014년
※케와이×호시츠키요(けわい×星月夜)
검은별무늬병: 약, 흰가루병: 약, 수세: 보통

엘리나 Elina

HT 사철 개화

크림색의 둥근 꽃잎이 우산형으로 개화한다. 홑꽃으로 잘 피고, 꽃이 잘 달리며 시들지 않고 오래간다. 생장이 왕성해 새순 발생도 매우 좋다. 내병성은 보통이지만, 기본적으로 튼튼해 다소 병들고 잎이 떨어져도 시드는 일은 거의 없다. 약제 살포는 적절히 최소한으로 하면 된다. 세계장미연맹 명예의 전당에 든 품종이다.

12cm ◎약한 향 ▲반직립/1.4m×1.0m ■딕슨(영국) 1985년
※Nana Mouskouri×Lolita
검은별무늬병: 보통, 흰가루병: 강, 수세: 강

레이디 힐링던 Lady Hillingdon

T 사철 개화

살구색의 둥근 삼각 꽃잎이 구형으로 개화한다. 여러 겹의 꽃잎이 겹쳐 나 꽃송이가 되며 꽃이 잘 달린다. 꽃잎이 다소 약해 꽃이 그다지 오래가지 않는다. 강한 티 향이 있다. 꽃줄기는 유연해 고개를 숙이고 핀다. 새순 갱신이 어려운 장미로 가지는 가늘고 많이 갈라져 난다. 내병성은 보통이고 병은 생기기 쉽지만, 튼튼해 시드는 일은 거의 없다. 덩굴성의 가지 변이가 있지만, 종종 직립성으로 돌아가기도 한다.

8cm ◎강한 향 ▲반직립/1.5m×0.6m ■로우&쇼어(영국) 1910년
검은별무늬병: 보통, 흰가루병: 약, 수세: 보통

화이트 피치 오베이션 White Peach Ovation

Min 사철 개화

흰색 바탕에 새먼핑크가 스며들어 복숭아빛을 띠는 둥근 꽃잎이 찻잔형으로 개화한다. 5겹 내외의 꽃잎이 겹쳐 나 꽃송이가 되며, 꽃이 잘 달리면서 시들지 않고 매우 오래간다. 가지는 약간 반덩굴성 모양으로 자라지만, 기본적으로는 작고 아담하며 수형은 흐트러지지 않는다. 내병성이 약해 약제 살포 이외에도 장마철 등에 처마 밑으로 이동하기 용이하게 화분 재배를 고려한다거나 병에 걸리지 않도록 신경 써서 관리한다.

4cm ◎약한 향 ▲횡장/0.3m×0.4m ■델이터(네덜란드) 2000년
검은별무늬병: 보통, 흰가루병: 보통, 수세: 보통

세실 브뤼네 Cécile Brünner

Pol 사철 개화

살구색이 도는 핑크의 뾰족 꽃잎이 편평형으로 개화한다. 10겹 내외의 꽃잎이 겹쳐 나 꽃송이가 되며 꽃이 잘 달린다. 꽃은 그다지 오래가지는 않지만, 차례차례 핀다. 좋은 향기가 난다. 가는 가지는 잘 분지하며, 작고 아담하지만 풍성한 수형이다. 내병성은 중상 정도이다. 비교적 튼튼해 생장기에 월 1회 정도만 약제를 살포해 줘도 충분히 재배할 수 있다. 가지 변이로 색이 연해진 '화이트 세실 브뤼네White Cecile Brunner'와 덩굴성 품종이 있다.

4cm ◎중간 향 ▲반횡장/0.4m×0.4m ■뒤쉐(프랑스) 1880년
※Polyantha alba plena×Madame de Tartas
검은별무늬병: 보통, 흰가루병: 강, 수세: 보통

Iritani Selection

화분에 키우기 쉬운 장미 II

여기에선 포기가 작고 다화성多花性으로 너무 커지지 않아서 모아 심기나 화분 등에도 적합한 품종을 골랐다. 미니 장미는 너무 빽빽하게 심을 경우 진드기 위험이 있으며 검은별무늬병에도 주의가 필요하다. 햇볕이 잘 들면서 통풍이 잘 되는 환경이 좋다.

로즈 테디 베어 Rose Teddy Bear

Min 사철 개화

꽃은 짙은 벽돌색으로 피어나면서 밀크티 같은 색이 되는 둥근 삼각 꽃잎이 편평형으로 개화한다. 여러 겹의 꽃잎이 겹쳐 나 꽃송이가 되며, 꽃이 잘 달리면서 시들지 않고 오래간다. 수형은 작고 아담하면서 가운데로 모여 단정하다. 내병성이 약해 검은별무늬병에 충분히 주의해야 한다. 내한성도 약해 병으로 잎이 떨어지면 따뜻한 지역에서도 월동은 어렵다. 땅에 심는 것보다 화분에 재배하는 것이 더 적합하다. 덩굴성 가지 변이 외에 황토색으로 변한 '골든 베어Golden Bear'가 있다.

4cm 약한 향 ▲반횡장/0.6m×0.4m ■사빌(미국) 1989년

※Sachet×Rainbow's End

검은별무늬병: 약, 흰가루병: 약, 수세: 보통

파이어웍스 러플 Fireworks Ruffle

Fl 사철 개화

미세한 톱니 모양이 있는 꽃잎이 특징이다. 노란색 둥근 꽃잎의 가장자리에 점차 붉은빛이 물든다. 단, 고온기에는 노란색이 우세하거나 색이 연해 보일 수 있다. 여러 겹의 꽃잎이 겹쳐 나 꽃송이가 되며 꽃이 잘 달린다. 생장이 늦어 좀처럼 커지지 않고 밑동 새순도 몇 년 내에 잘 나지 않는다. 내병성도 그리 강하지 않아 상급자용 품종이지만, 이처럼 특이한 꽃은 드물기 때문에 관리 기술을 구사해서 꼭 기르고 싶어지는 품종이다.

8cm 약한 향 ▲반횡장/0.8m×0.8m ■인터플랜트(네덜란드) 2014년

※실생×실생

검은별무늬병: 보통, 흰가루병: 보통, 수세: 약

페이퍼 돌 Paper Doll

Min 사철 개화

꽃은 베이지색이 도는 핑크로 둥근 삼각 꽃잎이 편평형으로 개화한다. 여러 겹의 꽃잎이 겹쳐 나 꽃송이가 되고, 꽃이 잘 달리며 시들지 않고 오래간다. 수형은 작고 아담하면서 가지는 가늘다. 내한성이 약해 생장기에 병 등으로 낙엽이 지면 겨울에 잘 시들고, 때론 죽기도 해 땅에 심는 것은 적합하지 않다. 겨울에 옮겨서 관리할 수 있도록 화분에 심는다거나 따뜻한 지역에서도 방한 대책이 필요하다. 내병성도 약해서 재배 난이도가 높다.

4cm 약한 향 ▲횡장/0.3m×0.3m ■자리(미국) 1993년

※Fiddler's Gold×Sequoia Gold

검은별무늬병: 보통, 흰가루병: 보통, 수세: 보통

코이키라라恋きらら Koikirara

Fl 사철 개화

꽃은 레몬색이 도는 노란색이며 찻잔형으로 개화한다. 5겹 정도의 꽃잎이 겹쳐 나 꽃송이가 되고 꽃이 잘 달린다. 상큼한 향기가 있다. 수형은 작고 아담하면서 가운데로 모여 단정하며 가시가 별로 없어 다루기 쉽다. 내병성은 중간 정도지만, 잎이 떨어져도 회복은 빠르다. 비슷한 품종의 '골든 보더Golden Border'보다 향기가 강하고 전정 후 꽃이 잘 달리며 사계절 내내 꽃이 핀다.

7cm 중간 향 ▲반직립/1.0m×0.8m ■게이세이 장미 원예(일본) 2018년

※실생×Golden Border

검은별무늬병: 보통, 흰가루병: 보통, 수세: 보통

미세스 카즈코 Mrs. Kazuko

Min 사철 개화

연한 살구색에서 크림색으로 변화하는 둥근 꽃잎이 편평형으로 더 작은 소륜화로 핀다. 홑꽃에서 여러 겹의 꽃잎이 겹쳐 나 꽃송이가 되기도 한다. 꽃이 매우 잘 달리고, 만개 시에는 개체 전체를 덮듯이 핀다. 가는 가지는 잘게 분지하며 작고 아담한 돔 모양이 된다. 내병성은 중상 정도이지만, 검은별무늬병에는 상당한 내성이 있다. 고온기의 진드기에는 충분히 주의해야 한다.

1.5cm 약한 향 ▲횡장/0.1m×0.1m ■가와이 다카시(일본) 1995년
※사쿠라기(桜木)×Snow Carpet
검은별무늬병: 강, 흰가루병: 보통, 수세: 보통

글래미스 캐슬 Glamis Castle

S(ER) 사철 개화

순백색 꽃이 찻잔형으로 개화한다. 여러 겹의 꽃잎이 겹쳐 나 꽃송이가 되고 꽃이 매우 잘 달린다. 몰약myrrh 계열의 향기가 난다. 수형은 완전한 직립성으로 가지는 가늘고 흐트러짐 없이 가운데로 모여 단정하다. 생장은 느슨하다. 몇 년 만에 새순은 거의 발생하지 않게 되므로 전정 시에는 오래된 가지나 잔가지도 소중히 관리한다. 내병성은 보통이다. 특히 식재 초기에는 약제 등을 활용한 예방이 중요하다.

8cm 중간 향 ▲직립/1.0m×0.7m ■데이비드 오스틴(영국) 1992년
※Graham Thomas×Mary Rose
검은별무늬병: 보통, 흰가루병: 보통, 수세: 보통

마담 타카기 Madame Takagi

HT 사철 개화

회색이 도는 연한 보라색의 둥근 삼각 꽃잎이 우산형으로 아름답게 개화한다. 큰 꽃은 홑꽃으로 피고 꽃은 그다지 잘 달리지 않는다. 꽃잎은 섬세해 잘 상한다. 복합적인 향이 진하게 난다. 가지는 가늘고 연약하며 꽃가지도 늘씬하고 길다. 내병성은 그다지 강하지 않아서 정기적으로 약제를 살포해야 순조롭게 자란다.

14cm 강한 향 ▲반직립/1.5m×0.8m ■데라니시 기쿠오(일본) 1991년
검은별무늬병: 약, 흰가루병: 보통, 수세: 보통

오스카 프랑수아 Oscar François

HT 사철 개화

순백색의 고전적인 뾰족 꽃잎이 우산형으로 개화한다. 홑꽃으로 잘 피고, 꽃이 잘 달리면서 시들지 않고 오래간다. 향기가 좋다. 포기의 균형이 좋고 가지런한 수형으로 화분 재배에도 적합하다. 내병성은 중상 정도이다. 월 1회 정도만 약제를 살포해 줘도 충분히 관리할 수 있다. 교배친으로 꽤 오래전부터 사용했고, 튼튼한 장미를 잘 개량하기로 명성 있는 메이앙 사社의 희귀한 정통 백장미이다.

12cm 강한 향 ▲직립/1.5m×1.0m ■메이앙(프랑스) 2004년
※White Knight×(Karen Blixen×Lady Silvia)
검은별무늬병: 보통, 흰가루병: 강, 수세: 강

마사유키 正雪 Masayuki

HT 사철 개화

아이보리 빛이 감도는 띤 흰색으로 둥근 삼각 꽃잎이 편평형으로 개화한다. 거대륜으로 한 겹 한 겹에 존재감이 뚜렷하다. 꽃잎은 다소 약해 비가 오는 시기에는 쉽게 상한다. 포기는 강직하고 큰 가시가 돋보인다. 꽃의 크기에 비해 꽃은 잘 달리지만, 가지를 짧게 자르면 꽃이 줄어들므로 시든꽃자르기나 가지치기는 최소한으로 한다.

15cm 약한 향 ▲직립/1.3m×0.9m ■게이세이 장미 원예(일본) 1992년
※White Masterpiece×First Federal's Renaissance
검은별무늬병: 보통, 흰가루병: 보통, 수세: 보통

볼레로 Bolero

Fl 사철 개화

크림색 꽃잎 중심부에 분홍빛이 감돌고 로제트형으로 개화한다. 초가을 등 밤낮의 일교차가 클 때는 중심의 분홍색이 더 뚜렷해진다. 열대 과일 같은 향기가 난다. 꽃은 여러 겹의 꽃잎이 겹쳐 나 꽃송이가 되고, 꽃이 잘 달리며 시들지 않고 오래간다. 생장이 느리고, 심은 뒤 수년이 지나도 밑동 새순은 거의 나오지 않는다. 수형이 작고 아담해 모아 심기에도 적합하다. 튼튼해 키우기 쉬우나 예쁘게 피우기 위해서는 최소한의 약제 살포가 필요하다.

10cm ◎강한 향 ▲반횡장/0.8m×1.0m ■메이앙(프랑스) 2004년
※(Kimono×Sharifa Asma)×Centenaire de Lourdes
검은별무늬병: 보통, 흰가루병: 강, 수세: 보통

화이트 크리스마스 White Christmas

HT 사철 개화

아이보리에서 피어날수록 점차 하얘지는 둥근 삼각 꽃잎이 구형으로 개화하며 꽃은 큼직하고 풍성하다. 봄에는 여러 겹의 꽃잎이 겹쳐 나 꽃송이가 되고, 꽃이 잘 달리는데 꽃잎이 다소 부드러워 잘 상한다. 향기가 아주 향긋하다. 수세가 좋고, 직립성이지만 잘 자란다. 전정은 깊게 해야 꽃이 잘 달린다. 내병성은 보통이므로 통상적인 예방을 통해 생장기에 잎이 떨어지지 않도록 관리한다. 덩굴성 가지 변이가 있다.

15cm ◎강한 향 ▲직립/1.5m×1.0m ■하워드&스미스(미국) 1953년
※Sleigh Bells×실생
검은별무늬병: 보통, 흰가루병: 보통, 수세: 보통

록코우緑光 Ryokkoh

Fl 사철 개화

담녹색의 꽃봉오리는 아이보리색에서 시작해 연녹색으로 피고, 갈수록 녹색이 조금 짙어진다. 5겹이나 그 이상의 꽃잎이 겹쳐 나 꽃송이가 되며, 꽃이 잘 달리면서 시들지 않고 오래간다. 꽃잎은 잿빛곰팡이병에 약하며 장마철 같은 시기에는 꽃잎에 붉은 반점이 나타난다. 수형은 가운데로 모여 단정하며, 가지는 가시가 적어 다루기 쉽다. 화분 재배에도 좋다. 정기적으로 약제를 살포해 병 예방에 힘써야 하는 품종이다.

6cm ◎약한 향 ▲반횡장/1.4m×0.9m ■게이세이 장미 원예(일본) 1986년
※Bridal Pink×(실생×황혼)
검은별무늬병: 보통, 흰가루병: 보통, 수세: 보통

프린세스 오브 웨일스 Princess of Wales

Fl 사철 개화

아이보리빛이 살짝 도는 흰색 둥근 꽃잎이 구형으로 개화한다. 꽃이 잘 달리면서 시들지 않고 오래간다. 5겹 내외의 꽃잎이 겹쳐 나 꽃송이가 된다. 가지는 작고 아담하면서 흐트러지지 않아 화분 재배에도 적합하다. 여름에 생장이 느려지기도 한다. 또한, 여름 전정으로 짧게 자르면 새싹이 나오지 않게 될 수 있으므로 시든꽃자르기 정도로 얕은 전정을 한다. 내병성은 보통이다. 통상적인 약제 살포가 필요한 품종이다.

8cm ◎강한 향 ▲반직립/1.2m×0.8m ■하크네스(영국) 1997년
검은별무늬병: 보통, 흰가루병: 강, 수세: 보통

안나마리 드 몽트라벨
Anna-Marie de Montravel

Pol 사철 개화

흰색의 소륜이 구형으로 개화한다. 20겹 혹은 그 이상의 꽃잎이 겹쳐 나 큰 꽃송이가 되고, 꽃은 잘 달리지만 처음 핀 일번화는 그다지 오래가지 않는다. 반복적으로 잘 핀다. 가는 가지는 잘게 분지하며, 작고 아담하면서도 풍성한 수형이 된다. 새순의 발생이 매우 좋다. 내병성은 중상 정도이며, 검은별무늬병에는 내성이 있다. 고온기의 진드기에는 충분히 주의해 재배한다.

3cm ◎약한 향 ▲직립/0.5m×0.3m ■람보(프랑스) 1879년
※Polyantha alba plena sarmentosa×Madame de Tartas
검은별무늬병: 강, 흰가루병: 보통, 수세: 보통

아이스버그 Iceberg

Fl 사철 개화

꽃은 순백의 둥근 꽃잎이 편평형으로 개화하며 여러 겹의 꽃잎이 겹쳐 나 큰 꽃송이가 된다. 봄과 가을 모두 꽃이 잘 달리며 특히 봄의 만개 시에는 포기를 하얗게 덮을 정도로 핀다. 심은 초기에는 밑동 새순이 자주 나오지만, 몇 년이 지나면 거의 나오지 않고 오래된 가지가 굵어지는 전형적인 유형이다. 내병성은 보통이나 어느 정도 포기가 커지면 다소 병이 들어도 수세가 덜 떨어지고 매년 잘 핀다. 가지 변이로 덩굴성 외에도 '버건디 아이스버그Burgundy Iceberg', '브릴리언트 핑크 아이스버그Brilliant Pink Iceberg' 등 색깔이 있는 품종이 있다.

7cm ◎약한 향 ▲반횡장/1.2m×1.0m ■코르데스(독일) 1958년
※Robin Hood×Virgo
검은별무늬병: 보통, 흰가루병: 보통, 수세: 보통

에클레르 Eclaire

Pol 사철 개화

크림색으로 피었다가 점차 녹색이 되는 소륜화가 찻잔형으로 개화한다. 10겹 내외의 꽃잎이 겹쳐 나 꽃송이가 되고, 꽃이 잘 달리며 시들지 않고 오래가고 계속 핀다. 꽃잎도 강해 상하지 않는다. 초기 생장이 느리고 선선한 시기에 개화할 수록 꽃의 품질이 좋기 때문에 순따기로 개화 시기를 관리한다. 내병성은 중상 정도이며, 월 1회 정도만 약제를 살포해 줘도 충분히 재배할 수 있다. 드물게 분홍색 꽃이 피기도 한다.

4cm ◎약한 향 ▲반횡장/0.5m×0.5m ■요코타 야스로(일본) 2007년
※Spray Wit의 가지 변이
검은별무늬병: 강, 흰가루병: 강, 수세: 보통

서머 스노우 Summer Snow

Fl 사철 개화

가장자리가 부드럽게 물결치는 흰색의 반겹꽃이 아름다운 '클라이밍 서머 스노우'에서 유래해 직립성으로 변이한 품종이다. 덩굴성과 달리 사철 개화한다. 여러 겹의 꽃잎이 겹쳐 나 꽃송이가 되고, 꽃이 잘 달리며 시들지 않고 오래간다. 가지에 가시가 없고, 가운데로 모여 아담하고 단정하게 자라 화분 재배에도 적합하다. 생장이 느려서 심은 지 몇 년이 지나도 밑동 새순 발생이 거의 없으므로 오래된 가지를 소중히 관리한다. 직립성에서 덩굴성으로 변하는 경우는 흔하지만, 이 품종은 반대의 경우이다. 꽃이 분홍빛으로 변한 가지 변이 품종 '스프링 팔Spring Pal'이 있다.

5cm ◎약한 향 ▲반횡장/0.7m×0.5m ■퍼킨스(미국) 1938년
※Summer Snow, Climbing의 가지 변이
검은별무늬병: 보통, 흰가루병: 약, 수세: 보통

리틀 화이트 펫 Little White Pet

Pol 사철 개화

흰색 바탕에 희미하게 핑크빛이 감도는 둥근 꽃잎이 편평형으로 개화한다. 10겹 내외의 꽃잎이 겹쳐 나 큰 꽃송이가 되며 꽃이 잘 달린다. 가지는 가늘고 유연하며, 작고 아담하면서 가운데로 모여 단정한 수형이다. 새순은 차례차례 발생한다. 내병성은 중상 정도이다. 생장기에 월 1회 정도만 약제를 살포해 줘도 충분히 병을 예방할 수 있다.

4cm ◎약한 향 ▲횡장/0.6m×0.5m ■헨더슨(미국) 1879년
※Félicité-Perpétue의 가지 변이
검은별무늬병: 강, 흰가루병: 강, 수세: 보통

반덩굴장미 Shrub Rose

말리느 Maline

S 사철 개화

연한 핑크에서 꽃 심지로 갈수록 조금씩 짙어지는 그러데이션의 꽃이 로제트형으로 피며, 전통 장미 분위기가 난다. 5겹 내외의 꽃잎이 겹쳐 나 꽃송이가 되며, 꽃이 잘 달리고 사계절 내내 반복해서 핀다. 가지는 가늘고 유연하며 새순 발생도 좋다. 내병성은 중간 정도이다. 그러나 새순 발생은 좋아서 다소 잎이 떨어져도 잘 되살아난다.

8cm ◎약한 향 ▲반횡장/0.8m×1.0m ■가와모토 마키코(일본) 2018년
※미공개
검은별무늬병: 보통, 흰가루병: 보통, 수세: 보통

스트로베리 힐 Strawberry Hill

S(ER) 반복 개화

연한 새먼핑크의 꽃잎이 로제트형으로 개화한다. 5겹 내외의 꽃잎이 겹쳐 나 꽃송이가 되며 꽃이 잘 달린다. 다마스크 향과 몰약 향이 섞인 듯한 좋은 향기가 난다. 영국 장미 중에서는 드물게 잎에 광택이 있으며, 꽃가지는 길고 유연하다. 자연 수형 외에 덩굴장미로도 가꿀 수 있지만, 다소 시간이 걸린다. 내병성은 중상 정도이다. 비교적 튼튼하며 월 1회 정도만 약제를 살포해 줘도 병을 예방할 수 있어 재배가 쉬운 품종이다.

9cm ◎강한 향 ▲반횡장/1.5m×1.2m ■데이비드 오스틴(영국) 2006년
※실생×실생
검은별무늬병: 보통, 흰가루병: 강, 수세: 보통

나에마 Nahéma

S 반복 개화

연한 새먼색을 머금은 핑크 꽃잎이 찻잔형으로 개화한다. 5겹 내외의 꽃잎이 겹쳐 나 꽃송이가 되며 꽃이 잘 달리고 오래 가지만, 꽃잎이 섬세해 비 등으로 상할 수 있다. 강한 과일 향이 난다. 가지는 강직하며 곧고 길게 뻗는다. 꽃가지도 길면서 가지 끝에만 꽃이 피므로, 덩굴장미로 쓸 때는 고저 차를 둔 전정 등 관리 기술을 구사해 유인하도록 한다. 내병성은 중상 정도이다. 월 1회 정도만 약제를 살포해 줘도 충분히 재배할 수 있다.

8cm ◎강한 향 ▲직립/1.8m×0.6m ■델바르(프랑스) 1998년
※Grand Siècle×Heritage
검은별무늬병: 강, 흰가루병: 강, 수세: 강

퀸 오브 스웨덴 Queen of Sweden

S (ER) 반복 개화

연분홍색 찻잔형 개화로 여러 겹의 꽃잎이 겹쳐 나 꽃송이가 되고 꽃이 잘 달린다. 꽃가지는 가시가 적고 영국 장미지만 곧게 자란다. 꽃줄기도 단단하고 위로 향해 핀다. 여름 이후에는 약간 반덩굴성 모양으로 자라 꽃 수는 줄어든다. 내병성은 중상 정도이다. 생장기에 월 1회 정도만 약제를 살포해 줘도 재배할 수 있다. 신장력이 있으므로 다소 병으로 잎이 져도 수세가 심하게 떨어지지는 않는다.

7cm ◎약한 향 ▲직립/1.4m×0.8m ■데이비드 오스틴(영국) 2004년
※실생×Charlotte Austin
검은별무늬병: 보통, 흰가루병: 강, 수세: 보통

소니아 리키엘 Sonia Rykiel

S 반복 개화

연한 코랄빛이 도는 핑크색 꽃잎이 로제트형으로 개화한다. 여러 겹의 꽃잎이 겹쳐 나 꽃송이가 되고 꽃이 잘 달리지만, 꽃잎은 섬세해 잘 상한다. 반복해서 잘 핀다. 달콤하고 진한 과일 향이 난다. 가지는 가늘고 유연하나 거칠고 꽃가지도 길며, 다소 단정하지 못하다. 새순의 발생은 매우 좋고 수세가 좋은 가지가 많이 나온다. 자연 수형 외에도 유인하기 쉬워서 덩굴장미로도 가꿀 수 있다.

10cm ◎강한 향 ▲반횡장/1.8m×1.0m ■마사드(프랑스) 1995년
※(Yellow Cushion×Aloha)×((Chaucer×Aloha)×(Iceberg×실생))
검은별무늬병: 보통, 흰가루병: 보통, 수세: 보통

보니카 '82 Bonica '82

S 반복 개화

새먼핑크의 둥근 꽃잎이 편평형으로 개화하며 피어날수록 벚꽃 핑크가 된다. 10겹 이상의 꽃잎이 겹쳐 나 큰 꽃송이가 되고 꽃이 잘 달린다. 열매 맺기 쉬우므로 시든꽃자르기를 하지 않으면 다음 꽃이 피지 않는다. 월 1회 정도만 약제를 살포해 줘도 충분히 자라며, 다소 병에 걸려도 수세가 강해 쇠약해지는 일은 없다. 개량 당시에는 관리가 거의 필요 없는 조경용 장미의 선구적인 품종으로 세계장미연맹 명예의 전당에 들었다. 가지 변이로 꽃 색깔이 짙은 '로열 보니카Royal Bonica'가 있는데 마치 다른 품종처럼 분위기가 다르다.

8cm ◎약한 향 ▲반직립/1.6m×1.6m ■메이앙(프랑스) 1981년
※(*Rosa sempervirens*×Mlle. Marthe Carron)×Picasso
검은별무늬병: 보통, 흰가루병: 강, 수세: 강

서 월터 스콧 Sir Walter Scott

S (ER) 반복 개화

복숭아색의 꽃잎이 로제트형으로 개화한다. 여러 겹의 꽃잎이 겹쳐진 작은 꽃이 꽃송이로 달린다. 전통 장미의 진한 향기가 난다. 가늘어서 새순의 발생이 매우 좋다. 아담한 가지들이 가운데로 모여 자라며 우거진 모습이 단정해 화단보다 화분 쪽이 어울린다. 여름에 생장이 느려지기도 한다. 연약해 보이나 내병성은 강해 무농약이라도 병에 걸리는 일은 거의 없다. 작고 가느다란 잎이나 가시 등에서 교배친인 스코티시 로즈Scottish Rose 계통이 연상된다.

5cm ◎강한 향 ▲반직립/0.5m×0.5m ■데이비드 오스틴(영국) 2015년
검은별무늬병: 강, 흰가루병: 강, 수세: 보통

러블리 메이앙 Lovely Meilland

S 사철 개화

연한 핑크색의 둥근 꽃잎이 찻잔형으로 개화한다. 10겹 이상의 꽃잎이 겹쳐 나 큰 꽃송이가 되고, 봄에 만개할 때는 포기 전체를 덮듯이 핀다. 다소 늦게 피고, 따뜻한 지역에선 5월 하순부터 피기 시작해 여름 이후에도 반복해서 자란다. 가지는 유연하고 꽃은 살짝 숙여지듯 개화한다. 내병성은 비교적 강해 다소 병들어 잎이 떨어지더라도 수세가 있으므로 쇠약해지지는 않는다. 소형 덩굴장미로 기를 수 있다.

5cm ◎약한 향 ▲횡장/1.2m×1.5m ■메이앙(프랑스) 2001년
※(Paul Crampel×Lady Gay)×Frau Karl Druschki
검은별무늬병: 강, 흰가루병: 강, 수세: 강

스트로베리 아이스 Strawberry Ice

Fl 사철 개화

흰색 바탕에 가장자리는 핑크색이 도는 복륜이 반겹꽃으로 개화한다. 여러 겹의 꽃잎이 겹쳐 나 꽃송이가 되고, 꽃이 잘 달리며 시들지 않고 오래간다. 옅은 과일 향이 있다. 양지바른 곳에 심는다. 반복해서 잘 피지만, 열매가 맺히기 쉬워 시든꽃자르기를 부지런히 한다. 강직하지만 생장이 느리다. 소형 덩굴장미로도 키울 수 있다. 비교적 튼튼해 월 1회 정도만 약제를 살포해 줘도 병을 충분히 예방할 수 있다.

7cm ◎약한 향 ▲횡장/1.2m×1.0m ■델바르(프랑스) 1975년
※((Goldilocks×Virgo)×(Orange Triumph×Yvonne Rabier))×Fashion
검은별무늬병: 보통, 흰가루병: 약, 수세: 강

마담 피에르 오제 Madame Pierre Oger

B 반복 개화

'라 렌느 빅토리아La Reine Victoria'의 가지 변이로 진주빛 핑크색이다. 피어나면서 아주 옅은 분홍색에 살짝 새먼색이 감돈다. 가지는 가늘고 가시가 적어 소형 덩굴장미로 유인해 가꿀 수 있다. 수세 등 타고난 성질은 원래의 품종보다 약하다. 생장기에 병으로 낙엽이 지면 겨울에 죽기 때문에 주의해 재배한다.

7cm 강한 향 ▲반직립/2.0m×1.0m ■오제(프랑스) 1887년
※La Reine Victoria의 가지 변이
검은별무늬병: 약, 흰가루병: 보통, 수세: 보통

주노 Juno

C 한철 개화

연한 핑크색 꽃잎이 로제트형으로 개화한다. 여러 겹의 꽃잎이 겹쳐 나 꽃송이가 되고, 꽃은 잘 달리나 꽃잎이 매우 섬세해 개화기에 기온이 높거나 비를 맞으면 잘 상한다. 새순의 발생이 매우 좋고 수세도 강한 편이어서 포기가 크게 자라며, 가지 끝이 아치를 그린다. 자연 수형 외에 덩굴장미로 유인할 수도 있다. 내병성은 보통이지만, 신장력이 있어 다소 병에 걸려도 수세가 꺾이지 않는다.

10cm 강한 향 ▲반직립/1.2m×0.6m ■1832년 이전
검은별무늬병: 보통, 흰가루병: 보통, 수세: 보통

팡탱 라투르 Fantin-Latour

C 한철 개화

연분홍색의 꽃잎이 찻잔형으로 개화한다. 한랭지에선 꽃 색깔이 짙고 찻잔형이 깊어져 마치 다른 품종처럼 보일 수 있다. 5겹 내외의 꽃잎이 겹쳐 나 꽃송이가 되며 꽃이 잘 달리지만, 꽃잎은 섬세해 잘 상한다. 전통 장미의 진한 향기가 난다. 생장이 왕성하고 새순의 발생은 매우 좋다. 자연 수형으로 즐길 수 있으며, 강하게 전정해 덩굴장미로 가꾸는 것도 해 볼 만하다. 내병성은 보통이지만, 수세가 강해 병으로 잎이 떨어져도 큰 피해를 보지 않는다. 내한성이 강해 한랭지에서도 재배할 수 있다.

9cm 강한 향 ▲반직립/1.8m×1.0m ■1900년 이전
검은별무늬병: 보통, 흰가루병: 보통, 수세: 보통

벨 이지스 Belle Isis

HGal 한철 개화

연한 복숭아색의 꽃잎이 로제트형으로 개화한다. 여러 겹의 꽃잎이 겹쳐 나 꽃송이가 되고 꽃이 잘 달리지만, 그다지 오래가지 않는다. 강한 몰약 향기가 난다. 가지는 가늘고 유연하며 잔가시가 있지만, 광택 없는 짙은 색의 잎이 고전적인 전통 장미 분위기를 낸다. 수세는 그다지 강하지 않지만, 비교적 튼튼해 생장기에 월 1회 정도만 약제를 살포해 줘도 충분히 관리할 수 있다.

5cm 강한 향 ▲반직립/0.8m×0.6m ■파르만티에(벨기에) 1845년
검은별무늬병: 보통, 흰가루병: 보통, 수세: 보통

자크 카르티에 Jacques Cartier

P 반복 개화

분홍색 꽃잎이 로제트형으로 개화하며 중심에 버튼 아이button eye가 있는 쿼터형 구조이다. 홑꽃에서 3겹 정도의 꽃잎이 겹쳐 나 꽃송이가 되며, 전통 장미의 진한 향기가 있다. 꽃줄기가 짧으며 잎에 파묻히듯 핀다. 반복 개화성이 강하고 꽃이 잘 달린다. 심은 지 몇 년이 지나도 밑동 새순은 거의 발생하지 않는다. 가는 가지는 곧게 자라고 잔가시가 있으나 눈에 띄지 않는다. 비교적 튼튼해 월 1회 정도만 약제를 살포해도 병은 거의 생기지 않는다. 가지 변이 품종으로 '화이트 자크 카르티에White Jacques Cartier'가 있는데 성질은 비슷하다.

6cm 강한 향 ▲직립/1.2m×0.8m ■모로 &로 페일(프랑스) 1868년
검은별무늬병: 보통, 흰가루병: 약, 수세: 보통

펠리시테 파르만티에 Félicité Parmentier

A 한철 개화

연한 핑크색 꽃잎이 중심으로 갈수록 조금씩 짙어지는 그러데이션이 아름다우며 로제트형으로 개화한다. 짧은 꽃줄기로 여러 겹의 꽃잎이 겹쳐 나 꽃송이가 되고 꽃은 잘 달린다. 알바Alba 계열 중에선 수형이 작고 아담하면서 비교적 단정해 그다지 흐트러지지 않는다. 삼각형과 바늘 모양의 가시가 혼재되어 있다. 강한 전정이 적합하지 않기 때문에 불필요한 가지 정도만 제거한다. 비교적 튼튼해 생장기에 월 1회 정도의 약제 살포로 충분히 병을 예방할 수 있다. 검은별무늬병으로 낙엽이 생겨도 웬만해서는 시들지 않는다.

6cm ◎강한 향 ▲반직립/1.5m×1.0m ■파르만티에(벨기에)1841년
검은별무늬병: 보통, 흰가루병: 보통, 수세: 보통

퐁퐁 블랑 파르페 Pompon Blanc Parfait

A 한철 개화

꽃은 연한 핑크에서 피어나면서 하얗게 되며 찻잔형으로 개화한다. 퐁퐁형 개화로 여러 겹의 꽃잎이 겹쳐 나 꽃송이가 되며 향기가 진한 편이다. 조금 일찍 피고 꽃이 잘 달린다. 생장이 왕성하므로 자연 수형으로 키우면 꽃이 많이 핀다. 또한 덩굴장미로 가꾸면 꽃가지는 짧고 가운데로 모여 단정한 모습이 된다. 다소 병은 생기지만 튼튼해서 기르기 쉽다.

5cm ◎강한 향 ▲반횡장/1.5m×1.5m ■베르디에(프랑스) 1876년
검은별무늬병: 보통, 흰가루병: 강, 수세: 강

파비용 드 프레니 Pavillon de Pregny

N 사철 개화

앞면은 분홍색이고 뒷면은 흰색인 복색으로 피어날수록 약간 보라색이 돌며 찻잔형으로 개화한다. 여러 겹의 꽃잎이 겹쳐 나 꽃송이가 되며 꽃이 잘 달린다. 꽃잎이 약해 비가 내려 습도가 높을 때는 피지 않고 꽃봉오리가 떨어질 수 있다. 감미로운 다마스크 향이 난다. 매우 연약하여 초기 생장은 느리다. 심은 지 몇 년 동안은 수세가 좋아지도록 약제 살포를 해 병으로 낙엽이 지지 않도록 관리한다. 몇 해를 넘기면 새순이 왕성해져서 자연 수형 외에 덩굴장미로 가꿀 수도 있다.

6cm ◎강한 향 ▲반직립/1.1m×1.1m ■기요(프랑스) 1863년
검은별무늬병: 보통, 흰가루병: 보통, 수세: 보통

클로리스 Chloris

A 한철 개화

연한 핑크의 꽃잎이 로제트형으로 개화한다. 여러 겹의 꽃잎이 겹쳐 나 꽃송이가 되며 꽃이 매우 잘 달린다. 강한 향기가 난다. 가지는 유연하고 새순의 발생이 매우 좋다. 크게 자라므로 자연 수형으로 가꿔도 좋고 가지에 가시가 없어 울타리 등으로 유인하기 쉽다. 내병성은 보통이지만, 새순이 계속 나오기 때문에 약한 정도의 병으로 수세가 떨어지지는 않는다. 비교적 튼튼해 다루기 쉬우므로 처음 재배하는 덩굴장미로도 추천한다.

6cm ◎강한 향 ▲반횡장/2.0m×1.0m
■데스메(프랑스) 1820년 이전
검은별무늬병: 보통, 흰가루병: 보통, 수세: 보통

내로우 워터 Narrow Water

N 반복 개화

은빛이 감도는 연한 핑크의 둥근 꽃잎이 편평형으로 개화한다. 5겹에서 수십 개의 꽃잎이 겹쳐 나 큰 꽃송이가 되며 꽃이 달리는 게 뛰어나고 반복해서 잘 핀다. 가늘지만 새순의 발생이 매우 좋다. 초기 생장은 느리지만, 몇 년 후 수세가 좋아지면 왕성하게 자란다. 내병성은 중상 정도이며, 생장기에 월 1회 정도만 약제를 살포해 줘도 충분히 병을 예방할 수 있다. 무농약으로 재배해서 다소 병에 걸려 잎이 떨어지더라도 죽을 염려는 없다.

3cm ◎중간 향 ▲횡장/1.5m×1.5m ■데이지힐 너셀리(영국) 1883년
※Nastarana의 가지 변이
검은별무늬병: 강, 흰가루병: 보통, 수세: 보통

블러시 누아제트 Blush Noisette

N 반복 개화

연한 핑크색 꽃잎이 퐁퐁형으로 개화하며 10~20겹, 새순은 30겹 정도의 꽃잎이 겹쳐 나 큰 꽃송이가 되고 꽃이 매우 잘 달린다. 새순의 발생이 좋으며, 봄에 가장 풍성하게 개화하고 가을에도 활발히 핀다. 머스크와 과일의 혼합 향이 나며, 가지에는 가시가 적다. 초기 성장이 느려 튼튼한 포기를 만들기 위해 순따기를 반복해, 여름 이후는 꽃이 피지 않게 한다. 자연 수형으로 키우면 크기가 중형中型 정도이다. 몇 년 후 포기의 수세가 좋아지면 덩굴성 형태의 밑동 새순이 발생하므로 유인해 크게 가꿀 수 있다.

6cm ◎중간 향 ▲반직립/1.2m×1.2m ■누아제트(미국) 1817년 이전
※Champneys' Pink Cluster×불명
검은별무늬병: 강, 흰가루병: 보통, 수세: 강

쾨니긴 폰 데네마르크 Königin von Dänemark

A 한철 개화

핑크 꽃잎이 쿼터 로제트형으로 개화한다. 여러 겹의 꽃잎이 겹쳐 나 꽃송이가 되고, 꽃이 잘 달린다. 50장 이상 겹쳐지는 꽃잎은 섬세하지만, 크게 상하지 않는다. 연한 색이 많은 알바 계열 중에선 상당히 색이 진한 편으로, 좋은 향기가 나는 다화성 품종이다. 새순의 발생도 좋고 왕성하게 자란다. 내병성은 보통이다. 정기적으로 약제를 살포해야 순조롭게 자라지만, 가지는 확실히 충실해 병으로 잎이 떨어져도 말라 죽는 일은 없다. 일명 '퀸 오브 덴마크Queen of Denmark'라고도 한다.

6cm ◎중간 향 ▲반직립/1.5m×1.0m ■부스(독일) 1816년
※Maiden's Blush의 실생
검은별무늬병: 보통, 흰가루병: 보통, 수세: 보통

샤포 드 나폴레옹 Chapeau de Napoléon

C 한철 개화

여러 갈래로 깊게 갈라진 꽃받침에서 핑크색 꽃잎이 3~5겹씩 겹쳐 로제트형으로 개화하고, 고개를 숙이며 핀다. 다마스크 향에 꽃받침의 풋내가 섞인 독특한 향기가 난다. 꽃잎은 섬세해 잘 상하며, 습도가 높으면 꽃봉오리 상태에만 머물 수도 있다. 가지를 수직으로 가꾸면 위에만 꽃눈이 생겨 자연 수형일 때 꽃이 더 잘 달린다. 가지가 유연하고 전통 장미 특유의 잔가시가 있다. 이름은 꽃받침을 나폴레옹의 모자에 비유한 데서 유래했다.

10cm ◎강한 향 ▲반직립/1.4m×1.4m ■1827년 키르헤에 의해 스위스에서 발견된
※*Rosa centifolia*의 가지 변이
검은별무늬병: 보통, 흰가루병: 보통, 수세: 보통

집시 보이 Gipsy Boy

B 한철 개화

장미색으로 피었다가 점차 푸른빛이 도는 둥근 꽃잎이 편평형으로 개화한다. 5~10겹 내외의 꽃잎이 겹쳐 나 꽃송이가 되며, 꽃이 잘 달리면서 시들지 않고 오래 간다. 향기가 좋으며, 가을에는 커다란 오렌지색 열매도 즐길 수 있다. 가지는 단단하고 가시가 많으며, 꽃가지는 짧고 가운데로 모여 단정하다. 새순의 발생이 좋고, 여름 이후 반덩굴성 형태로 많이 나온다. 자연 수형뿐만 아니라 덩굴장미로 유인해도 좋다. 내병성은 보통이며, 정기적으로 약제를 살포해 재배하는 품종이다.

7cm ◎중간 향 ▲반직립/1.5m×0.8m ■게슈빈트(벨기에) 1909년
※Russelliana의 실생
검은별무늬병: 보통, 흰가루병: 약, 수세: 보통

미세스 존 랭 Mrs. John Laing

HP 반복 개화

라벤더색을 띤 복숭아색의 꽃이 찻잔형으로 개화한다. 홑꽃이 피기 쉽지만, 봄에 꽃이 잘 달린다. 전통 장미의 강한 향기가 난다. 생장이 왕성하다. 내병성은 보통이나 수세가 있으므로 병으로 낙엽이 져도 잘 약해지지 않는다. 가지는 가시가 적고 유연하다. 자연 수형 외에 신장력이 있어 소형 덩굴장미로 쓸 수 있다. 가지 변이 품종으로 색이 옅어진 '미세스 F. W. 샌포드Mrs. F. W. Sanford'가 있다.

10cm ◎강한 향 ▲반직립/1.3m×1.0m ■베넷(영국) 1887년
※François Michelon×실생
검은별무늬병: 약, 흰가루병: 약, 수세: 보통

트리긴티페탈라(카잔리크) Trigintipetala(Kazanlik)

D 한철 개화

꽃은 분홍색으로 둥근 꽃잎이 핀다. 여러 겹의 꽃잎이 겹쳐 나 꽃송이가 되고 꽃이 잘 달린다. 일찍 피며 다마스크 향기가 난다. 수세가 강하고 신장력이 있다. 내병성은 보통이지만, 튼튼하므로 잘 시들지 않는다. 내한성이 강해 한랭지에서도 기르기 쉽다. 향유香油용 장미로 재배되며, 향기가 좋은 현대 장미(모던 로즈)보다 이 품종에서 훨씬 더 많은 향유를 얻을 수 있다. '카잔리크Kazanlik'는 일본 내에서 쓰이는 유통명으로 본래는 향료용 장미의 총칭이다.

6cm ◎강한 향 ▲반직립/1.4m×1.0m ■1700년 이전
검은별무늬병: 보통, 흰가루병: 보통, 수세: 강

챔피언 오브 더 월드 Champion of the World

HP 사철 개화

복숭아색의 꽃잎이 찻잔형으로 개화하며 5겹 내외의 꽃잎이 겹쳐 나 꽃송이가 된다. 꽃은 매우 잘 달리며, 봄에 만개할 때는 포기를 덮을 정도로 핀다. 다소 일찍 피고, 따뜻한 지역에선 12월경까지 지속적으로 핀다. 가지는 가늘고 분지하며 잘 자란다. 생장이 왕성해 새순이 많이 나오지만, 작고 아담하면서 가운데로 모여 단정해 화분 재배에도 적합하다. 내병성은 보통이며, 흰가루병에는 주의가 필요하다. 정기적으로 약제를 살포하는 것이 좋지만, 다소 잎이 떨어져도 웬만해서는 수세가 떨어지지 않는다.

7cm ◎중간 향 ▲반횡장/1.2m×1.0m ■우드하우스(미국) 1894년 이전
※Hermosa×Magna Charta
검은별무늬병: 약, 흰가루병: 보통, 수세: 보통

라 렌느 빅토리아 La Reine Victoria

B 반복 개화

핑크의 둥근 꽃잎이 찻잔형으로 개화한다. 3~5겹 정도의 꽃잎이 겹쳐 나 꽃송이가 되며, 꽃이 잘 달린다. 다마스크 계열의 진한 향기가 난다. 가지들이 고르게 분포하여 균형미가 조화롭다. 검은별무늬병에 약하고 생장기에 병으로 낙엽이 지면 시들기 쉬우므로 적절하게 예방해야 한다. 내한성이 약해 한랭지에선 시들기도 한다. 봄에 꽃이 잘 달려서 덩굴장미로도 이용할 수 있다.

7cm ◎강한 향 ▲반직립/2.0m×1.0m ■슈바르츠(프랑스) 1872년
검은별무늬병: 약, 흰가루병: 보통, 수세: 보통

로즈 드 레시 Rose de Rescht

P 반복 개화

장미색 꽃은 피어나면서 적자색이 감돌고 로제트형으로 개화한다. 홑꽃에서 여러 겹의 꽃잎이 겹쳐 나 꽃송이가 되며, 꽃이 잘 달리고 여름 이후에도 반복적으로 핀다. 다마스크 계열의 진한 향기가 있다. 가지는 곧고 거칠지만, 크게 흐트러지지 않는다. 새순의 발생이 좋고, 작고 아담하게 가운데로 모여 단정해 화분 재배에도 적합하다. 내병성은 보통이지만 악조건을 견디며, 약간의 병으로 잎이 떨어져도 웬만해서는 겨울철에 시들어 죽지 않는다.

6cm ◎강한 향 ▲직립/1.2m×0.8m
검은별무늬병: 보통, 흰가루병: 보통, 수세: 보통

폴 네롱 Paul Neyron

HP 반복 개화

로즈핑크의 꽃이 찻잔형으로 개화한다. 꽃은 대륜으로 홑꽃이 잘 핀다. 꽃잎은 섬세해 쉽게 상한다. 진한 과일 향이 난다. 수세가 강해 새순이 자주 나온다. 가지는 가시가 거의 없어 덩굴장미로도 쓸 수 있다. 내병성은 중상 정도이다. 수세가 강한 튼튼한 품종이므로 다소 병으로 잎이 떨어져도 잘 말라 죽지 않는다.

12cm ◎강한 향 ▲직립/1.5m×1.0m ■르베르(프랑스) 1869년
※Victor Verdier×Anna de Diesbach
검은별무늬병: 보통, 흰가루병: 보통, 수세: 강

제임스 비치 James Veitch

M 반복 개화

자주색의 꽃이 로제트형으로 개화한다. 여러 겹의 꽃잎이 겹쳐 나 꽃송이가 되며 꽃이 잘 달린다. 꽃잎은 섬세하지만, 크게 상하지 않는다. 가지는 유연하고 가늘다. 모스 장미Moss rose에서 이 정도로 반복 개화하는 품종은 적다. 포기는 그다지 커지지 않고 작고 아담해 화분 재배로도 적합하다. 내병성은 보통이다. 정기적인 약제를 살포하는 것이 좋다. 흰가루병에는 특히 주의해야 한다.

6cm ◎강한 향 ▲반횡장/1.0m×1.0m ■베르디에(프랑스) 1865년
검은별무늬병: 보통, 흰가루병: 약, 수세: 보통

크레스티드 쥬얼 Crested Jewel

M 한철 개화

모스 장미Moss rose의 혈통을 잇는 품종이자 '샤포 드 나폴레옹'의 후손이다. 로즈핑크 색의 꽃이 핀다. 둥근 꽃잎이 편평형으로 개화하며, 3~10겹 정도의 꽃잎이 겹쳐 나 꽃송이가 된다. 꽃이 잘 달리며 밑동에서 가지 끝까지 골고루 핀다. 꽃가지는 짧고 가운데로 모여 단정하다. 향기는 옅은 머스크 향이 난다. 잎은 광택이 있으며, 가지에는 그리 많지 않지만, 거친 가시가 있다. 신장력이 왕성해 덩굴장미로도 가꿔 볼 만하다.

8cm ◎강한 향 ▲반직립/1.8m×1.6m ■무어(미국) 1964년 이전
※Little Darling×Chapeau de Napoléon
검은별무늬병: 보통, 흰가루병: 강, 수세: 강

카르디날 드 리슐리외
Cardinal de Richelieu

HGal 한철 개화

꽃은 짙은 적자색으로 피었다가 푸른빛이 돌며 찻잔형으로 개화한다. 여러 겹의 꽃잎이 겹쳐 나 꽃송이가 되며 꽃이 잘 달린다. 가지는 가늘고 유연해 축 늘어지듯 자란다. 생장은 그다지 왕성하지 않으나, 새순은 많이 나온다. 내병성은 중간 정도이지만, 가지가 가는 데 비해 단단해 덜 시든다. 내한성이 강해 한랭지에서도 기르기 쉽다.

6cm 중간 향 ▲반직립/1.0m×0.8m ■파르만티에(벨기에) 1847년 이전
검은별무늬병: 보통, 흰가루병: 보통, 수세: 보통

센티드 에어 Scented Air

Fl 반복 개화

적자색 물결 모양의 꽃잎이 여러 겹으로 겹쳐 나 꽃송이가 되고, 꽃이 잘 달리며 시들지 않고 오래간다. 강한 향기가 있다. 가지는 신장력이 있어, 여름 이후는 반덩굴성 상태로 자란다. 가지에 가시가 적어 다루기 쉽다. 소형 덩굴장미로 가꿀 수도 있지만, 직립성이라 네덜란드에서는 나무장미boomroos로 분류한다. 가지를 수평으로 유도해도 꽃이 잘 달리는 것은 아니므로 방사상으로 유인하거나 고저 차를 둔 전정 등으로 가꾸면 봄 개화기에 포기 전체에 꽃이 잘 달린다.

10cm 강한 향 ▲직립/1.5m×1.0m ■인터플랜트(네덜란드) 2010년
※Princess Alexzndra×Rhapsody in Blue
검은별무늬병: 보통, 흰가루병: 보통, 수세: 보통

프린세스 알렉산드라 오브 켄트
Princess Alexandra of Kent

S (ER) 사철 개화

코랄빛을 띠는 밝은 핑크 꽃이 로제트형으로 개화한다. 3~5겹 정도의 꽃잎이 겹쳐 나 꽃송이가 되며, 꽃이 잘 달린다. 티 향에서 레몬 등으로 서서히 변하는 좋은 향기도 매력적이다. 열매가 맺히기 쉬워 시든꽃자르기를 부지런히 해야 한다. 가지는 단단한 편이지만, 꽃가지가 길어 축 늘어지듯 자란다. 수세는 강해 수형은 다소 흐트러진다. 내병성은 중상 정도이다. 월 1회 정도만 약제를 살포해 줘도 재배할 수 있다.

11cm 강한 향 ▲반횡장/1.2m×1.7m ■데이비드 오스틴(영국) 2008년
※실생×실생
검은별무늬병: 보통, 흰가루병: 보통, 수세: 보통

마담 이사크 페레르 Madame Isaac Pereire

B 반복 개화

짙은 로즈핑크색 꽃이 로제트형으로 개화한다. 홑꽃에서 5겹 정도의 꽃잎이 겹쳐 나 꽃송이를 이루고, 봄에 꽃이 잘 달린다. 향기는 진한 다마스크 향이 난다. 신장력이 있고, 여름 이후 새순의 발생은 왕성해 대형 포기가 된다. 덩굴장미로 가꾸면 꽃가지는 짧고, 만개 시에는 포기를 덮듯이 핀다. 초봄이나 초가을의 일교차가 있을 때 흰가루병 발생에 주의가 필요하다. 수세가 강하기 때문에 비료는 삼간다. 땅에 심을 때는 겨울 비료만으로 충분히 재배할 수 있다.

10cm 강한 향 ▲반횡장/2.0m×1.5m ■가르송(프랑스) 1881년
검은별무늬병: 보통, 흰가루병: 약, 수세: 강

스위트 채리어트 Sweet Chariot

Min 사철 개화

적자색이 도는 로즈색 소륜이 로제트형으로 개화한다. 온도와 일조량에 영향을 받기 때문에 흰빛을 띠는 꽃도 있어서, 전체가 아름다운 그러데이션이 된다. 10~20겹의 꽃잎이 겹쳐 나 큰 꽃송이가 된다. 꽃이 잘 달리며 시들지 않고 오래가고 차례차례 핀다. 미니 장미로는 보기 드문 농후한 향신료 향이 난다. 새순의 발생은 좋다. 작고 아담하면서 옆으로 퍼지는 반덩굴성 수형으로 가지가 유연해 걸이용 등에도 적합하다. 내병성은 보통이지만, 병으로 다소 잎이 떨어져도 추위로 말라 죽는 죽지는 않는다.

4cm 중간 향 ▲반횡장/0.6m×0.5m ■무어(미국) 1984년
※Little Chief×Violette
검은별무늬병: 보통, 흰가루병: 보통, 수세: 보통

샹그리아 나이트 Sangria Night

Fl 사철 개화

진한 와인색으로 피었다가 보랏빛이 감도는 둥근 꽃잎이 편평형으로 개화한다. 5겹에서 꽃잎이 겹쳐 나 때때로 큰 꽃송이가 되며, 꽃이 잘 달린다. 수세가 강하고 생장이 왕성하다. 육종가 스프롤이 활동한 캘리포니아주의 베이커즈필드Bakersfield는 여름철에도 최저 기온이 40℃를 넘을 때가 많았고 이 곳에서 육종 선발되었기 때문에 내서성이 강해 여름에도 꾸준히 핀다. 단, 내병성은 보통으로 정기적으로 약제를 살포해야 순조롭게 자란다.

7cm 중간 향 ▲반직립/1.0m×0.8m ■스프롤(미국) 2016년
※Midnight Blue×실생
검은별무늬병: 보통, 흰가루병: 보통, 수세: 강

블루 문 스톤 Blue Moon Stone

S 사철 개화

연한 핑크 그러데이션의 꽃잎이 피어날수록 보랏빛을 띠며 로제트형으로 개화한다. 5겹이나 그 이상의 꽃잎이 겹쳐 나 큰 꽃송이가 되고, 꽃이 매우 잘 달린다. 꽃이 많을수록 에너지 소모가 커서 수세가 떨어지고 다음 새싹이 잘 나오지 않으니 주의해야 한다. 어릴 때는 꽃봉오리를 따거나 시든꽃자르기를 부지런히 하는 등의 관리가 필요하다. 심은 초기에는 작고 아담하지만, 수세가 좋아지면 반덩굴성 형태가 된다. 내병성은 보통이며 정기적으로 약제 살포가 필요하다.

7cm ◎중간 향 ▲직립/1.3m×0.8m ■가와모토 준코(일본) 2017년
※미공개
검은별무늬병: 보통, 흰가루병: 보통, 수세: 보통

라벤더 드림 Lavender Dream

S 사철 개화

약간 붉은빛을 띤 라벤더색의 둥근 꽃잎이 편평형으로 개화하며, 20겹 정도의 꽃잎이 겹쳐 나 큰 꽃송이로 핀다. 꽃이 잘 달리며, 만개할 때는 포기 전체가 라벤더색으로 물든다. 여름 이후에도 반복해서 피며, 시든꽃자르기를 하지 않으면 작고 둥근 열매를 맺는다. 비교적 튼튼하지만, 병은 장마철 등 비가 많은 시기에 생기므로 생장기에는 월 1회 정도의 약제 살포로 예방한다. 수세가 강하고 새순이 잘 나오므로 소형 덩굴장미로도 쓸 수 있다. 겨울 전정은 전정용 가위로 수형을 잡는 정도면 충분하다.

3cm ◎중간 향 ▲반횡장/1.6m×1.5m ■인터플랜트(네덜란드) 1984년
※Yesterday×Nastarana
검은별무늬병: 보통, 흰가루병: 강, 수세: 보통

플로렌스 델아틀 Florence Delattre

S 반복 개화

연보라색으로 고온기에는 핑크가 돌며 로제트형으로 개화한다. 밤낮의 일교차가 크면 더 짙은 연보라색이 된다. 작은 꽃은 5겹 내외의 꽃잎이 겹쳐 나 꽃송이가 되며 꽃이 잘 달리지만, 꽃잎이 잘 상한다. 중간 정도의 몰약 향이 난다. 가지는 유연하고 잘 자라지만, 단정하지 않다. 내병성은 보통이며 정기적으로 약제를 살포하는 것이 좋다. 수세는 강하나, 병으로 낙엽이 지면 추위로 말라죽을 수 있다. 자연 수형 외에 소형 덩굴장미로도 이용 가치가 있다.

6cm ◎중간 향 ▲반직립/1.4m×1.0m ■마사드(프랑스) 1997년
※Rêve d'Or×Magenta
검은별무늬병: 보통, 흰가루병: 강, 수세: 강

랩소디 인 블루 Rhapsody in Blue

S 사철 개화

적자색에서 푸른빛이 짙어지는 둥근 꽃잎이 편평형으로 개화한다. 여러 겹의 꽃잎이 겹쳐 나 꽃송이가 되며 20겹 정도의 큰 꽃송이가 되기도 한다. 꽃이 잘 달린다. 향신료 계열의 향이 난다. 수세는 강하며 새순은 자주 발생하지만, 따뜻한 지역에선 여름철에 성장을 멈추고 낙엽이 지기도 하고, 폭염에 죽기도 한다. 다만, 가을에 선선해지면 다시 왕성하게 자란다. 가지는 일부 잘라 내어 작게 가꾸거나 유인해도 균형 있게 핀다. 푸른색 계열 중에 획기적인 품종이다.

7cm ◎중간 향 ▲반직립/1.4m×0.7m ■카울리쇼(영국) 2000년
※Summer Wineba×실생
검은별무늬병: 보통, 흰가루병: 보통, 수세: 보통

카르토나주 Cartonnage

S 사철 개화

짙은 적자색의 꽃이 로제트형으로 개화한다. 여러 겹의 꽃잎이 겹쳐 나 꽃송이가 되고, 꽃이 잘 달리며 시들지 않고 오래간다. 가지는 가늘고 유연하지만, 가운데로 모여 단정하다. 여름에 생장이 일시적으로 더뎌지기도 한다. 내병성은 중간 정도이다. 정기적으로 약제를 살포해야 순조롭게 자란다. 또, 반복해서 잘 피므로 심은 초기에는 가을까지 순따기로 성목을 만드는 데 전념하는 편이 좋다.

8cm ◎약한 향 ▲반횡장/0.8m×1.0m ■가와모토 마키코(일본) 2018년
※미공개
검은별무늬병: 보통, 흰가루병: 보통, 수세: 보통

Iritani Selection

야생종(스피시즈) Sp (Species)

에티오피아에서 시베리아, 알래스카까지 북반구에 150~200종의 야생종이 있다고 한다. 같은 장미속이라도 자생지의 환경에 따라 다양한 형태의 장미가 있으며, 4개의 아속亞屬으로 나뉘어 있다. 일본에도 많은 야생종이 자생하고 있어, 봄부터 초여름에 걸쳐 흰색에서 분홍색의 꽃이 북부의 홋카이도에서 남부의 오키나와까지 해안에서 고산지대 등의 여러 곳에서 피어난다.

해당화 *Rosa rugosa*

반복 개화

짙은 장미색 둥근 꽃잎이 홑꽃으로 핀다. 여러 겹의 꽃잎이 겹쳐 나 꽃송이가 된다. 꽃은 잘 달리는데 핀 꽃이 하루 만에 지기도 한다. 커다란 오렌지색 열매가 달려 잼 등 식용으로도 쓸 수 있다. 통상적으로 유통되는 해당화는 반복 개화성이 우수한 것을 선발한 품종이지만, 야생종이면 이 정도로 반복 개화하지 않는다. 일찍 피고 따뜻한 지역에선 4월 말~5월 초에 피지만, 홋카이도 등 한랭지의 자생지에선 5월 중하순에 피기 시작한다. 수형은 흐트러지지만, 그다지 커지지 않는다. 무농약이라도 거의 병은 걸리지 않는다.

10cm 강한 향 ▲반횡장/1.5m×1.0m
검은별무늬병: 강, 흰가루병: 강, 수세: 보통

산쇼우바라 サンショウバラ Sansho-bara(*Rosa hirtula*)

한철 개화

찔레꽃의 일종으로, 벚꽃 같은 핑크색의 꽃이 홑꽃으로 핀다. 홑꽃이 피고 오래가지 않으며, 피기 시작하면 다음 날에는 져 버린다. 일찍 피는 꽃이다. 열매는 여러 개의 잔가시 모양의 돌기가 있고 독특한 모양을 하고 있으며, 중국에선 설탕에 절여서 과자로 만들기도 한다. 햇수가 지나면 원줄기가 생기고 나무를 연상시키는 형태가 된다. 가지를 짧게 자르면 거의 꽃이 피지 않게 되므로, 방해되는 가지나 마른 가지를 제거하기만 하고 기본적으로는 자르지 않도록 한다. 일본에선 하코네에 자생지가 있다.

6cm 약한 향 ▲반횡장/2.5m×1.5m
검은별무늬병: 강, 흰가루병: 강, 수세: 강

로사 페티다 *Rosa foetida*

한철 개화

선명한 노란색의 홑꽃이다. 거의 홑꽃이 피지만 꽃이 잘 달리며 유연한 활 모양의 가지에 많은 꽃을 피운다. 꽃은 오래가지 않고, 개화 후 2일 정도 간다. 열매는 잘 맺히지 않는다. 페티다 특유의 풋내가 난다. 타고난 성질은 약해 고온 다습한 환경에선 검은별무늬병에 걸리기 쉽고, 걸리면 바로 수세가 떨어져 시든다. 가지 변이로는 꽃잎의 겉면이 붉어진 로사 페티다 '비콜로르'*Rosa Foetid* 'Bicolor'와 꽃잎 가장자리에 현대 장미에 새로운 색조를 도입한 기념비적인 품종 로사 페티다 '페르시안 옐로'*Rosa foetida* 'Persian Yellow'가 있다. 후자는 현대 장미에 새로운 색조를 도입한 획기적인 장미 '솔레이도르Soleil d'Or'의 교배친으로 알려졌다. 다만, 색소의 유전자와 함께 검은별무늬병에 약한 성질도 물려받아, 현대 장미에서 검은별무늬병의 내성이 없어져 버렸다. 그러나 최근 세계 육종가들의 노력으로 다양한 색깔의 꽃에서도 검은별무늬병을 극복해 가고 있다.

6cm 중간 향 ▲반직립/1.0m×0.6m
검은별무늬병: 약, 흰가루병: 보통, 수세: 약

로사 그라우카 *Rosa glauca*

한철 개화

짙은 핑크에 안쪽이 흰색인 둥근 꽃잎이 홑꽃으로 핀다. 여러 겹의 꽃잎이 겹쳐 나 꽃송이가 되고 꽃이 잘 달린다. '방울 장미'라는 별칭처럼 시든 꽃을 남기면 수많은 둥근 열매를 즐길 수 있다. 새순은 가늘고 가지에 붉은빛이 감돈다. 잎은 구릿빛이며 가시는 적다. 더위에 약해 따뜻한 지역에선 여름에 성장이 멈추고 낙엽이 지는데, 한랭지라면 왕성하게 생장해 올려다볼 만한 높이가 된다. 내병성은 보통이지만, 적합한 환경에서 순조롭게 자라며 웬만해서는 병으로 낙엽이 져서 말라 죽지 않는다.

2.5cm 약한 향 ▲반직립/1.2m×1.0m ■1789년경 발견
검은별무늬병: 보통, 흰가루병: 보통, 수세: 보통

로사 윌모티아에 *Rosa willmottiae* 한철 개화

로즈핑크색 꽃이 홑꽃으로 핀다. 홑꽃이 피고 꽃가지는 짧다. 일찍 피고, 따뜻한 지역에선 4월 말~5월 초부터 피기 시작한다. 가지는 반덩굴성 모양으로 자라나 흐트러지지 않는다. 생장은 느슨하다. 야생종의 전정은 마른 가지나 어쩔 수 없이 방해가 하는 가지 등 최소한으로 한다. 오래된 가지를 잘라 내면 수세가 떨어지고, 너무 많이 자르면 꽃이 잘 달리지 않는다.

3cm ◎약한 향 ▲반횡장/1.0m×1.0m
검은별무늬병: 보통, 흰가루병: 보통, 수세: 보통

로사 휴고니스 *Rosa hugonis* 한철 개화

레몬옐로의 꽃이 홑꽃으로 피고 꽃가지는 짧다. 일찍 피고 따뜻한 지역에선 4월 하순의 목향장미*Rosa banksiae*와 동시에 피기 시작한다. 가지는 반덩굴성 모양으로 자라나며, 가운데로 모여 단정하다. 생장은 느슨하고, 밑동 새순은 심은 지 몇 년이 지나면 거의 발생하지 않는다. 오래된 가지에 잘 피므로 전정은 죽은 가지만 제거해야 한다. 내한성은 매우 강하다. 그러나 생장 중인 여름에 갑자기 죽기도 한다.

4cm ◎약한 향 ▲반직립/1.2m×1.4m
검은별무늬병: 강, 흰가루병: 강, 수세: 보통

로사 세리세아 프테라칸사 *Rosa sericea* 'pteracantha' 한철 개화

연한 크림색 꽃이 피어나면서 점차 순백색이 되며 홑꽃으로 핀다. 보통 홑꽃의 꽃잎은 5장이지만, 이 품종은 종종 4장으로 핀다. 홑꽃이 피고 꽃가지가 짧다. 일찍 피고, 따뜻한 지역에선 4월 하순부터 피기도 한다. 가지가 거칠고 가시나 열매 모양이 특이하다. 내한성은 있지만, 내서성은 별로 없다. 따뜻한 지역에선 여름에 갑자기 말라 죽기도 한다.

3cm ◎약한 향 ▲반횡장/1.2m×1.2m
검은별무늬병: 강, 흰가루병: 강, 수세: 보통

괴테 로즈 Goethe Rose HT 사철 개화

꽃은 적자색을 띤 진분홍색으로 찻잔형 개화에서 로제트형으로 개화한다. 홑꽃이 잘 핀다. 아주 강한 향기가 있다. 생장이 왕성하고, 수고가 높고 신장력이 있으며, 여름 이후 반덩굴성 모양으로 자라기도 한다. 비교적 튼튼하지만, 병이 생길 수도 있으므로 장마철 등 습도가 높을 때는 예방하는 것이 좋다.

12cm ◎강한 향 ▲반직립/1.5m×0.8m ■탄타우(독일) 2010년
※Astrid Gräfin von Hardenberg×Hot Lady
검은별무늬병: 보통, 흰가루병: 보통, 수세: 강

투스카니 슈퍼브 Tuscany Superb HGal 한철 개화

진한 적자색의 찻잔형 개화에서 편평형 개화로 변하면 흑홍색으로 바뀌며, 노란 꽃술(암술과 수술)과 선명한 대비가 아름답다. 여러 겹의 꽃잎이 겹쳐 나 꽃송이가 되며, 꽃이 잘 달린다. 강한 전통 장미 향이 난다. 가지는 가늘고 유연하며, 새순의 발생은 좋다. 수형은 가운데로 모여 단정하고, 너무 커지지 않아 다루기 쉽다. 내병성은 보통으로 흰가루병에는 주의해야 하며, 다소 병으로 잎이 떨어져도 잘 시들지 않는다.

7cm ◎강한 향 ▲직립/1.5m×0.8m ■리버스(영국) 1837년
※Tuscany×실생
검은별무늬병: 보통, 흰가루병: 약, 수세: 강

문스테드 우드 Munsted Wood S (ER) 반복 개화

짙은 적자색의 꽃이 로제트형으로 개화한다. 3~5겹 정도의 꽃잎이 겹쳐 나 꽃송이가 되며, 꽃이 잘 달리면서 시들지 않고 오래간다. 다마스크 향에 과일 향이 섞이는 듯한 전통 장미의 진한 향기가 난다. 가시가 많지만, 가지는 유연하다. 밑동 새순은 심은 지 몇 년이 지나도 잘 나오지 않지만, 붉은 계열 장미에 비해 가지 수명은 길고, 오래된 가지에도 잘 핀다. 내병성은 중간 정도이다. 정기적으로 약제 살포로 원활하게 자란다.

8cm ◎강한 향 ▲반횡장/1.2m×1.0m ■데이비드 오스틴(영국) 2008년
검은별무늬병: 보통, 흰가루병: 보통, 수세: 보통

샤를 드 밀 Charles de Mills

HGal 반복 개화

적자색 꽃잎이 피어날수록 푸른빛이 감돌아 색이 깊어진다. 바깥 꽃잎은 찻잔형, 안쪽은 쿼터 로제트형 개화로, 전통 장미를 대표하는 꽃 모양이다. 여러 겹의 꽃잎이 겹쳐 나 꽃송이가 되고, 꽃이 잘 달리며 진한 향기가 있다. 가지는 곧지만 유연하고 가늘다. 새순의 발생도 좋다. 내병성은 중상 정도이다. 포기는 확실히 튼튼하지만, 너무 커지지 않고 병에 잘 걸리지 않아 초심자가 재배하기 쉬운 전통 장미이다.

9cm ◎강한 향 ▲직립/1.2m×0.8m ■1790년 이전에 네덜란드에서 소개
검은별무늬병: 보통, 흰가루병: 보통, 수세: 보통

가스펠 Gospel

HT 반복 개화

짙은 적자색 꽃잎이 풍성한 쿼터 로제트형으로 개화한다. 꽃은 시들지 않고 오래가며 홑꽃이 피고 5겹 정도의 꽃잎이 겹쳐 나 꽃송이가 된다. 약간 늦게 핀다. 다마스크 계열의 향이 농후하다. 신장력이 왕성해 여름 이후에는 직립형 새순이 많이 발생한다. 신장에 비해 새싹이 많이 생겨 가을 이후에도 꽃이 반복해서 잘 피는 편이다. 여름 전정은 평소보다 일주일 정도 빨리한다. 밑동 새순은 강하게 전정해도 꽃봉오리가 달리기 쉽고, 가는 가지에도 달리기 쉬우므로 남겨 두면 꽃의 수가 늘어난다.

12cm ◎강한 향 ▲반횡장/1.5m×1.0m ■탄타우(독일) 2012년
※Korverpea×Tan97555
검은별무늬병: 보통, 흰가루병: 강, 수세: 강

베이시스 퍼플 로즈 Basye's Purple Rose

HRg 반복 개화

검은빛을 띤 적자색의 둥근 꽃잎이 홑꽃으로 핀다. 여러 겹의 꽃잎이 겹쳐 나 꽃송이가 되고, 꽃은 잘 달리지만 오래가지 않는다. 교배친인 해당화와 마찬가지로 핀 다음 날에 져 버린다. 여름 이후에도 반복해서 핀다. 홑꽃으로 피지만, 열매는 거의 맺지 않는다. 가지는 거의 직립성으로 흐트러지지 않는다. 지주를 세우면 덩굴장미처럼 잘 자란다. 가지는 단단해지기 쉽고, 새순은 몇 년 안에 발생하지 않는다. 내병성은 보통으로 병은 생기지만, 내한성이 있어 추위로 말라 죽는 일은 없다.

6cm ◎중간 향 ▲직립/1.4m×1.0m ■베이시(미국) 1968년
※*Rosa rugosa*×*Rosa foliolosa*
검은별무늬병: 보통, 흰가루병: 보통, 수세: 강

그레이스 Grace

S (ER) 사철 개화

밝은 오렌지색 로제트형 개화로, 미세한 꽃잎이 촘촘하게 겹친 독특한 꽃 모양이다. 여러 겹의 꽃잎이 겹쳐 나 꽃송이가 되며 꽃이 잘 달린다. 달콤함이 느껴지는 강한 향기가 있다. 가지는 작고 아담하면서 수형이 잘 흐트러지지 않아 화분 재배에도 적합하다. 내병성은 보통이며, 정기적으로 약제를 살포해 재배한다. 거의 사철 개화성이므로 병으로 낙엽이 지면 수세가 돌아오는 데 시간이 걸린다.

7cm ◎강한 향 ▲반직립/1.2m×0.8m ■데이비드 오스틴(영국) 2001년
※Sweet Juliet×실생
검은별무늬병: 보통, 흰가루병: 강, 수세: 보통

솔레이 도르 Soleil d'Or

HFt 아주 약한 반복 개화

짙은 황금색 꽃이 로제트형에서 찻잔형으로 개화하며, 홑꽃이었다가 여러 겹의 꽃잎이 겹쳐 난다. 페티다 계열 특유의 감귤류 향이 난다. 수세는 그다지 강하지 않으며, 새순 발생이 나빠지면 최악의 경우 죽을 수도 있다. 노란색 계열의 유전자를 가진 현대 장미 제1호로 1900년에 발표되어 '황금의 태양'이라 불린다. 이전까지 없었던 노랑, 오렌지, 선명한 빨강, 주홍, 복색, 보라색이나 파란색 등에서도 이 유전자를 계승하는 품종이 많을 정도로 이후 색의 다양성에 기념비적인 영향을 끼쳤다. 단, 교배친인 로사 페티다*Rosa foetida*로부터 색소와 함께 검은별무늬병에 약한 성질도 함께 계승되어 주의가 필요하다.

8cm ◎중간 향 ▲반횡장/1.0m×1.0m ■뒤셰(프랑스) 1900년
※Antoine Ducher의 실생×*Rosa foetida*
검은별무늬병: 약, 흰가루병: 보통, 수세: 보통

프린세스 샤를렌 드 모나코 PRINCESS CHARLENE DE MONACO

HT 반복 개화

꽃은 연한 살구색에서 연분홍색이 된다. 밤낮의 일교차가 클 때는 핑크가 되는 물결 꽃잎이 구형으로 개화한다. 홑꽃이 잘 핀다. 꽃잎은 약간 섬세하지만, 향기가 매우 농후하다. 여름 이후 덩굴성 형태의 강한 새순이 발생하지만, 이 가지에는 꽃봉오리가 달리지 않는 경우가 많다. 여름 전정은 평소보다 일주일 정도 빨리 한다. 봄에 핀 가지는 보통 높이로 전정하고, 발생한 새순은 2분의 1 위치에서 잘라 가지의 힘을 떨어뜨리는 듯한 전정을 하면 꽃이 필 수 있다. 소형 덩굴장미로 가꿀 수 있다.

11cm ◎강한 향 ▲반직립/1.6m×1.0m ■메이앙(프랑스) 2014년
※Louis de Funès×(Pink Panther×Graham Thomas)
검은별무늬병: 강, 흰가루병: 보통, 수세: 강

마소라 真宙 Masora

S 사철 개화

살구색 찻잔형 개화 후 로제트형 개화로 5겹 내외의 꽃잎이 겹쳐 나 꽃송이가 된다. 꽃이 잘 달리지만, 꽃잎은 섬세하고, 비나 밤이슬 등으로 잘 상한다. 아주 강한 과일 향이 있다. 가지는 늘씬하고 유연하며 축 늘어지듯 핀다. 수세가 강하고 새순도 잘 나온다. 내병성은 보통으로 정기적인 약제 살포가 필요하다. 덩굴장미로 유인해 가꿀 수 있다.

8cm ◎강한 향 ▲반직립/1.4m×0.8m ■요시이케 사다조(일본) 2009년
※English Heritage의 실생×Amber Queen
검은별무늬병: 보통, 흰가루병: 약, 수세: 보통

주드 더 옵스큐어 Jude the Obscure

S (ER) 사철 개화

연한 살구색 꽃잎이 중심부를 감싸안듯이 큰 찻잔형으로 개화한다. 5겹 내외의 꽃잎이 겹쳐 나 꽃송이가 된다. 꽃이 잘 달리지만, 꽃잎이 다소 약해 잘 상한다. 과일 계열의 좋은 향이 난다. 가지는 유연하며 옆으로 퍼지며 자란다. 신장력이 있어 소형 덩굴장미로도 키울 수 있다. 새순은 심은 지 몇 년이 지나도 나오지 않고, 오래된 가지에서 꽃이 많이 핀다. 내병성은 보통이며 정기적으로 약제를 살포한다.

8cm ◎강한 향 ▲반직립/1.4m×1.0m ■데이비드 오스틴(영국) 1995년
※Abraham Darby×Windrush
검은별무늬병: 보통, 흰가루병: 보통, 수세: 보통

앨리스터 스텔라 그레이 Alister Stella Gray

N 반복 개화

크림색으로 심지가 약간 살구색이 돌며 폼폰형으로 개화한다. 10~20겹 정도의 꽃잎이 겹쳐 나 꽃송이가 되며, 꽃이 매우 잘 달린다. 초기 생장은 매우 늦어 심은 지 몇 년이 지나도 포기가 좀처럼 커지지 않는다. 그러나 포기의 수세가 좋아지면 가지가 단단해져야 새순이 발생하기 시작한다. 내병성은 중상 정도이다. 검은별무늬병은 조금 생기지만, 월 1회 정도만 약제를 살포해 줘도 예방은 충분히 할 수 있다. 소형 덩굴장미 등 다양한 연출로 즐길 수 있다.

6cm ◎중간 향 ▲반직립/1.4m×1.4m ■그레이(영국) 1894년
※William Allen Richardson×Madame Pierre Guillot
검은별무늬병: 보통, 흰가루병: 보통, 수세: 강

겔베 다그마 하스트럽 Gelbe Dagmar Hastrup

HRg 사철 개화

밝은 노란색의 둥근 꽃잎이 편평형으로 개화한다. 여러 겹의 꽃잎이 겹쳐 나 꽃송이가 되며, 꽃이 잘 달리지만 그다지 오래가지 않는다. 상쾌한 향기가 난다. 가지는 가늘고 늘씬하지만, 조금씩 굵어지고 오래되어도 잘 핀다. 수세가 강해 새순은 잘 나온다. 내병성은 보통이나 가지가 단단해 병에 걸려 낙엽이 지더라도 말라 죽는 일은 없다. 내한성이 강하고, 추위가 심한 한랭지에서도 재배할 수 있다.

7cm ◎중간 향 ▲반횡장/1.4m×1.1m ■무어(미국) 1987년
※Golden Angel×Belle Poitevine
검은별무늬병: 보통, 흰가루병: 보통, 수세: 보통

크레퓌스퀼 Crépuscule

N 반복 개화

꽃은 살구색이 도는 오렌지색으로 피어나면서 크림색이 되는 둥근 삼각 꽃잎이 편평형으로 개화한다. 여러 겹의 꽃잎이 겹쳐 나 꽃송이가 되며, 꽃이 잘 달리면서 시들지 않고 오래간다. 반복해서 꽃이 잘 핀다. 초기 생장은 느리지만, 몇 년 안에 수세가 좋아지면 왕성하게 자란다. 구조물에 끈으로 묶으면 신장력이 더욱 강해져 덩굴장미로 가꿀 수 있다. 내병성은 보통이지만, 가지가 단단하고 따뜻한 지역에선 시들지 않는다. 내한성은 약해 한랭지 등에선 추위로 말라 죽는 일이 있다. 품종명은 프랑스어로 황혼黃昏이라는 뜻이다.

8cm ◎약한 향 ▲반횡장/1.8m×1.8m
■뒤브뤼(프랑스) 1904년
검은별무늬병: 보통, 흰가루병: 약, 수세: 강

골든 셀러브레이션 Golden Celebration

S (ER) 반복 개화

밝은 황금색 꽃이 찻잔형으로 개화한다. 꽃이 풍성하고, 홑꽃이 잘 핀다. 티 장미 향에 과일 향을 더한 좋은 향이 난다. 포기가 크게 자라지만, 수형은 잘 흐트러지지 않는다. 또한 신장력이 있으므로 자연수형 이외에 덩굴장미로도 가꿀 수 있다. 내병성은 보통이다. 정기적으로 약제를 살포해야 순조롭게 자라지만, 수세가 강해 다소 잎이 떨어져도 피해는 그다지 크지 않다.

12cm ◎강한 향 ▲반직립/1.3m×1.2m ■데이비드 오스틴(영국) 1992년
※Charles Austin×Abraham Darby
검은별무늬병: 보통, 흰가루병: 강, 수세: 보통

Iritani Selection

로사 페르시카의 개량종

로사 페르시카*Rosa persica*는 훌티미아Hultemia속이라는 4개 아속 중에서도 '꽃 중앙에 붉은색 무늬가 발달한 적목赤目, red eye에 홑잎'이라는 특이한 형질을 가진 장미로, 특히 적목 형질 도입에 예로부터 수많은 육종가가 도전해 왔다. 그러나 건조지의 야생종으로 서양과 일본의 기후에선 재배가 극히 어려워 교배종이 좀처럼 발표되지 않았다. 1985년에 드디어 영국의 하크니스Harkness에서 '티그리스'라는 적목 품종을 발표했다. 훌티미아 페르시카만큼은 아니더라도 역시 재배는 어렵고 힘든 품종이었다. 이윽고 2000년에 들어서자, 육종가들은 재배하기 쉬운 적목 품종을 속속 발표했다. 여기에선 그 성과의 일부를 소개한다.

라르사 바빌론 Larsa Babylon

S 사철 개화

꽃잎은 아이보리색에 적목이 들어가고 편평형으로 개화한다. 20겹 정도의 꽃잎이 겹쳐 나 큰 꽃송이가 되며, 꽃이 매우 잘 달린다. 늦게 피지만, 피면서 다음 새싹이 나오기 때문에 사계절 내내 꽃이 끊이지 않는다. 적목의 색깔은 1년 내내 안정적으로 발현되고, 여름의 고온기에도 매우 뚜렷하다. 향기는 옅은 머스크 향이 난다. 심은 지 몇 년이 지나도 거의 밑동 새순이 발생하지 않으며, 가지는 너무 늘어나지 않으면서 작고 아담하다. 비교적 튼튼하고 추위와 더위에 강해 하이브리드 페르시카를 처음 기르는 초심자에게 추천하는 품종이다.

5cm ◎약한 향 ▲횡장/1.1m×0.9m ■인터플랜트(네덜란드) 2012년
※실생×실생
검은별무늬병: 보통, 흰가루병: 보통, 수세: 강

애머시스트 바빌론 Amethyst Babylon

LCl 사철 개화

적자색에 체리레드색 적목이 들어가며 편평형으로 개화한다. 피어나면 전체적으로 적자색이 짙어진다. 꽃이 시들지 않고 오래간다. 5겹 이상의 꽃잎이 겹쳐 나 꽃송이가 되고, 꽃이 잘 달린다. 꽃가지는 짧고 밑동에서 꽃이 피므로 가운데로 모여 단정한 수형이 된다. 열매가 맺히기 쉬워 정기적으로 시든 꽃자르기를 하면 오랫동안 꽃을 즐길 수 있다. 신장력이 왕성하고, 여름 이후 새순이 덩굴성 형태로 뻗어나간다. 하이브리드 페르시카의 특징인 가시가 별로 없어 다루기 쉽다. 겨울 전정으로 짧게 잘라도 봄에는 단정한 수형으로 개화한다.

7cm ◎약한 향 ▲반직립/1.4m×1.3m ■인터플랜트(네덜란드) 2013년
※실생×실생
검은별무늬병: 보통, 흰가루병: 강, 수세: 강

프린세스 바빌론 Princess Babylon

S 사철 개화

꽃은 분홍색으로 피어나면서 진분홍색이 돌고, 적목이 들어가는 반겹꽃이 핀다. 5~10겹 정도의 꽃잎이 겹쳐 나 꽃송이가 되며, 꽃이 잘 달리면서 시들지 않고 오래간다. 약간 늦게 피지만, 피면서 다음 꽃가지가 나와서 사계절 내내 끊임없이 핀다. 향기는 옅은 머스크 향이 난다. 심은 후 몇 년이면 밑동 새순은 거의 발생하지 않는다. 가지는 단단하고 왕성하게 우거져 다소 병에 걸려 잎이 떨어져도 큰 피해를 보지 않는다. 화분 재배에도 적합하다.

7cm ◎약한 향 ▲반횡장/1.4m×1.4m ■인터플랜트(네덜란드) 2014년
검은별무늬병: 보통, 흰가루병: 보통, 수세: 강

문라이트 바빌론 Moonlight Babylon

S 사철 개화

연분홍색에 진홍색의 적목이 들어가고 편평형으로 개화한다. 피어나면 꽃잎 가장자리의 핑크색이 짙어져 그러데이션이 된다. 장마철 등 일조량이 적을 때에는 가장자리의 색이 잘 나오지 않는다. 5~20겹 이상의 꽃잎이 겹쳐 나 큰 꽃송이가 된다. 개화 중에 다음 싹이 나고 차례차례 피어나는 유형으로, 꽃이 매우 잘 달린다. 약간 늦게 피고, 옅은 머스크 향이 난다. 심은 지 몇 년이 지나도 밑동 새순은 거의 발생하지 않는다. 가지에 가시가 많다. 수형은 작고 아담해 화분에도 적합하다. 비교적 키우기 쉬워서 초심자에게 추천하는 품종이다.

5cm ◎약한 향 ▲횡장/1.4m×1.4m ■인터플랜트(네덜란드) 2012년
※Eridu Babylon×실생
검은별무늬병: 보통, 흰가루병: 보통, 수세: 강

아이코닉 레모네이드 EYECONIC Lemonade

S 사철 개화

꽃은 밝은 레몬옐로에 적목이 있는 반겹꽃이다. 여러 겹의 꽃잎이 겹쳐 나 꽃송이가 되고, 꽃이 잘 달리지만 오래 가지 않는다. 내서성이 강해 여름에도 끊임없이 반복해서 잘 핀다. 사계절 내내 잘 자라지만, 내한성은 그다지 없다. 내병성은 보통이며, 생장기는 병으로 잎이 떨어지지 않도록 주의한다.

6cm ◎약한 향 ▲반횡장/1.3m×1.3m ■스프롤(미국) 2011년
※실생×실생
검은별무늬병: 보통, 흰가루병: 보통, 수세: 보통

아이코닉 허니 레모네이드

EYECONIC Honey Lemonade

S 사철 개화

코랄색이 들어간 살구색에 적목이 들어간 반겹꽃이 피어나면서 연한 핑크색이 된다. 여러 겹의 꽃잎이 겹쳐 나 꽃송이가 되고 꽃이 잘 달린다. 반복개화성이 강하며, 사계절 내내 꽃이 잘 핀다. 가지는 가시가 적고 수세도 강하다. 내서성이 강해 여름에도 왕성하게 자란다. 내병성은 보통이며, 정기적인 약제 살포가 필요하다.

7cm ◎약한 향 ▲반횡장/1.4m×1.3m ■스프롤(미국) 2013년
※실생×Eyeconic Lychee Lemonade
검은별무늬병: 보통, 흰가루병: 보통, 수세: 보통

아이코닉 핑크 레모네이드

EYECONIC Pink Lemonade

S 사철 개화

살굿빛 도는 핑크색 꽃잎에 강렬한 검붉은색 적목이 있고, 피어날수록 심지가 푸르게 물들어 아름다운 반겹꽃이다. 5겹 내외의 꽃잎이 겹쳐 난다. 꽃이 잘 달리되 오래가지 않는다. 수형은 아담하면서 가운데로 모여 단정하다. 내서성은 강해 여름 이후에도 잘 피지만, 내한성이 약해 한랭지에는 적합하지 않다. 내병성은 보통으로, 생장기에는 잎이 떨어지지 않도록 유의한다.

7cm ◎약한 향 ▲반횡장/1.0m×1.0m ■스프롤(미국) 2011년
※실생×실생
검은별무늬병: 보통, 흰가루병: 보통, 수세: 보통

더 선 앤 더 하트 The Sun and the Heart

S 사철 개화

꽃받침이 갈라지면 진노랑이 비치는 꽃봉오리에서 크림옐로빛 꽃이 로제트형으로 개화한다. 언뜻 보기에는 적목이 보이지 않을 만큼 꽃잎이 많다. 늦게 피지만, 홑꽃에서 3겹 정도의 꽃잎이 겹쳐 나 꽃송이가 되고, 만개하면 포기 전체를 덮듯이 핀다. 꽃줄기는 유연하고, 고개를 숙이고 피는 모습에도 운치가 있다. 꽃잎도 단단해 꽃이 시들지 않고 오래간다. 연한 과일 향이 난다. 잎은 짙은 녹색으로 광택이 있고 내병성이 강하다. 따뜻한 지역에선 여름에 일시적으로 성장이 멈추지만, 낙엽은 지지 않는다.

8cm ◎강한 향 ▲반횡장/0.8m×0.8m ■하크네스(영국) 2009년
※(*Rosa persica*의 실생×Baby Love)×(*Rosa persica*의 실생×Baby Love)
검은별무늬병: 강, 흰가루병: 강, 수세: 보통

아프간 걸 Afghan Girl

S 약한 반복 개화

노란색에 적목이 들어간 둥근 꽃잎이 홑꽃으로 핀다. 여러 겹의 꽃잎이 겹쳐 나 꽃송이가 되고, 꽃이 잘 달리지만 오래가지 않는다. 일찍 피면서 가지는 가늘고 유연하며, 꽃과 잎도 작다. 새순의 발생은 많고, 조금씩 자라면서 풍성한 돔 모양의 자연 수형이 된다. 소형 덩굴장미로 유인해도 좋다. 오래된 가지에도 꽃을 많이 피운다. 내병성은 보통이며 정기적으로 약제를 살포해 재배한다.

2cm ◎약한 향 ▲반횡장/1.0m×1.0m ■워너(영국) 2001년
※Tigris×Baby Love
검은별무늬병: 보통, 흰가루병: 강, 수세: 보통

페르시안 미스터리 Persian Mystery

S 사철 개화

새먼핑크에 흑적색의 적목이 들어가는 둥근 꽃잎이 편평형으로 개화하며, 피어나면서 적목이 보라색으로 변한다. 홑꽃이 피고 3겹 정도의 꽃잎이 겹쳐 나 꽃송이가 되며, 꽃이 시들지 않고 오래간다. 꽃줄기는 유연하며 고개를 숙이고 핀다. 봄철 이후에도 반복해서 잘 핀다. 향기는 옅은 머스크 향이 난다. 크기가 중형으로 여름 이후에도 왕성하게 자란다. 병에도 강해 재배하기 쉽다.

9cm ◎약한 향 ▲반횡장/1.4m×1.4m ■하크네스(영국) 2009년
※(*Rosa persica*의 실생×Baby Love)×(*Rosa persica*의 실생×Baby Love)
검은별무늬병: 보통, 흰가루병: 강, 수세: 강

클레어 오스틴 Claire Austin

S (ER) 반복 개화

아이보리색으로 피다가 완전히 피어나면 흰색이 되고 찻잔형으로 개화한다. 여러 겹의 꽃잎이 겹쳐 나 꽃송이가 되며 꽃이 잘 달린다. 하지만, 꽃잎이 약해 장마철 등에는 잘 상한다. 생장이 왕성하며, 가지에 가시가 적어 다루기 쉽다. 여름 이후 반덩굴성 형태의 새순이 발생하므로 소형의 덩굴장미로 활용할 수 있다. 내병성은 중상 정도이다. 수세도 있으므로 약제 살포는 월 1회 정도의 최소한으로 재배할 수 있다.

10cm 강한 향 ▲반횡장/1.5m×1.2m
■데이비드 오스틴(영국) 2008년
검은별무늬병: 보통, 흰가루병: 강, 수세: 보통

엘리자 보엘 Elisa Boëlle

HP 사철 개화

흰색 바탕에 매우 옅은 파우더 핑크가 도는 그러데이션의 꽃이 로제트형으로 개화한다. 여러 겹의 꽃잎이 겹쳐 나 꽃송이가 되고, 꽃이 잘 달린다. 다만, 꽃잎이 쉽게 상하며 장마철 등에는 종종 피지 않기도 한다. 향기로운 향이 있다. 포기가 매우 연약해 좀처럼 크지 않지만, 약제 살포를 제대로 하고 수세가 생기면 점점 새순이 많이 나온다. 가지가 가늘지만 가지 수가 늘면 꽃이 잘 달린다. 내병성은 보통이며, 흰가루병에는 주의가 필요하다.

8cm 강한 향 ▲반직립/1.1m×0.9m ■기요(프랑스) 1869년
검은별무늬병: 보통, 흰가루병: 보통, 수세: 보통

마담 플란티에 Madame Plantier

A 한철 개화

약간 분홍색을 띠는 구형의 꽃봉오리에서 새하얀 꽃잎이 로제트형으로 개화한다. 5~10겹 정도의 꽃잎이 겹쳐 나 꽃송이가 된다. 꽃이 잘 달리지만, 꽃잎은 섬세해 잘 상한다. 달콤한 향이 난다. 가지는 가늘고 거의 가시가 없다. 꽃가지도 짧고 가운데로 모여 단정한 수형이 된다. 수세가 강해 새순이 많이 나와 잘 자라므로 자연 수형뿐만 아니라 덩굴장미로도 이용할 수 있다. 내병성은 중상 정도이다. 월 1회 정도의 약제 살포나 무농약으로도 약간의 병이 생기는 정도로 재배할 수 있다.

6cm 중간 향 ▲반직립/2.0m×1.0m ■플란티에(프랑스) 1835년
※*Rosa damascena*×*Rosa moschata*
검은별무늬병: 보통, 흰가루병: 보통, 수세: 보통

불 드 네주 Boule de Neige

N 반복 개화

흰색의 꽃이 로제트형으로 개화한다. 유연한 꽃줄기로 고개를 숙이고 핀다. 가을이 깊어지면 옅은 분홍색이 올라올 때가 있다. 5겹 정도의 꽃잎이 겹쳐 나 꽃송이가 되고, 상쾌한 다마스크 향이 있다. 겨울 전정으로 작고 아담하게 가꿀 수 있지만, 여름 이후는 반덩굴성 형태로 자란다. 심은 후 1년 차에는 순조롭더라도 2년 차 이후 가지가 시들어 가는 일이 있다. 육종가 라샴은 이 품종과 같은 교배로 꽃의 색깔과 모양, 수형이 다른 7가지 품종을 1862년부터 1872년에 걸쳐 만들어 발표했다.

7cm 중간 향 ▲반직립/1.6m×0.7m ■라샴(프랑스) 1867년
※Mademoiselle Blanche Lafitte×Sappho
검은별무늬병: 보통, 흰가루병: 보통, 수세: 강

마담 아르디 Madame Hardy

D 한철 개화

촘촘히 박힌 순백의 꽃잎이 로제트형으로 개화하고 여러 겹의 꽃잎이 겹쳐 나 꽃송이가 된다. 꽃 심지의 그린 아이green eye와 섬세하게 갈라진 꽃받침도 볼거리이다. 강한 다마스크의 좋은 향기가 난다. 가지는 방사상으로 자라며 유연하다. 자연 수형 외에 소형 덩굴장미로도 가꿀 수 있다. 내병성은 보통이지만, 수세가 강하고 튼튼하다. 병으로 잎이 떨어져도 겨울철에 시드는 일은 거의 없고 그다지 피해를 보지 않는다.

7cm 강한 향 ▲반직립/2.0m×1.0m ■아르디(프랑스) 1832년
검은별무늬병: 약, 흰가루병: 약, 수세: 보통

마담 알프레드 드 루주몽 Madame Alfred de Rougemont

N 사철 개화

'불 드 네주'의 형제 품종으로 수형은 작고 아담하다.

7cm 강한 향 ▲반직립/1.2m×1.0m
■라샴(프랑스) 1862년
※Mademoiselle Blanche Lafitte×Sappho
검은별무늬병: 보통, 흰가루병: 보통,
수세: 보통

프린세스 드 나소 Princesse de Nassau

N 반복 개화

불그스름한 빛이 비치는 작은 꽃봉오리에서 순백의 반겹꽃으로 10겹 내외의 꽃잎이 겹쳐 나 꽃송이가 되고, 꽃이 잘 달린다. 늦게 피고 따뜻한 지역에선 5월 말경부터 개화해 반복해서 잘 핀다. 잎은 라임그린색이며, 전체적으로 밝은 느낌이다. 초기 생장은 느려 처음 몇 년은 작고 아담한 반덩굴성이지만, 수세가 좋으면 덩굴장미로 크게 가꿀 수 있다. 내병성은 중상 정도이다. 튼튼한 편이라서 재배가 쉽다.

5cm ◎약한 향 ▲반횡장/1.5m×1.5m
■라페이(프랑스) 1828년 이전
검은별무늬병: 보통, 흰가루병: 보통, 수세: 보통

윌리엄 앤 캐서린 William and Catherine

S (ER) 반복 개화

아이보리 톤으로 물든 흰색의 꽃이 찻잔형으로 개화한다. 여러 겹의 꽃잎이 겹쳐 나 꽃송이가 되고, 꽃이 잘 달린다. 가지는 유연해 축 늘어지듯 핀다. 여름 이후 반복 개화는 뜸하다. 소형 덩굴장미로도 가꿀 수 있다. 내병성은 보통이나 수세가 강하고 가지가 잘 자라므로 다소 병에 걸려도 그다지 약해지지 않는다.

8cm ◎중간 향 ▲반직립/1.3m×1.0m ■데이비드 오스틴(영국) 2011년
※실생×실생
검은별무늬병: 보통, 흰가루병: 보통, 수세: 강

샐리 홈즈 Sally Holmes

S 반복 개화

옅은 살구색에서 점점 하얘지는 둥근 꽃잎이 홑꽃으로 핀다. 공 모양의 큰 송이로 꽃이 잘 달리는 것이 특징이다. 꽃잎은 비에도 강하고 잘 상하지 않는다. 여름 이후에도 반복해서 잘 핀다. 수세가 강하고 생장이 왕성하다. 새순은 자주 발생하지만, 오래된 가지에도 많이 핀다. 내병성은 중상 정도이다. 수세도 강하므로 검은별무늬병으로 다소 잎이 떨어져도 포기가 약해지지 않는다. 세계장미연맹 명예의 전당에 든 품종이다.

8cm ◎약한 향 ▲반횡장/1.2m×1.2m ■홈즈(영국) 1976년
※Ivory Fashion×Ballerina
검은별무늬병: 보통, 흰가루병: 보통, 수세: 강

재클린 뒤 프리 Jacqueline du Pré

S 반복 개화

흰색의 둥근 꽃잎이 편평형으로 개화하고, 꽃 심지가 붉고 아름답다. 5겹 내외의 꽃잎이 겹쳐 나 꽃송이가 되며, 꽃이 잘 달린다. 여름 이후에도 반복해서 잘 핀다. 페티다향이 떠오르는 감귤류의 향이 강하다. 수세가 강하고 신장력이 있어 덩굴장미로도 사용할 수 있다. 내병성은 보통이므로 정기적으로 약제를 살포해야 순조롭게 자란다.

7cm ◎강한 향 ▲횡장/1.4m×1.3m ■하크네스(영국) 1989년
※Radox Bouquet×Maigold
검은별무늬병: 보통, 흰가루병: 보통, 수세: 강

브누아 마지멜 Benoit Magimel

S 반복 개화

아이보리 화이트에서 심지에 희미하게 핑크가 도는 쿼터 로제트형으로 개화한다. 여러 겹의 꽃잎이 겹쳐 나 꽃송이가 되며 꽃이 잘 달린다. 꽃잎은 섬세해 장마철 등에 상할 수 있다. 가지는 유연하고 신장력이 있다. 밑동 새순은 심은 지 몇 년이 지나도 나오지 않게 되므로, 오래된 가지를 남기도록 전정한다. 내병성은 보통이지만, 다소 병이 들어도 수세가 떨어지는 일은 없다. 또, 가지가 목질화되면 더 수세가 좋아지고 가지가 잘 뻗게 된다. 소형 덩굴장미로도 사용할 수 있다.

10cm ◎중간 향 ▲반직립/2.0m×1.0m ■이와시타 아쓰야(일본) 2010년
※Madame Antoine Mari×미공표
검은별무늬병: 보통, 흰가루병: 보통, 수세: 강

그린 아이스 Green Ice

Min 사철 개화

꽃은 옅은 크림색에서 피어날수록 연녹색을 띠며, 기온이 낮을수록 녹색이 선명해진다. 둥근 삼각 꽃잎이 편평형으로 피는 소륜화이다. 5~10겹 정도의 꽃잎이 겹쳐 나 꽃송이가 되며, 꽃이 잘 달리고 시들지 않고 매우 오래간다. 장마철 등에는 꽃잎에 붉은 반점이 생길 수 있으므로 화분에 재배하면 관리에 유용하다. 가지는 유연하고 수형은 작고 아담하면서 가운데로 모여 단정하지만, 걸이용 등으로 가지를 늘어뜨려도 좋다. 또, 산울타리 등 지표면 피복에 쓸 수 있다. 내병성은 중상 정도이다. 튼튼해 무농약으로도 거의 병에 걸리지 않는 품종이다.

3cm ◎약한 향 ▲횡장/0.6m×0.8m ■무어(미국) 1971년
※(*Rosa luciae*×Floradora)×Jet Trail
검은별무늬병: 강, 흰가루병: 보통, 수세: 강

Iritani Selection

추위에 강한 장미

같은 '추위'라고 해도 다양한 기후가 있다. 특히, 눈이 별로 내리지 않는 한랭지 재배는 상당히 어렵다. 눈 속에 묻히면 지상부가 영하 20℃가 되어도 그 속은 0℃ 근처이기 때문에 지상부는 시들어도 묻혀 있는 부분은 고사할 가능성이 낮다. 여기에선 눈이 거의 내리지 않는, 기상 조건이 혹독한 한랭지의 겨울에도 견딜 수 있는 장미를 소개한다.

스탠웰 퍼페추얼 Stanwell Perpetual

HSpn 반복 개화

연한 핑크의 꽃이 로제트형으로 개화한다. 여러 겹의 꽃잎이 겹쳐 나 꽃송이가 되고 꽃이 잘 달리지만, 꽃잎은 섬세하다. 일찍 피고 좋은 향기가 난다. 가지는 가늘고 유연하며, 반횡장성으로 자라서 중형의 돔 모양이 된다. 가지에는 무수한 작은 가시가 있다. 내병성은 보통이다. 정기적으로 약제를 살포해야 순조롭게 자라지만, 가지는 가는 데 비해 단단하고 야무지므로 잘 말라 죽지 않는다. 내한성이 강해 한랭지에서 재배하기 쉽다.

6cm ◎강한 향 ▲반횡장/1.5m×1.2m ■리(영국) 1836년 이전
※*Rosa damascene*(사철 개화)×*Rosa spinosissima*
검은별무늬병: 보통, 흰가루병: 보통, 수세: 보통

스노우 페이브먼트 Snow Pavement

HRg 반복 개화

약간 연보라색이 도는 연한 핑크의 둥근 꽃잎이 편평형으로 개화한다. 여러 겹의 꽃잎이 겹쳐 나 꽃송이가 되고, 꽃이 잘 달리지만 그다지 오래가지 않는다. 해당화 계열이지만 진한 향신료 계열의 향기가 난다. 가는 가지는 유연하고, 수형은 그다지 흐트러지지 않고 단정한 모습이 되므로 화분 재배에도 적합하다. 내병성은 상당히 강해 무농약이라도 거의 병에 걸리지 않는다. 내한성도 강해 한랭지에서 재배하기 쉽다.

6cm ◎강한 향 ▲횡장/1.0m×0.8m ■바움(독일) 1986년
검은별무늬병: 강, 흰가루병: 강, 수세: 보통

핌브리아타 Fimbriata

HRg 반복 개화

연한 핑크의 레이스 같은 꽃잎이 편평형으로 개화하고, 밤낮의 일교차가 있으면 핑크가 뚜렷해진다. 여러 겹의 꽃잎이 겹쳐 나 꽃송이가 되고 꽃이 잘 달린다. 가지는 단단하지만, 가늘고 드문드문하며 곧게 자라는데 윗부분에서 약간 벌어져 단정하지 않다. 수세가 강하고 신장력이 있다. 내병성은 보통이나 가지가 단단하고 충실하므로 다소의 병으로 잎이 떨어져도 수세가 쇠약해지는 일은 없다. 내한성이 있어 눈이 내리지 않는 한랭지에서 재배할 수 있다.

5cm ◎약한 향 ▲직립/1.4m×1.2m ■모레(프랑스) 1891년
※*Rosa rugosa*×Madame Alfred Carrière
검은별무늬병: 보통, 흰가루병: 보통, 수세: 강

레다 Léda

D 한철 개화

흰색의 꽃잎에 가장자리는 진분홍색으로 물든다. 로제트형 개화로 5겹 내외의 꽃잎이 겹쳐 나 꽃송이가 되며, 꽃이 달리고 시들지 않고 오래간다. 가지는 유연하고 방사상으로 자라며 수세는 강하다. 내병성은 보통이지만, 포기의 수세가 좋아지므로 병으로 잎이 떨어져도 시들어 버리는 일은 없다. 가지 변이로 전체가 분홍색인 '핑크 레다Pink Léda'가 있다.

7cm ◎중간 향 ▲반직립/1.5m×0.8m ■데스체인스(영국) 1826년
검은별무늬병: 보통, 흰가루병: 보통, 수세: 보통

마담 르그라 드 생제르맹 Madame Legras de St. Germain

A 한철 개화

꽃이 잘 달린다. 다마스크의 강한 향기가 난다. 가지는 가시가 거의 없고 유연하며, 새순이 잘 나와 생장이 좋다. 내병성은 보통이지만 내한성은 강해 한랭지에서 기르기 쉽다. 소형 덩굴장미로도 활용할 수 있다.

5cm ◎강한 향 ▲반직립/1.2m×1.0m ■1846년 이전
검은별무늬병: 보통, 흰가루병: 보통, 수세: 강

버넷 더블 화이트 Burnet Double White

HSPn 한철 개화

순백의 둥근 꽃잎이 찻잔형으로 개화한다. 홑꽃으로 잘 피고 꽃이 잘 달리지만, 그다지 오래가지 않는다. 일찍 피고, 따뜻한 지역에선 4월 말~5월 초 무렵부터 피기 시작한다. 가지는 가늘고 유연하며 잔바늘 모양의 가시가 많다. 잎은 짙은 녹색의 소형이며, 잔잎이 9~11장으로 많다. 소형 돔 모양으로 가운데로 모여 단정하다. 내병성은 중상 정도이다. 더위에 다소 약하고 따뜻한 지역에선 여름에 성장이 늦지만, 가을철에는 원래대로 돌아온다.

4cm 약한 향 ▲반횡장/0.9m×0.9m ■1808년 이전
검은별무늬병: 보통, 흰가루병: 보통, 수세: 보통

화이트 프로방스 White Provance

C 한철 개화

약간 아이보리가 도는 흰색의 꽃이 로제트형으로 개화한다. 5겹 내외의 꽃잎이 겹쳐 나 꽃송이가 되며, 꽃이 잘 달리지만, 꽃잎은 섬세해 잘 상한다. 강한 전통 장미의 향기가 있다. 가지는 유연하지만, 드문드문 자라서 수형이 쉽게 흐트러진다. 생장은 왕성하고, 여름 이후 새순은 힘차게 나온다. 내병성은 보통으로 특히, 흰가루병에 주의해야 한다. 다만, 포기가 충실해 다소 병에 걸려 잎이 떨어져도 시들지 않는다.

7cm 중간 향 ▲반직립/1.5m×1.0m ■그림우드(영국) 1775년 이전 발견
※*Rosa centifolia*의 가지 변이
검은별무늬병: 보통, 흰가루병: 약, 수세: 보통

블랑 두블 드 쿠베르 Blanc Double de Coubert

HRg 반복 개화

순백의 둥근 꽃잎이 편평형으로 개화한다. 홑꽃에서 여러 겹의 꽃잎이 겹쳐 나 꽃송이가 되며 꽃이 잘 달리지만, 꽃잎은 잘 상한다. 강한 향기가 난다. 겉 꽃잎이 크고 안쪽은 약간 작은 여러 겹으로 된 것 외에 교배친인 해당화의 특징이 잘 나타나지만, 본 품종은 다소 수고가 높은 성질이 있다. 내병성 및 내한성이 강해 약간의 그늘이나 한랭지에서도 재배할 수 있다.

9cm 강한 향 ▲반직립/1.0m×0.8m ■코셰코셰(프랑스) 1892년
※*Rosa rugosa*×Sombreuil
검은별무늬병: 강, 흰가루병: 강, 수세: 보통

알바 세미프레나 Alba Semi-plena

A 한철 개화

연한 크림색으로 피었다가 순백이 되는 둥근 꽃잎이 반겹꽃으로 개화한다. 5겹 내외의 꽃잎이 겹쳐 나 꽃송이가 되며, 꽃이 잘 달린다. 가을에는 줄기가 휠 정도로 오렌지색 열매가 많이 열린다. 생장이 왕성하고 새순이 많이 발생해 자연 수형에선 상당히 커진다. 덩굴장미로 유인하면 가지가 잘 자라므로 대형으로 수형을 가꿔 볼 만하다. 초여름에만 전정하며 열매가 달려 늘어진 전년도의 가지를 자른다. 내병성은 중상 정도로 병으로 다소 잎이 떨어져도, 수세가 강해 잘 말라 죽지 않는다.

7cm 중간 향 ▲반직립/1.8m×1.2m ■1629년 이전
※Alba Maxima 가지 변이
검은별무늬병: 보통, 흰가루병: 보통, 수세: 강

버넷 더블 핑크 Burnet Double Pink

HSPn 한철 개화

꽃은 연분홍색으로 피어나면서 희게 변하기도 한다. '버넷 더블 화이트'와 성질 등은 비슷하지만, 본 품종은 가지에 붉은 빛을 띤다. '로사 스피노시시마*Rosa spinosissima* 더블 핑크', '로사 핌피넬리폴리아Rosa pimpinellifolia 더블 핑크' 등의 품종도 유명하다.

4cm 약한 향 ▲반횡장/0.9m×0.9m ■1819년 이전
검은별무늬병: 보통, 흰가루병: 보통, 수세: 보통

덩굴장미 Climbing Rose

피에르 드 롱사르 Pierre de Ronsard

LCl 약한 반복 개화

중심이 분홍색이고 가장자리가 하얀 복륜의 꽃이 로제트형으로 개화한다. 홑꽃에서 3겹 정도의 꽃잎이 겹쳐 나 꽃송이가 된다. 꽃가지는 짧고 꽃줄기는 유연해 고개를 숙이고 핀다. 꽃이 잘 달리면서 시들지 않고 오래간다. 옅은 과일 향은 기온이 높은 낮보다 아침저녁으로 시원한 시간에 향기가 난다. 신장력이 있고 생장은 왕성하지만, 새순은 심은 지 몇 년이 지나도 거의 발생하지 않는다. 병은 생기지만, 잎이 떨어져도 시들지 않는다. 봄에 시든꽃자르기를 부지런히 하면 장마철에 한 번 더 핀다. 또, 고랭지나 따뜻한 지역에서도 시원한 해라면, 여름이라도 꽃잎은 줄지만 반복해서 잘 핀다. 세계장미연맹 명예의 전당에 든 품종이다.

9~12cm 약한 향 ▲3.0m ■메이앙(프랑스) 1985년
※(Danse des Sylphes×Handel)×Pink Wonder, Climbing
검은별무늬병: 보통, 흰가루병: 강, 수세: 강

블랑 피에르 드 롱사르 Blanc Pierre de Ronsard

LCl 약한 반복 개화

명화銘花 '피에르 드 롱사르Pierre de Ronsard'의 색깔이 옅어진 가지 변이 품종이다. 심지가 희미하게 분홍색이 되고, 피어나면서 하얗게 된다. 부모 품종과 마찬가지로 재배하기 쉽다.

9~12cm 약한 향 ▲3.0m
■메이앙(프랑스) 1999년
※Pierre de Ronsard의 가지 변이
검은별무늬병: 보통,
흰가루병: 강, 수세: 강

뉴 던 New Dawn

LCl 반복 개화

연한 핑크의 꽃잎이 편평형으로 개화한다. 5겹 내외의 꽃잎이 겹쳐 나 꽃송이가 되며, 꽃이 잘 달린다. 꽃가지가 부드럽고, 가지가 늘어지듯 핀다. 약간 늦게 핀다. 열매를 맺기 쉬우므로 반복해서 피울 때는 부지런히 시든꽃자르기를 한다. 가지는 유연하고 구부리기 쉽다. 새순은 갱신하기 어려워 오래된 가지도 살려 유인한다. 내병성은 중상 정도이다. 다소 검은별무늬병이 생겨도 시들지 않는다. 세계장미연맹 명예의 전당에 든 품종이다. 가지 변이로 흰색 꽃인 '화이트 뉴 던White New Dawn', 꽃잎이 처지는 '어웨이크닝Awakening'이 있다.

7cm 중간 향 ▲3.0m ■서머셋 로즈 너서리즈(미국) 1930년
※Dr. W. Van Fleet의 가지 변이
검은별무늬병: 강, 흰가루병: 보통, 수세: 강

스패니시 뷰티 Spanish Beauty

LCl 한철 개화

깨끗한 핑크의 물결 꽃잎이 반겹꽃으로 개화한다. 홑꽃에서 여러 겹의 꽃잎이 겹쳐 나 꽃송이가 되며, 꽃이 잘 달린다. 일찍 핀다. 가을에는 열매를 맺는다. 가지는 유연하고 가지가 늘어지듯 피므로 아치나 그늘시렁 등 시선보다 높은 위치로 유인하면 더욱 아름다워 보인다. 새순의 발생은 매우 좋다. 흰가루병에는 주의가 필요하다. 통상적으로 약제를 살포하는 것이 좋지만, 비교적 튼튼해 다소 병에 걸려 낙엽이 져도 시들지 않는다.

13cm 중간 향 ▲3.0m ■도트(스페인) 1929년
※Frau Karl Druschki×Château de Clos Vougeot
검은별무늬병: 보통, 흰가루병: 약, 수세: 강

로젠도르프 슈파리쇼프 Rosendorf Sparrieshoop

LCl 반복 개화

벚꽃 분홍색의 물결 꽃잎이 편평형으로 개화하며, 밤낮의 일교차가 클 때는 분홍색이 짙어진다. 5~10겹 정도의 꽃잎이 겹쳐 나 꽃송이가 되고, 꽃이 잘 달리며 봄에 만개 시 포기를 덮듯이 핀다. 꽃은 시들지 않고 오래가며, 피기 시작한 후 2주 정도 아름다움을 유지한다. 조금 늦게 피지만, 반복해서 잘 핀다. 생장이 왕성하고 꽃가지는 짧고 가운데로 모여 단정하다. 수직으로 세워 가꿔도 꽃봉오리가 잘 난다. 내병성도 비교적 강해 약제 살포는 생장기에 월 1회 정도면 충분히 재배할 수 있어 키우기 쉬운 덩굴장미이다.

7cm 약한 향 ▲2.5m
■코르데스(독일) 1988년
검은별무늬병: 보통,
흰가루병: 강,
수세: 강

코넬리아 Cornelia

HMsk 반복 개화

살구색이 도는 핑크색 둥근 꽃잎이 편평형으로 개화한다. 10~20겹 정도의 꽃잎이 겹쳐 나 원추형의 꽃송이가 되며, 꽃이 잘 달리면서 시들지 않고 오래간다. 봄에 만개 시 포기를 가득 덮듯이 피는 모습은 멋지다. 초기 성장은 느리고, 밑동 새순도 심은 지 몇 년이 지나도 거의 발생하지 않는다. 단단하고 잎도 잘 난다. 시든 꽃은 떨어지지 않고 남기 쉬우므로 빨리 잘라 낸다. 생장기에 월 1회 정도만 약제를 살포해 줘도 충분히 병을 예방할 수 있어 키우기 쉬운 품종이다.

5cm 중간 향 ▲2.0m
■펜버튼(영국) 1925년
※Trier×Ophelia
검은별무늬병: 보통,
흰가루병: 보통,
수세: 보통

로브리터 Raubritter

S 한철 개화

핑크색 꽃이 찻잔형으로 개화한다. 5~10겹 정도의 꽃잎이 겹쳐 나 꽃송이가 되며, 꽃이 잘 달리고 시들지 않고 아주 오래간다. 늦게 피고, 포기는 가늘다. 가지가 유연해 유인이 쉽다. 오래된 가지에도 많이 피므로 소중히 가꿔 유인한다. 밑동 새순은 심은 지 몇 년이 지나도 거의 나오지 않는다. 내병성은 보통이지만, 가지가 단단해 병으로 말라 죽는 일은 별로 없다. 다만, 내서성이 그리 강하지 않아 여름에 수세가 떨어질 수 있다. 내한성이 강해 한랭지 재배에 추천하는 품종이다.

3cm 약한 향 ▲2.0m
■코르데스(독일) 1936년
※Daisy Hill×Solarium
검은별무늬병: 보통,
흰가루병: 보통, 수세: 약

핑크 프로스페리티 Pink Prosperity

HMsk 반복 개화

분홍색의 둥근 꽃잎이 찻잔형으로 피고, 10겹에서 때로는 20겹 이상의 꽃잎이 겹쳐 나 큰 꽃송이가 된다. 꽃이 잘 달리고 매우 오래가며, 봄에 만개했을 때는 포기를 가득 덮을 정도이다. 꽃가지는 유연해 가지가 늘어지듯 핀다. 밑동 새순은 심은 지 몇 년이 지나도 거의 나오지 않게 되므로 오래된 가지도 소중히 관리한다. 비교적 튼튼해 월 1회 정도만 약제를 살포해 줘도 충분히 기를 수 있다.

6cm 중간 향 ▲1.8m ■벤톨(영국) 1931년
※Prosperity의 가지 변이
검은별무늬병: 보통, 흰가루병: 약, 수세: 강

앨버타인 Albertine

HWich 한철 개화

약간 새먼색이 도는 연분홍색의 둥근 삼각 꽃잎이 편평형으로 개화한다. 5겹 내외의 꽃잎이 겹쳐 나 꽃송이가 된다. 꽃이 잘 달리지만, 꽃잎이 다소 약하다. 약간 늦게 피고, 상쾌한 향기가 난다. 수세가 매우 강해 새순은 잘 나오지만, 가지는 강직하고 날카로운 가시가 있어 유인 작업이 힘들다. 튼튼해 검은별무늬병에 강하다. 또한, 다소 병으로 낙엽이 져도 수세가 떨어지는 일은 별로 없다.

7cm 중간 향 ▲4.5m ■바르비에(프랑스) 1921년
※*Rosa luciae*×Mrs. Arthur Robert Waddell
검은별무늬병: 보통, 흰가루병: 강, 수세: 강

리장 로드 클라이머 Lijiang Road Climber

T 한철 개화

약간 새먼색이 도는 핑크색 꽃이 찻잔형으로 피기 시작하다가 둥근 꽃잎의 편평형으로 개화한다. 홑꽃에서 여러 겹의 꽃잎이 겹쳐 나 꽃송이가 되고, 꽃이 잘 달리며 시들지 않고 오래간다. 일찍 피고, 4월 말~5월 초에는 피기 시작한다. 힘차게 자라는 가지에는 날카로운 가시가 있다. 생장은 지극히 왕성해 큰 포기가 되므로, 땅에 심을 때는 겨울 비료를 조금 할 뿐 거의 비료를 주지 않는다. 내병성도 매우 강해 병에 거의 걸리지 않는다. 품종명은 발견된 중국 윈난성의 리장 로드에서 따왔다.

7cm 중간 향 ▲5.0m
■로저 필립스와 마틴 릭스가 1993년에 발견
검은별무늬병: 강, 흰가루병: 보통, 수세: 강

메이 퀸 May Queen

HWich 한철 개화

연한 핑크의 꽃이 쿼터 로제트형으로 개화한다. 여러 겹의 꽃잎이 겹쳐 나 꽃송이가 되고, 꽃이 잘 달리며 만개 시에는 포기를 덮듯이 핀다. 가지는 가늘고 유연하다. 수세가 강하고, 새순이 많이 나와 잘 자라서 방임하면 꽤 수형은 흐트러진다. 가시는 드문드문 나지만, 날카로워 유인 작업이 힘들다. 내병성은 강하지만 흰가루병은 주의해야 한다.

6cm 중간 향 ▲5.0m ■밴 플리트(미국) 1898년
※*Rosa luciae*×Mrs. de Graw
검은별무늬병: 강, 흰가루병: 약, 수세: 강

폴즈 히말라얀 머스크
Paul's Himalayan Musk

HMsk 한철 개화

'폴즈 히말라얀 머스크'를 주축으로 신장력이 높은 여러 품종의 덩굴장미로 만든 그늘시렁

연분홍의 꽃이 폼폰형으로 개화한다. 약 50겹의 꽃잎이 겹쳐서 큰 송이가 되어, 봄에 만개 시 포기를 가득 덮듯이 피는 모습이 멋지다. 수세가 매우 강하며, 새순은 많이 발생한다. 오래된 가지를 원줄기로 삼으며, 어린 잔가지를 잘라 내어 가꾼다. 가시가 날카로워 겨울철 유인 작업은 애를 먹는다. 내병성은 보통이지만, 매우 튼튼하고 잘 신장하므로 다소 병이 들어 수세를 떨어뜨리는 정도로 적당하다.

5cm 중간 향 ▲4.5m ■폴(영국) 1899년
※*Rosa brunonii*의 교배종
검은별무늬병: 보통, 흰가루병: 보통, 수세: 강

프랑수아 주랑빌 François Juranville

HWich 한철 개화

약간 새먼색이 도는 핑크의 꽃이 로제트형으로 개화한다. 여러 겹의 꽃잎이 겹쳐 나 꽃송이가 되고 꽃이 잘 달린다. 늦게 피고, 따뜻한 지역에선 현대 장미의 일번화가 피고 끝날 무렵에 피기 시작한다. 가지는 유연하며 가늘고 짧은 꽃가지는 늘어진다. 새순은 자주 발생하지만, 수명이 매우 길고 오래된 가지에도 잘 핀다. 오래된 가지가 굵어지는 유형의 품종으로 잘라 버리면 수세가 떨어져 꽃이 상당히 줄어드니 소중하게 살려두도록 관리한다. 비교적 튼튼해 무농약 재배로 다소 잎이 떨어져도 수세가 약해지는 일은 없다.

6cm 중간 향 ▲4.5m ■바르비에(프랑스) 1906년
※*Rosa luciae*×Madame Laurette Messimy
검은별무늬병: 강, 흰가루병: 보통, 수세: 강

핑크 지렌 드 펠리공드
Pink Ghislaine de Féligonde

HMult 반복 개화

팥 크기의 꽃봉오리에서 살구색이 약간 도는 핑크로 피다가 완전히 피어나면서 연한 핑크가 되는 꽃이 폼폰형으로 개화한다. 중심에 버튼 아이button eye가 나타나 교배친인 '지렌 드 펠리공드'보다 꽃잎이 더 많고 늦게 핀다. 10겹 내외의 꽃잎이 겹쳐 나 꽃송이가 되며, 꽃이 매우 잘 달리고 여름 이후에도 반복 개화한다. 꽃가지는 짧고 밑동에서 피어나 보기 좋게 가꿀 수 있다. 가벼운 머스크 향이 난다. 잎은 밝은 녹색으로 광택이 있어 산뜻하다. 신장력이 있고 가시가 거의 없어 다루기 쉽다. 내병성이 강해 기르기 쉽다.

5cm 중간 향 ▲2.5m ■뒤셰(프랑스) 2007년
※Ghislaine de Feligonde의 실생
검은별무늬병: 강, 흰가루병: 강, 수세: 강

클라이밍 폼폰 드 파리
Pompon de Paris, Climbing

ClCh 한철 개화

연한 핑크로 피었다가 장밋빛이 도는 색으로 점차 변하는 둥근 삼각 꽃잎이 편평형으로 개화하며 소륜화이다. 여러 겹의 꽃잎이 겹쳐 나 꽃송이가 되며, 꽃이 잘 달린다. 4월 말~5월 초 무렵부터 일찍 피고, 만개 시에는 포기 전체를 덮듯이 핀다. 가지는 가늘고 유연하다. 수세는 강해 새순은 왕성하게 발생한다. 내병성은 중간 정도로 정기적으로 약제를 살포하는 것이 좋다. 진드기에는 충분히 주의해 재배한다. 내한성은 약하다.

2cm 약한 향 ▲2.0m ■1839년경
※Pompon de Paris의 가지 변이
검은별무늬병: 보통, 흰가루병: 약, 수세: 강

쿠프 데베 Coupe d'Hébé

B 약한 반복 개화

핑크 꽃이 찻잔형으로 개화한다. 5겹 내외의 꽃잎이 겹쳐 나 꽃송이가 되며 꽃이 잘 달리지만, 꽃잎이 섬세해 비 등으로 상하기 쉽다. 좋은 향기가 난다. 새순이 자주 발생해 생장이 왕성하지만, 내병성은 보통이다. 통상적으로 약제를 살포해야 순조롭게 자란다. 내한성은 그다지 강하지 않으며, 검은별무늬병 등으로 낙엽이 지면 따뜻한 지역에서도 시들어 버릴 수 있다.

7cm 중간 향 ▲1.8m ■라페이(프랑스) 1840년
※hybrid of Bourbon×hybrid of *Rosa chinensis*
검은별무늬병: 보통, 흰가루병: 약, 수세: 보통

로라 다보 Lauré Davoust

HMult 약한 반복 개화

파우더 핑크의 소륜화는 쿼터 로제트형으로 개화한다. 10~20겹이나 그 이상의 꽃잎이 겹쳐 나 원추형의 큰 꽃송이가 되며, 꽃이 매우 잘 달린다. 만개 시에는 포기 전체를 온통 꽃으로 덮을 정도로 피어나서 훌륭하며, 향신료 계열의 강한 향기가 난다. 수세는 강해 새순이 다수 발생하고, 신장력도 있다. 가지는 가늘고 유연해 유인하기 쉽다. 내병성은 중상 정도로, 검은별무늬병은 거의 생기지 않아 재배하기 쉽다.

3cm 중간 향 ▲4.0m ■라페이(프랑스) 1834년
검은별무늬병: 강, 흰가루병: 보통, 수세: 강

글루아르 드 디종 Gloire de Dijon

ClT 반복 개화

연한 살구색 꽃이 로제트형으로 개화한다. 홑꽃이 피기 쉽지만, 꽃이 잘 달린다. 상쾌한 향기가 난다. 가지는 유연하지만 거칠다. 심은 지 몇 년이 지나도 밑동 새순은 별로 나오지 않는다. 오래된 가지도 꽃이 잘 피므로 소중히 남기도록 한다. 내병성은 보통이며, 정기적으로 약제를 살포해 재배한다. 내한성은 약해 한랭지에선 추위로 시들어 버릴 수도 있다.

7cm 중간 향 ▲2.5m ■자콧(프랑스) 1850년
※Desprez à Fleur Jaune×Souvenir de la Malmaison
검은별무늬병: 보통, 흰가루병: 보통, 수세: 보통

발레리나 Ballerina

HMsk 반복 개화

꽃은 연한 핑크에 안쪽이 흰색인 소륜이 홑꽃으로 핀다. 10겹에서 수십 겹의 꽃잎이 겹쳐 나 큰 꽃송이가 되고, 꽃이 잘 달리면서 시들지 않고 오래간다. 반복 개화하지만, 시든꽃자르기를 하지 않으면 열매를 맺어 덜 피게 된다. 생장이 왕성하다. 내병성은 보통이지만, 튼튼하다. 월 1회 정도만 약제를 살포해 줘도 충분히 관리할 수 있지만, 여름철 진드기에는 주의가 필요하다. 덩굴장미 외에 자연 수형으로도 즐길 수 있다.

3cm 약한 향 ▲2.0m ■벤톨(영국) 1937년
검은별무늬병: 보통, 흰가루병: 보통, 수세: 보통

하고로모 羽衣 Hagoromo

LCl 반복 개화

분홍색의 뾰족 꽃잎이 우산형으로 개화하며 여러 겹의 꽃잎이 겹쳐 나 꽃송이가 된다. 꽃이 잘 달리며 가을까지 끊임없이 반복 개화한다. 꽃가지는 짧고 유연하다. 수세가 강해 심은 지 몇 년이 지나 밑동 새순이 잘 발생하지만, 그 후에는 새순을 갱신하기 어렵고 오래된 가지에 꽃을 피운다. 내병성이 비교적 강하고 튼튼해, 다소 병에 걸려 잎이 떨어져도 수세가 약해지지 않는다.

10cm 중간 향 ▲2.5m ■게이세이 장미 원예(일본) 1970년
※Aztec의 실생×New Dawn의 실생
검은별무늬병: 강, 흰가루병: 보통, 수세: 강

콘래드 페르디난드 마이어 Conrad Ferdinand Meyer

HRg 약한 반복 개화

핑크의 둥근 삼각 꽃잎이 구형으로 개화한다. 홑꽃에서 여러 겹의 꽃잎이 겹쳐 나 꽃송이가 된다. 조금 일찍 피고, 꽃은 드문드문 핀다. 강한 향기가 난다. 생장이 왕성하다. 수세가 강해 새순의 발생이 매우 좋다. 잎은 교배친인 해당화 계열의 투박한 느낌이다. 내병성은 중간 정도이며, 무농약으로 재배하면 검은별무늬병으로 낙엽이 지는 일이 흔하지만, 수세가 강해 시드는 일은 없다. 가지 변이로 색이 연해진 '노바 젠브라Nova Zembla'가 있다.

10cm 강한 향 ▲3.0m ■뮐러(독일) 1899년
※*Rosa rugosa*의 교배종
검은별무늬병: 보통, 흰가루병: 보통, 수세: 강

모차르트 Mozart

HMsk 반복 개화

로즈핑크에 안쪽이 흰색인 소륜이 홑꽃으로 핀다. 10겹에서 때로는 수십 겹의 꽃잎이 겹쳐 나 큰 꽃송이가 되며, 꽃이 잘 달리면서 시들지 않고 오래간다. 여름 이후에도 반복 개화하는데 가을에 시든 꽃을 남겨 두면 주황색의 작은 열매를 맺는다. 생장이 왕성하고 잘 우거지므로 울타리 등으로 유인하면 보기 좋다. 강한 전정으로도 자연 수형을 즐길 수 있다. 비교적 튼튼해 생장기에 월 1회 정도만 약제를 살포해 줘도 충분히 병을 예방할 수 있으며, 다소 낙엽이 지더라도 수세가 약해지는 일은 별로 없으나, 여름철 진드기를 주의해야 한다.

3cm 약한 향 ▲1.8m ■람베르트(독일) 1937년
※Robin Hood×Rote Pharisäer
검은별무늬병: 보통, 흰가루병: 보통, 수세: 보통

하루가스미(핑크 서머 스노우) Harugasumi(Pink Summer Snow)

ClFl 약한 반복 개화

'클라이밍 서머 스노우'가 분홍색이 된 가지 변이로 한랭지라면 분홍색이 더 진하게 나온다. 성질은 별반 다르지 않다. '클라이밍 서머 스노우'가 핑크색이 되는 가지 변이는 종종 발생하지만, '하루가스미'에서 '서머 스노우'로 되돌아가는 경우는 지금까지 발견되지 않았다.

서머 스노우

5cm 약한 향 ▲3.0m
■이타미 로즈가든(일본) 2004년
※Summer Snow, Climbing의 가지 변이
검은별무늬병: 보통,
흰가루병: 약, 수세: 강

클라이밍 이브 피아체 Yves Piaget, Climbing

ClHT 한철 개화

'이브 피아체'의 덩굴성 가지 변이이다. 꽃이 많이 달리지 않지만, 거대륜이 화려해 볼만하다. 강한 향기도 겸비하고 있다. 수세가 강하고, 심은 후 처음에는 밑동 새순이 많이 발생한다. 크게 가꾸는 쪽이 어울린다. 내병성은 보통이며 통상적인 약제 살포는 필요하다.

14cm 강한 향 ▲3.0m ■메이앙(프랑스) 2005년
※Yves Piaget의 가지 변이
검은별무늬병: 보통, 흰가루병: 보통, 수세: 아주 강

폴 노엘 Paul Noël

HWick 약한 반복 개화

꽃 색깔이 짙은 것이 '폴 노엘'이다. 꽃 색깔이 옅은 '폴 트라손Paul Transon'과 세계적으로 혼동되고 있다.

새먼색을 띠는 분홍색의 꽃이 로제트형으로 개화한다. 5겹 정도의 꽃잎이 겹쳐 나 꽃송이가 되며, 꽃이 잘 달린다. 가지는 유연하고 신장력이 있다. 오래된 가지에서 꽃이 많이 피고, 오래된 가지가 없으면 수세가 떨어져 버리는 품종이다. 꽃이 잘 달리지 않을 때까지 오래된 가지는 자르지 않으며, 가지가 많을 때는 어린 가지로 자른다. 내병성은 상당히 강해 무농약이라도 그다지 병에 걸리지 않는다. 다소 병이 들어도 수세가 있으므로 약해지지 않는다.

8cm 중간 향 ▲4.0m ■탕네(프랑스) 1940년
※*Rosa luciae*×Monsieur Tillier
검은별무늬병: 강, 흰가루병: 보통, 수세: 강

팬시 러플 Fancy Ruffle

LCl 사철 개화

앞면 꽃잎은 핑크에서 연한 핑크로 색이 변하며 꽃잎 뒷면이 흰색인 복색이다. 주름 장식 같은 톱니 모양이 특징이며, 밤낮의 일교차가 있을 때 특히 두드러지게 나타난다. 꽃이 잘 달리며 여러 겹의 꽃잎이 겹쳐 나 꽃송이가 되고, 사철 개화성도 강하다. 해외의 데이터에선 사철 개화성 중륜화지만, 반덩굴성 상태로 자라는 특성 때문에 일본에서는 덩굴장미로 분류하기도 한다. 사계절 내내 잘 피고 열매가 맺히기 쉬우므로, 시든꽃자르기를 부지런히 한다. 신장력이 있어 덩굴장미로 가꿔도 잘 핀다. 내병성은 보통이므로 약제 살포 등 통상 관리를 해 재배한다.

10cm 약한 향 ▲1.8m ■인터플랜트(네덜란드) 2015년
※Interblodev(Devine)×Intereeci(Icee)
검은별무늬병: 보통, 흰가루병: 보통, 수세: 강

도로시 퍼킨스 Dorothy Perkins

HWich 한철 개화

화이트 도로시 퍼킨스

핑크의 둥근 꽃잎이 폼폰형으로 개화한다. 20겹 내외의 꽃잎이 겹쳐 나 큰 꽃송이가 되고, 꽃이 잘 달리며 시들지 않고 오래간다. 늦게 피고, 이 장미가 피기 시작하면 봄 장미의 계절은 종반이 된다. 가지는 가늘고 유연하다. 수세가 강해 새순은 많이 발생한다. 신장력도 있어 대형 수형 가꾸기에 적합하다. 내병성은 강해 검은별무늬병은 거의 생기지 않지만, 흰가루병에는 약하다. 가지 변이로 흰색 꽃인 '화이트 도로시 퍼킨스White Dorothy Perkins'가 있으며, '엑셀사Excelsa'는 색깔이 짙어진 가지 변이로 알려져 있다.

3cm 약한 향 ▲5.0m ■거울(미국) 1901년
※*Rosa luciae*×Madame Gabriel Luizet
검은별무늬병: 강, 흰가루병: 약, 수세: 강

에델슈타인 Edelstein

LCl 반복 개화

약간 연보라색을 띤 연한 핑크의 둥근 꽃잎이 찻잔형으로 개화한다. 여러 겹의 꽃잎이 겹쳐 나 꽃송이가 되고 꽃이 잘 달리지만, 꽃잎은 그다지 강하지 않다. 여름 이후에도 반복해서 잘 핀다. 상쾌한 향이 난다. 생장이 왕성해 새순의 발생은 매우 좋다. 내병성은 보통으로 월 1회 정도의 약제를 살포하면 원활하게 자란다. 자연 수형으로도 즐길 수 있다. 병 예방을 확실히 하면 겨울에 잘 시들지 않아 한랭지에서 그럭저럭 키울 수 있다.

8cm ◎강한 향 ▲1.8m ■탄타우(독일) 2015년
검은별무늬병: 보통, 흰가루병: 보통, 수세: 강

레이니 블루 Rainy Blue

LCl 사철 개화

꽃은 선명한 연보라색으로 둥근 꽃잎이 편평형으로 개화한다. 5겹이나 그 이상의 꽃잎이 겹쳐 나 꽃송이가 되며, 꽃이 잘 달리면서 시들지 않고 오래간다. 여름 이후에도 꽃봉오리는 유지되지만, 약간 더위에 약해서 여름에는 성장이 느려진다. 초기 생장이 느리고 내병성도 그리 강하지 않으므로 잘 예방해 재배한다. 가을이 올 때까지 잎을 잘 남기면 새순이 왕성하게 발생한다. 한랭지에선 그다지 자라지 않고 반덩굴성 수형으로 가꿔도 좋다. 내한성은 매우 강해 한랭지에서도 겨울에 거의 시들지 않는다.

7cm ◎약한 향 ▲1.8m ■탄타우(독일) 2012년
※Ilseta×Old Port
검은별무늬병: 보통, 흰가루병: 보통, 수세: 보통

소냐도르 Soñador

LCl 반복 개화

꽃은 짙은 자주색으로, 피어나면서 푸른빛이 도는 둥근 꽃잎이 편평형으로 개화한다. 5겹 내외의 꽃잎이 겹쳐 나 꽃송이가 되며, 꽃이 잘 달리면서 시들지 않고 오래간다. 꽃가지는 길고, 수형은 약간 흐트러진다. 반복해서 피지만, 열매가 맺히기 쉬우므로 시든꽃자르기를 부지런히 하는 것이 좋다. 생장이 왕성하고, 새순의 발생은 좋다. 내한성이 있고 비교적 튼튼하므로 약제 살포는 생장기에 월 1회 정도면 충분히 재배할 수 있다.

8cm ◎중간 향 ▲3.0m ■딕슨(영국) 1970년
※Lucky×Wild Rover
검은별무늬병: 보통, 흰가루병: 강, 수세: 강

블루 램블러(바일헨블라우) Blue Rambler(Veilchenblau)

HMult 약한 반복 개화

적자색으로 피었다가 점차 푸른빛이 도는 둥근 꽃잎이 소륜으로 핀다. 꽃이 조금 늦게 피며 시들지 않고 오래간다. 20겹 내외의 꽃잎이 겹쳐 나 큰 꽃송이가 되고, 만개 시에는 자색 계열의 그러데이션으로 아름답게 포기 전체를 덮는다. 포기는 강해 새순의 발생이 많다. 그 가지 끝까지 다수의 꽃가지를 뻗어 꽃이 잘 달린다. 오래된 가지에도 꽃이 많이 피므로 소중히 관리한다. 내병성은 보통이며 통상적으로 약제를 살포한다.

10cm ◎강한 향 ▲3.0m ■슈미트(독일) 1899년
※(Gloire de Dijon×Duc de Rohan)×Germanica
검은별무늬병: 보통, 흰가루병: 보통, 수세: 강

블루 마젠타 Bleu Magenta

HMult 한철 개화

짙은 적자색 꽃잎이 로제트형으로 개화한 후 푸른빛이 도는 진보라색으로 변한다. 20겹 내외의 꽃잎이 겹쳐 나 큰 꽃송이가 되며, 꽃이 잘 달린다. 늦게 핀다. 수세가 강하고, 새순의 발생은 매우 좋다. 가지의 수명은 길며 오래된 가지에서도 꽃이 많이 핀다. 내병성은 보통이며 정기적인 약제 살포로 병 예방에 힘써야 한다.

3cm ◎약한 향 ▲3.0m
■Grandes Roseraies du Val de Loire(프랑스) 1933년
검은별무늬병: 보통, 흰가루병: 강, 수세: 강

클라이밍 로즈우라라 Roseurara, Climbing

ClFl 반복 개화

로즈우라라

'로즈우라라'의 덩굴성 가지 변이 품종이다. 밝은 로즈핑크의 둥근 꽃잎이 편평형으로 개화한다. 5겹 내외의 꽃잎이 겹쳐 나 꽃송이가 되고, 꽃이 잘 달리며 시들지 않고 오래간다. 심은 직후에는 별로 꽃이 피지 않지만, 포기의 수세가 좋아지면 여름 이후에도 잘 핀다. 몇 년 후에 수세가 좋아지면, 봄철 만개 시에 포기 전체에 수백 송이 꽃이 만발해 그 아름다움은 압권이다. 꽃가지는 짧고 가운데로 모여 단정하다. 내서성이 있어, 비교적 튼튼하다. 내병성도 약하지 않아 최소한의 약제 살포로 충분히 재배할 수 있다.

8cm ◎약한 향 ▲3.0m ■게이세이 장미 원예(일본) 2013년
※로즈우라라의 가지 변이
검은별무늬병: 보통, 흰가루병: 보통, 수세: 강

레오나르도 다빈치 Leonardo de Vinci

Fl 반복 개화

로즈핑크의 꽃잎이 찻잔형으로 개화한다. 5겹 내외의 꽃잎이 겹쳐 나 꽃송이가 되고, 꽃이 잘 달린다. 꽃잎이 강해 꽃이 시들지 않고 오래간다. 여름 이후에도 반복해서 잘 핀다. 수세가 강하고 꽃가지는 짧아 가운데로 모여 단정하다. 유인 기술이 없더라도 포기 전체에서 꽃이 잘 피므로 첫 재배용 덩굴장미로 추천하는 품종이다. 내병성은 중간 정도로 비교적 튼튼해 기르기 쉽다. 또한 한랭지에선 덩굴 모양의 가지가 거의 나오지 않아 직립성으로 가꿔 기른다.

6cm ◎약한 향 ▲3.0m ■메이앙(프랑스) 1993년
※Sommerwind×(Milrose×Rosamunde)
검은별무늬병: 보통, 흰가루병: 보통, 수세: 강

안젤라 Angela

Fl 사철 개화

로즈핑크색 둥근 꽃잎이 찻잔형으로 개화한다. 10겹 내외의 꽃잎이 겹쳐 나 꽃송이가 되며, 꽃이 잘 달리면서 시들지 않고 오래간다. 만개 시에는 포기를 뒤덮듯이 핀다. 또, 반복 개화성도 강하다. 생장이 왕성해 새순의 발생이 매우 좋다. 내병성은 보통이지만, 다소 병에 걸려 낙엽이 지더라도 수세가 강해 시들어 가는 일은 거의 없다. 가지를 똑바로 세운 채로 밑동 근처에서 꽃이 피어나 자연 수형으로 즐길 수 있다.

6cm ◎약한 향 ▲3.0m ■코르데스(독일) 1984년
※Yesterday×Peter Frankenfeld
검은별무늬병: 보통, 흰가루병: 보통, 수세: 강

클라이밍 미세스 샘 맥그레디
Mrs. Sam McGredy, Climbing

ClHT 약한 반복 개화

적동색赤銅色의 뾰족 꽃잎이 우산형으로 개화한다. 여러 겹의 꽃잎이 겹쳐 나 꽃송이가 되며, 꽃이 잘 달리지만 오래가지 않고 금세 벌어진다. 일찍 피고, 상쾌한 향이 난다. 꽃줄기가 유연하고 고개를 숙이고 핀다. 가지는 강직하고 단단하다. 수세가 강해 새순도 자주 발생한다. 내병성은 약해 정기적으로 약제를 살포하고 잎이 유지되도록 관리해야 겨울에 시들지 않는다.

10cm ◎중간 향 ▲3.0m ■바이스맨(네덜란드) 1937년
※Mrs. Sam McGredy의 가지 변이
검은별무늬병: 보통, 흰가루병: 약, 수세: 강

하루카제春風 Harukaze

LCl 한철 개화

꽃잎의 앞면은 로즈핑크, 뒷면은 크림 노란색인 복색이며 둥근 꽃잎이 구형 개화에서 편평형으로 개화한다. 피어나면 꽃잎의 앞면은 자줏빛을 띤다. 일찍 꽃이 핀다. 여러 겹의 꽃잎이 겹쳐 나 꽃송이가 되며, 꽃이 잘 달리면서 시들지 않고 오래간다. 수세는 매우 강해서 새순이 자주 발생한다. 반덩굴성 모양으로 뻗은 가지에는 골고루 꽃이 달리므로 자연 수형에서 덩굴 수형까지 폭넓게 활용할 수 있다. 가지에 거의 가시가 없어 다루기 쉽다. 내병성이 강하다. 게이세이 장미 원예에서 '하나미카와花見川'와 함께 관리가 거의 필요 없는 조경용으로 발표한 초기 품종이다.

6cm ◎약한 향 ▲4.5m ■게이세이 장미 원예(일본) 1985년
※Charleston×*Rosa luciae*
검은별무늬병: 보통, 흰가루병: 보통, 수세: 매우 강

루주 피에르 드 롱사르 Rouge Pierre de Ronsard

LCl 반복 개화

크림슨색 꽃잎이 로제트형으로 개화하고 5겹 내외의 꽃잎이 겹쳐 나 꽃송이가 된다. 꽃이 잘 달리면서 시들지 않고 오래가며, 여름 이후에도 반복해서 핀다. 다마스크 계열의 진한 향이 난다. 꽃잎은 약간 약하며 장마철 등에는 꽃이 피지 않을 수 있다. 비료를 많이 주지 말고 다소 수세를 떨어뜨려 꽃잎 수를 줄여야 아름답게 꽃이 핀다. 가지 끝에 꽃이 피므로 사방으로 가지 끝을 유인하면 풍성하게 꽃을 볼 수 있다. 성목은 새순이 거의 나오지 않아 오래된 가지를 소중히 관리해야 한다. 내병성은 보통이므로 정기적으로 약제를 살포한다.

10cm ◎강한 향 ▲2.0m ■메이앙(프랑스) 2002년
※Cappa Magna의 실생×Ulmer Münster
검은별무늬병: 보통, 흰가루병: 강, 수세: 강

파르페 아무르 Parfait Amour

S 반복 개화

짙은 적자색에 안쪽이 흰색이며 홑꽃으로 핀다. 10~20겹 정도의 꽃잎이 겹쳐 나 큰 꽃송이가 되어, 봄에 만개했을 때는 포기 전체를 덮어 버릴 정도로 멋지다. 개화기에는 반복해서 잘 핀다. 가지는 가늘고 유연하다. 수세도 강하고, 새순이 자주 발생한다. 내병성은 중상 정도로 수세도 강하고, 다소 병이 생겨도 쇠약해지는 일은 없다. 단, 진드기에는 주의가 필요하다.

3cm ◎중간 향 ▲2.5m ■워너(영국) 2009년
검은별무늬병: 보통, 흰가루병: 강, 수세: 강

바롱 지로 드 랭 Baron Girod de l'Ain

HP 약한 반복 개화

진홍색 꽃잎에 점차 자줏빛이 돌며, 가장자리에 선명한 흰색 선이 있는 복륜複輪이 찻잔형으로 핀다. 여러 겹의 꽃잎이 겹쳐 나고, 꽃이 잘 달리며 시들지 않고 오래간다. 여름 이후 개화량이 줄지만 가을까지 핀다. 생장이 왕성하되 병에 잘 걸린다. 초봄이나 초가을은 흰가루병, 장마철은 검은별무늬병에 주의한다. 수형이 크지만 반덩굴성 직립 수형으로 가꿔 키워도 꽃을 많이 볼 수 있다.

8cm ◎약한 향 ▲2.0m ■레비콘(프랑스) 1897년
※Eugène Fürst의 가지 변이
검은별무늬병: 보통, 흰가루병: 약, 수세: 강

칵테일 Cocktail

S 사철 개화

선명한 붉은색에 중심은 노란색인 홑꽃이 피고, 10겹이나 그 이상의 꽃잎이 겹쳐 나 큰 꽃송이가 된다. 꽃은 매우 잘 달리며, 봄에 만개할 때 잎이 보이지 않을 정도로 핀다. 일찍 피고, 반복해서 핀다. 새순이 잘 발생한다. 내병성은 보통으로 약제 살포로 병을 제대로 예방해 재배한다. 생장기에 병에 걸려 잎이 떨어지면 겨울에 잘 말라 죽는다. 세계장미연맹 명예의 전당에 든 품종이다.

5cm ◎약한 향 ▲2.5m ■메이앙(프랑스) 1957년
※(Independence×Orange Triumph)×Phyllis Bide
검은별무늬병: 약, 흰가루병: 보통, 수세: 보통

엉클 월터 Uncle Walter

HT 반복 개화

벨벳처럼 광택이 나는 선명한 빨강으로, 뾰족 꽃잎이 우산형으로 단정하게 개화한다. 홑꽃에서 여러 겹의 꽃잎이 겹쳐 나 꽃송이가 되기도 하며, 꽃이 잘 달린다. 영국에선 하이브리드 티의 직립장미지만, 일본에서는 가지가 잘 뻗어 덩굴장미로 취급한다. 봄철 이후에도 반복해서 개화한다. 생장이 왕성하고 새순이 자주 발생한다. 가지 끝에 꽃이 달리기 쉬우므로 방사형으로 유인하면 꽃이 한 면에 골고루 핀다. 내병성은 보통이므로 정기적으로 약제를 살포해야 순조롭게 자란다. 한랭지에선 그다지 자라지 않아 직립성으로 취급할 수 있다.

10cm ◎약한 향 ▲4.0m ■맥그레디 4세(영국) 1963년
※Detroiter×Heidelberg
검은별무늬병: 보통, 흰가루병: 보통, 수세: 강

크림슨 스카이 Crimson Sky

LCl 약한 반복 개화

선홍색의 물결 꽃잎이 편평형으로 개화한다. 3~5겹 내외의 꽃잎이 겹쳐 나 꽃송이가 되고, 꽃이 잘 달리며 시들지 않고 오래간다. 꽃잎이 강해 손상되지 않으며 퇴색도 적다. 여름 이후의 새순에도 꽃눈이 자라 계절 내내 꽃이 피는 것 같다. 희미한 티 향이 난다. 가시도 적어 유인하기 쉽지만, 가지를 옆으로 눕히면 꽃이 잘 달리지 않는다. 따라서 울타리 등에는 부채꼴 모양으로 유인하고, 봉에는 고저 차를 두고 전정한다. 많은 비료는 꽃가지를 너무 자라게 하므로 주의한다. 잎은 광택이 있으며, 병에 강해 재배하기 쉽다.

10cm ◎약한 향 ▲2.5m ■메이앙(프랑스) 2007년
※(Cappa Magna×Cassandre)×(Ulmer Münster×Altissimo)
검은별무늬병: 보통, 흰가루병: 강, 수세: 강

초콜릿 선디 Chocolate Sundae

LCl 사철 개화

꽃은 붉은 벽돌색으로, 고온기에는 주홍색이 되는 둥근 삼각 꽃잎이 우산형으로 개화한다. 여러 겹의 꽃잎이 겹쳐 나 꽃송이가 되고 꽃이 잘 달린다. 사철 개화성이 강하고, 잘 자라는 나무와 같은 장미 품종이다. 수세가 강해 신장력이 좋다. 가지 끝에 꽃봉오리가 달리기 쉬워 가지 끝을 골고루 유인하면 꽃이 골고루 핀다. 내서성이 있고, 내병성은 보통이다. 검은별무늬병 등으로 낙엽이 지면 수세가 약해지므로 약제를 정기적으로 살포해 재배한다.

10cm ◎약한 향 ▲2.0m ■메이앙(프랑스) 2009년
※(Centenaire de Lourdes×Duke of Windsor)×Terracotta
검은별무늬병: 약, 흰가루병: 보통, 수세: 보통

사하라 '98 Sahara '98

LCl 반복 개화

노란색이 도는 오렌지색으로 피어나면서 꽃잎 가장자리에 주홍색이 돌고, 머지않아 레몬옐로로 변화하는 둥근 꽃잎이 편평형으로 개화한다. 한랭지에선 물결 꽃잎이 되기도 한다. 여러 겹의 꽃잎이 겹쳐 나 꽃송이로 피며, 꽃이 잘 달리면서 시들지 않고 오래간다. 일찍 피고, 여름 이후에도 반복해서 핀다. 수세가 강해 왕성하게 자란다. 내병성이 보통이고, 생장기에 검은별무늬병으로 잎이 떨어져도 크게 약해지지 않는다.

8cm 약한 향 ▲2.5m ■독일(단타우) 1996년
검은별무늬병: 보통, 흰가루병: 강, 수세: 보통

베스터랜드 Westerland

S 반복 개화

오렌지색 둥근 꽃잎이 편평형으로 개화한다. 가장가리가 물결치는 꽃잎은 피어날수록 새먼핑크빛이 돈다. 질감이 탄탄한 5겹 내외의 꽃잎이 겹쳐 나 꽃송이가 되며, 꽃이 잘 달리면서 시들지 않고 오래간다. 향기가 강하다. 가지는 강직하고 수세는 강해 방사상으로 유인 작업하기 쉽다. 생장이 왕성하고 튼튼하다. 내병성은 중상 정도라서 월 1회 정도 약제를 살포하면 충분히 예방할 수 있다.

8cm 강한 향 ▲2.5m ■코르데스(독일) 1969년
※Friedrich Wörlein×Circus
검은별무늬병: 보통, 흰가루병: 보통, 수세: 강

아이스포겔 Eisvogel

LCl 반복 개화

갈색빛이 도는 오렌지 핑크의 복잡한 색조의 물결 꽃잎이 로제트형으로 개화한다. 여러 겹의 꽃잎이 겹쳐 나 꽃송이가 되고 꽃이 잘 달린다. 꽃잎은 그리 강하지 않아 장마철 등 습도가 높을 때는 반점이 잘 생긴다. 몰약 향이 강하게 난다. 생장은 왕성하고, 새순 발생은 매우 좋다. 가지에 가시가 거의 없어 다루기 쉽다. 내병성은 보통이므로 평범하게 약제를 살포할 필요가 있다. 생장기에 낙엽이 지면 추위로 가지가 시들기 쉽다.

9cm 강한 향 ▲1.8m ■탄타우(독일) 2016년
검은별무늬병: 보통, 흰가루병: 보통, 수세: 강

로코코 Rokoko

LCl 반복 개화

살구색 꽃잎이 물결 모양으로 핀다. 밤낮의 일교차가 있을 때나 초봄에 추워지면 발색이 뚜렷해지고 살굿빛이 진해진다. 홑꽃이 피고 여러 겹의 꽃잎이 겹쳐 나 꽃송이가 되며, 꽃이 잘 달리면서 시들지 않고 오래간다. 여름 이후는 그다지 반복해서 피지 않는다. 수세가 강해 왕성하게 자라고, 새순이 잘 발생한다. 내병성은 중간 정도이므로 정기적으로 약제를 살포해 재배한다.

12cm 약한 향 ▲3.5m ■단타우(독일) 1987년
※White Hedge×Hybrid Tea
검은별무늬병: 보통, 흰가루병: 보통, 수세: 강

알키미스트 Alchymist

S 한철 개화

오렌지색이나 새먼핑크 등이 복잡하게 뒤섞인 꽃잎이 로제트형으로 개화한다. 여러 겹의 꽃잎이 겹쳐 나 꽃송이가 되고, 꽃이 잘 달리며 시들지 않고 오래간다. 가지는 강직하며, 수세는 강해 새순이 잘 발생한다. 오래된 가지에도 꽃이 잘 피므로 살려서 유인한다. 넓은 장소라면 자연 수형으로도 키울 수 있다. 내병성은 보통이라서 정기적으로 약제를 살포해 재배한다. 튼튼해 다소 병에 걸려 잎이 떨어지는 일이 있어도 그다지 피해를 안 받는다. 내한성이 강해 한랭지에서도 재배할 수 있다.

7cm 중간 향 ▲4.0m ■코르데스(독일) 1956년
※Golden Glow×*Rosa eglanteria* hybrid
검은별무늬병: 약, 흰가루병: 보통, 수세: 강

코르데스 주빌리 Kordes' Jubilee

HT 사철 개화

살구색이 도는 노란색으로 피어나, 꽃잎 가장자리에서 중심을 향해 새먼핑크로 색이 변하는 복륜의 로제트형으로 개화한다. 대륜으로 홑꽃이 피는 경우가 많다. 좋은 향기가 난다. 수세가 강하고 신장력이 있어, 새순이 많이 나온다. 가지 끝에 꽃이 달리기 쉬우므로 가지를 골고루 흩어지도록 유인한다. 겨울에 전정해 자연 수형으로 가꿔도 좋다. 튼튼하지만, 흰가루병은 주의해야 한다.

13cm 강한 향 ▲2.0m ■코르데스(독일) 2012년
※Dame Elisabeth Mardoch×실생
검은별무늬병: 강, 흰가루병: 보통, 수세: 강

펠리시아 Felicia

HMsk 반복 개화

살구색을 띤 분홍색으로 둥근 꽃잎이 편평형으로 개화한다. 10겹 내외의 꽃잎이 겹쳐 나 꽃송이가 되며, 꽃이 잘 달리면서 시들지 않고 오래간다. 덩굴장미로 가꾸면 반복 개화가 약해지지만, 자연 수형이면 반복적으로 잘 개화한다. 꽃가지는 유연하지만, 원줄기는 단단하다. 겨울에 전정만 해도 개화한다. 내병성은 보통이나, 수세가 강해 다소 병에 걸려도 말라 죽는 일은 없다.

6cm 중간 향 ▲2.0m ■펜버튼(영국) 1939년
※Trier×Ophelia
검은별무늬병: 보통, 흰가루병: 보통, 수세: 강

사일런스 이즈 골든 Silence is Golden

LCl 반복 개화

선명한 오렌지색의 꽃봉오리에서 황금색으로 피어나는 꽃은 둥근 꽃잎이 편평형으로 개화한다. 여러 겹의 꽃잎이 겹쳐 나 꽃송이가 되며 꽃이 잘 달린다. 약간 늦게 피고, 반복 개화성이 강하다. 봄철 이후에도 자꾸자꾸 핀다. 수세가 강하고 새순이 자주 발생한다. 새순 끝에 꽃봉오리가 달려 자연 수형으로 가꿀 수 있다. 내병성은 중상 정도로 월 1회 정도만 약제를 살포해 줘도 병을 예방할 수 있다. 내한성이 있어 기르기 쉬운 품종이다.

4cm 약한 향 ▲2.0m ■딕슨(영국) 2010년
검은별무늬병: 보통, 흰가루병: 강, 수세: 보통

크라운 프린세스 마거리타 Crown Princess Margareta

S (ER) 반복 개화

오렌지색을 띤 황금색의 꽃이 로제트형으로 개화한다. 3~5겹 내외의 꽃잎이 겹쳐 나 꽃송이가 되며, 꽃이 잘 달린다. 향기는 상큼한 과일 향이 난다. 생장이 왕성해 새순이 자주 발생한다. 자연 수형뿐만 아니라 유인해 크게 수형을 가꿔도 전체에 꽃이 달려 보기 좋다. 내병성은 중상 정도이며, 월 1회 정도만 약제를 살포해 줘도 병을 예방할 수 있다. 튼튼해 반나절 그늘인 곳에서도 잘 자란다. 품종명은 빅토리아 여왕의 손녀 이름에서 따왔다.

10cm 강한 향 ▲2.5m ■데이비드 오스틴(영국) 1999년
※실생×Abraham Darby
검은별무늬병: 보통, 흰가루병: 강, 수세: 강

버프 뷰티 Buff Beauty

HMsk 반복 개화

살구색이 도는 베이지색으로 피어나서 크림색이 되는 둥근 꽃잎이 편평형으로 개화한다. 5~10겹 내외의 꽃잎이 겹쳐 나 꽃송이가 되며, 꽃이 잘 달리면서 시들지 않고 오래간다. 반횡장성이며, 가지가 약간 단단해 자연 수형으로 다듬어도 단정한 모습이 된다. 심은 후 몇 년이 지나면 새순이 거의 나오지 않는 대신 오래된 가지에도 많이 꽃이 달리므로 소중히 관리한다. 내병성은 보통이지만, 병으로 낙엽이 져도 말라 죽는 일은 없다.

8cm 중간 향 ▲2.0m ■벤톨(영국) 1939년
※William Allen Richardson×실생
검은별무늬병: 보통, 흰가루병: 보통, 수세: 강

데프레 아 플뢰르 존 Desprez à Fleur Jaune

N 반복 개화

살구색의 꽃이 로제트형으로 개화한다. 홑꽃에서 여러 겹의 꽃잎이 겹쳐 나 꽃송이가 되며, 꽃이 잘 달린다. 일찍 피고, 반복해서 핀다. 초기 생장은 느리고, 심은 초기에는 좀처럼 커지지 않는다. 새순 발생은 좋다. 내병성은 보통이므로 병 예방은 확실히 한다. 내한성은 그리 강하지 않으므로 병이 생겨 낙엽이 지면 겨울철에 시들 수 있다.

7cm 중간 향 ▲1.8m ■데프레(프랑스) 1930년
※Blush Noisette×Parks' Yellow Tea-scented China
검은별무늬병: 보통, 흰가루병: 보통, 수세: 보통

그레이엄 토마스 Graham Thomas

S (ER) 사철 개화

황금색 꽃이 찻잔형으로 개화한다. 5겹 내외의 꽃잎이 겹쳐 나 꽃송이가 되며, 꽃이 잘 달린다. 꽃가지가 길며, 약간 가지가 늘어진다. 강한 티 향이 난다. 밑동 새순은 몇 년이 지나면 거의 나오지 않지만, 오래된 가지에도 꽃이 잘 피고 포기 윗부분이 무성해진다. 내병성은 중간 정도이지만, 정기적으로 약제를 살포해 재배하면 원활하게 자란다. 병으로 낙엽이 지면 겨울철에 어린 가지는 쉽게 말라 죽는다. 세계장미연맹 명예의 전당에 든 품종이다.

7cm 강한 향 ▲1.8m ■데이비드 오스틴(영국) 1983년
※실생×(Charles Austin×(Iceberg×불명))
검은별무늬병: 약, 흰가루병: 보통, 수세: 보통

버터스카치 Butterscotch

LCl 반복 개화

꽃은 밝은 캐러멜색으로, 다른 품종에서 볼 수 없는 독특한 색채의 둥근 삼각 꽃잎이 우산형으로 개화한다. 여러 겹의 꽃잎이 겹쳐 나 꽃송이가 되어 꽃이 잘 달린다. 여름 이후에도 반복해서 핀다. 가지는 가늘고, 밑동 새순은 심은 지 몇 년이 지나도 별로 나오지 않아 오래된 가지도 소중히 관리한다. 내병성은 그다지 강하지 않아 정기적으로 약제를 살포해 재배하는 품종이다.

10cm 중간 향 ▲ 2.5m ■와리너(미국) 1986년
※(Buccaneer×Zorina)×Royal Sunset
검은별무늬병: 약, 흰가루병: 보통, 수세: 보통

레브 도르 Rêve d'Or

N 반복 개화

살구색에서 피어나 점차 베이지색이 되는 뾰족 꽃잎이 편평형으로 개화한다. 여러 겹의 꽃잎이 겹쳐 나 꽃송이가 되며 꽃이 잘 달린다. 꽃가지는 짧고 단정한 수형으로 핀다. 여름 이후에도 반복해서 핀다. 수세가 강해 큰 포기가 되지만, 심은 지 몇 년이 지나도 밑동 새순은 거의 발생하지 않는다. 새순 갱신이 어려우므로 매년 가지를 바깥쪽으로 유인하지 않는 큰 수형으로 가꿀 수 있다. 내병성은 보통이나 수세가 있으므로 낙엽이 져서 말라 죽는 일은 없다. 내한성은 약하다.

8cm 중간 향 ▲3.5m ■뒤셰(프랑스) 1841년
※Madame Schultz의 실생
검은별무늬병: 강, 흰가루병: 보통, 수세: 강

지렌 드 펠리공드
Ghislaine de Féligonde

HMult 약한 반복 개화

살구색으로 피었다가 점차 크림색으로 변하는 그러데이션이 아름답다. 폼폰형으로 개화한다. 10겹 내외의 꽃잎이 겹쳐 나 꽃송이가 되며, 꽃이 잘 달리면서 시들지 않고 오래간다. 가지는 단단하고 구부리기 어려우나, 가시는 거의 없어 다루기 쉽다. 심은 후 처음에는 밑동 새순 발생이 매우 좋지만, 조금 지나면 별로 나오지 않는다. 생장이 왕성하고 신장력이 있어 몇 년이 지나면 큰 포기가 된다. 내병성이 높고, 무농약으로도 충분히 재배할 수 있다.

2.5cm 약한 향 ▲2.5m ■뚜루바트(프랑스) 1916년
※Goldfinch×실생
검은별무늬병: 강, 흰가루병: 보통, 수세: 강

목향장미 '루테아' *Rosa banksiae* 'Lutea'

Sp 한철 개화

노란색 소륜화로 피어 10겹 내외의 꽃잎이 겹쳐 나 꽃송이가 되며, 꽃이 잘 달리면서 시들지 않고 오래간다. 일찍 피고, 따뜻한 지역에선 4월 하순부터 5월 초에 걸쳐 2~3주 동안 집중 개화한다. 뿌리 부근에서 밑동 새순은 심은 지 몇 년이 지나도 거의 발생하지 않는다. 겨울에 전정하면 개화량이 줄어들므로 원하는 수형을 가꾸고 싶을 때는 여름에 전정한다. 병은 거의 생기지 않는다. 내한성이 약해 한랭지에선 죽기도 한다.

2cm 약한 향 ▲3.5m
■1824년경 J.D. 파크스에 의해 영국으로 반입
검은별무늬병: 강, 흰가루병: 보통, 수세: 강

셀린 포레스티에 Céline Forestier

N 반복 개화

부드러운 색조의 크림옐로색 꽃이 로제트형으로 개화한다. 여러 겹의 꽃잎이 겹쳐 나 꽃송이가 되며 꽃이 잘 달린다. 반복해서 잘 핀다. 가지가 가늘게 섰지만, 수세는 있다. 다만, 내병성은 그다지 높지 않으므로 병 예방은 확실히 해야 한다. 검은별무늬병 등으로 낙엽이 지면 겨울에 시들 수 있다. 내한성도 그다지 강하지 않아 한랭지에서 재배할 경우 방한 대책이 필요하다.

7cm 중간 향 ▲1.8m ■투르야르(프랑스) 1842년
검은별무늬병: 보통, 흰가루병: 보통, 수세: 강

다나에 Danaë

HMsk 약한 반복 개화

연한 노란색의 둥근 꽃잎이 편평형으로 개화한다. 심은 후 처음에는 홑꽃이 피기 쉽지만, 수세가 좋으면, 20겹 정도의 꽃잎이 겹쳐 나 큰 꽃송이가 되어, 포기 전체를 덮듯이 핀다. 향기는 가벼운 머스크 향이 난다. 초기 생장이 느리지만 몇 년이 지나면 밑동 새순은 거의 나오지 않는다. 수세가 좋으면 대형 반덩굴성이 되므로 대형 울타리나 아치 등으로 유인하면 보기 좋다. 과거에 '지렌 드 펠리공드Ghislaine de Féligonde'가 이 품종명으로 유통된 적이 있다.

6cm 중간 향 ▲1.8m ■펨버튼(영국) 1913년
※Trier×Gloire de Chedane-Guinoisseau
검은별무늬병: 강, 흰가루병: 강, 수세: 강

알베릭 바르비에 Albéric Barbier

HWich 한철 개화

꽃은 아이보리색으로 피었다가 점차 하얘지고 로제트형으로 개화한다. 여러 겹의 꽃잎이 겹쳐 나 꽃송이가 되며, 꽃이 잘 달린다. 늦게 피고, 수세가 강하다. 돌가시나무의 혈통이라서 가지는 유연하고 잘 뻗으며, 지지물이 없으면 땅바닥을 기듯이 퍼진다. 오래된 가지에도 잘 피고, 새순 갱신은 거의 하지 않으므로 오래된 가지도 소중하게 관리해 유인한다. 내병성은 중상 정도이다. 비교적 튼튼하며, 월 1회 정도만 약제를 살포해 줘도 병을 예방할 수 있다.

6cm 중간 향 ▲4.5m ■바르비에(프랑스) 1900년
※R. luciae×Shirley Hibberd
검은별무늬병: 강, 흰가루병: 보통, 수세: 강

클라이밍 서머 스노우 Summer Snow, Climbing

ClFl 한철 개화

하루가스미(핑크 서머 스노우)

꽃은 흰색이며, 피어나면서 살짝 초록빛이 감도는 물결 꽃잎이 편평형으로 개화한다. 여러 겹의 꽃잎이 겹쳐 나 큰 꽃송이가 되기도 하며, 꽃이 잘 달린다. 생장이 왕성하고 내병성은 보통이나, 다소 흰가루병이 생겨도 수세가 떨어지는 일은 없다. 약제 살포는 생장기에 월 1회 정도로도 충분히 피울 수 있다. 가지는 고목처럼 자라고 수명이 길다. 오래된 가지라도 꽃이 많이 피므로 자르지 않도록 관리한다. 가지 변이로 핑크색이 된 '하루가스미春がすみ(핑크 서머 스노우)'가 있다.

5cm 약한 향 ▲3.0m ■쿠토(미국) 1936년
Tausendsch ön의 실생
검은별무늬병: 보통, 흰가루병: 약, 수세: 강

클라이밍 프라우 칼 드루슈키 Frau Karl Druschki, Climbing

ClHP 반복 개화

순백의 뾰족 꽃잎이 우산형으로 개화하며, 여러 겹의 꽃잎이 겹쳐 나 꽃송이가 된다. 꽃이 잘 달리지만, 꽃잎이 약해 비 등으로 잘 상한다. 정아우세가 매우 강해 수직으로 세우면 윗부분만 무성하고 아래 줄기에는 잎이 잘 생기지 않는다. 화단 등에 수평으로 유인하면, 꽃가지는 짧고 많이 피어 보기 좋다. 여름 이후 재개화하기도 한다. 내병성은 보통으로, 특히 흰가루병에는 주의해야 한다. 해외에선 직립성으로 유통하나, 국내에선 덩굴성으로 자라나 구분할 수 없다.

8cm 약한 향 ▲2.5m ■람베르트(독일) 1906년
※Frau Karl Druschki의 가지 변이
검은별무늬병: 보통, 흰가루병: 약, 수세: 강

마담 알프레드 카리에르 Madame Alfred Carrière

N 반복 개화

흰색 바탕에 중심은 연한 핑크빛이 감도는 둥근 꽃잎이 편평형으로 개화한다. 홑꽃에서 여러 겹의 꽃잎이 겹쳐 나 꽃송이가 잘 달리지만, 꽃잎은 다소 잘 상한다. 꽃이 일찍 피고 수세가 매우 강하다. 새순은 많이 나오지만 원줄기가 충실해서 목질화가 잘된다. 오래되고 굵은 가지를 잘라 내면 수세가 떨어지므로 소중히 관리해야 한다. 비교적 튼튼하지만 약제 살포는 필요하며, 수형을 대형으로 가꾸는 데 쓸 수 있다.

7cm 중간 향 ▲2.5m ■슈바르츠(프랑스) 1879년
검은별무늬병: 보통, 흰가루병: 약, 수세: 강

애시 웬즈데이 Ash Wednesday

LCl 한철 개화

연한 갈색에서 꽃이 피어나면서 실버 그레이로 꽃 색깔이 변하는 로제트형 개화로 여러 겹의 꽃잎이 겹쳐 나 꽃송이가 된다. 꽃이 잘 달리며, 포기 전체에 골고루 핀다. 꽃은 그다지 오래가지 않아 만개한 상태는 계절 중 며칠밖에 되지 않는다. 가지는 유연하고 날카로운 가시가 있다. 새순 발생은 왕성하고 잘 자란다. 내병성은 그다지 강하지 않아 정기적으로 약제 살포가 필요하다.

6cm 약한 향 ▲4.0m ■코르데스(독일) 1955년
※*Rosa rubiginosa* hybrid 'Eglantine'×Ballet
검은별무늬병: 약, 흰가루병: 약, 수세: 강

대형 수형으로 가꾸기 추천!

신세츠新雪 Shinsetsu

LCl 반복 개화

꽃은 순백의 둥근 삼각 꽃잎이 우산형으로 개화한다. 여러 겹의 꽃잎이 겹쳐 나 꽃송이를 이루며 꽃이 잘 달린다. 꽃향기가 좋다. 가지는 튼튼하고 꽃가지는 유연하다. 몇 년이 지나도 밑동 새순은 뿌리에서 거의 나오지 않게 되지만, 가지의 수명이 길고 오래된 가지에 몇 년이나 계속 피어나므로 함부로 자르지 않고 소중히 관리한다. 병도 별로 생기지 않으나, 다소 생겨도 수세가 강해 바로 회복되어 재배하기 쉬운 흰 장미이다.

11cm 중간 향 ▲3.0m ■게이세이 장미 원예(일본) 1972년
※(Blanche Mallerin×Neige Parfum)×New Dawn
검은별무늬병: 강, 흰가루병: 보통, 수세: 강

로즈우라라

장미 재배의 기본

초심자는 물론 오랜 세월 장미를 재배해 온 경험자에게도 필요한 식재, 일상 관리, 전정, 덩굴장미 유인 등 필수적인 작업을 간결하고 알기 쉽게 해설한다. 특히 초심자들은 재배 전에 미리 통독해서 핵심을 파악하기 바란다.

차례

장미가 아니더라도 식물을 재배하는 사람은 자신이 기르는 식물에 대해 항상 '잘 키우자'라는 생각으로 가꾼다. 애정을 가지고 키우는 것이니 당연한 일이다. 다만, 좋은 의도지만 장미에게 오히려 '고맙지만 쓸데없는 일'이 되는 사례를 자주 본다. 나는 손님들에게 자주 묻는다. 장미의 목소리가 들려요? 물론 정말 그 목소리가 들리지 않는다는 것을 알고 있지만, 온몸과 영혼, 오감으로 느껴 주길 바란다. 그런 마음으로 다시 한번 장미와 마주하면, 조금씩이지만 신기하게도 장미의 목소리가 들리기 시작한다. '더워.', '춥다.', '목말라.', '배불러!', '그렇게 많이 자르지 마세요.' 등.

비료 양이 적거나 가지를 길게 자른 탓에 생육 상태가 나빠지거나 죽는 경우는 거의 없다. 물과 비료를 너무 많이 주거나 가지를 지나치게 잘라 내서 죽는 경우가 대부분이다. 결국은 잘되라고 하는 지나친 가꾸기가 문제가 된다.

그러고 보니 약제 살포를 전제로 키운 장미를 무농약으로 재배해 불량해지거나, 한여름 가뭄에 물을 주지 않거나, 겨울 전정이나 덩굴장미 유인, 겨울철 비료 주기 등 본래 겨울 휴면기에 해야 할 작업을, 따뜻해지고 새싹이 돋아나기 시작하면서 서둘러서 하는 사람도 있다.

적절한 시기에 과하지 않는 적당한 가꾸기가 장미에게 가장 고마운 일일 것이다. 속단하지 말고 장미가 은은하게 내뱉는 속삭임에 귀 기울여 키우기를 바란다.

장미 재배에 중요한 핵심은 바로 이것!

- 무농약으로 재배하려면 튼튼하고 병에 잘 걸리지 않는 장미를 고른다.
- 과하게 준 비료는 돌이킬 수 없다. 땅에 심은 장미는 겨울철 비료만으로 충분히 자란다.
- 3년 정도 된 오래된 가지에서도 꽃을 피운다. 꽃이 지고 나서 잘라 내도 충분히 늦지 않다.

장미 식재 간격을 넓히고, 높낮이를 다르게 해서 통풍이 좋은 정원.

동향의 정원. 오전 중의 일조량에도 튼튼하게 자라는 품종이 있다.

장미 재배에 적합한 환경

장미를 잘 키우기 위해선 재배 환경 조성이 매우 중요하다. 장미는 햇볕이 잘 들고 통풍과 배수가 좋은 곳을 선호한다.

이식 장소 고르기

일조량, 통풍, 배수가 좋은 장소

햇볕이 잘 들고 통풍과 배수가 잘되는 것이 장미 재배에 적합한 환경조건이다. 이 환경에선 병도 적고 튼튼하게 자라서 관리로 고민하는 일도 적어진다. 주택의 입지 조건 속에서 키우는 장소를 고민하면서 가능한 한 적합한 환경에 심도록 하자.

일조량 햇볕이 충분히 들어오는 곳, 최소 반나절 이상 햇볕이 드는 곳, 아침과 저녁으로 햇볕이 드는 곳, 겨울에도 오전 10시 정도까지 햇볕이 드는 곳에 심는 것이 바람직하다. 2~3시간밖에 햇볕이 들지 않는다면, 화분이나 플랜트 박스에 심어 일조량 확보를 궁리해 보자.

통풍 통풍이 잘되고, 강풍이 닿지 않는 장소가 최적이다. 통풍이 잘되기 위해서는 장미 포기를 넓게 심어 밀식되지 않도록 하고, 주위에 키가 큰 다년초나 관목을 심지 않는다. 공간을 확보할 수 없는 장소에서도 앞뒤가 겹치지 않도록 어긋나게 심는 방법 등을 궁리해 통풍이 원활할 수 있도록 해야 한다.

배수 배수가 안 되는 정원은 토양 개량을 할 필요가 있다. 배수가 잘되지 않는 정원은 지하 수위가 높거나 홑알 구조거나 다져진 토양인 경우가 있다. 장미뿐만 아니라 식물은 떼알 구조 토양에서 잘 자란다. 떼알 구조의 토양은 분해된 유기물이 본드와 같은 역할을 하며 토양 입자를 이어 붙여서 경단 모양의 떼알로 된 토양이다. 떼알과 떼알 사이에 공기와 물이 충분하면 식물의 뿌리가 양분과 수분을 흡수하기 쉽고 호흡하기도 쉬워진다. 식질토나 사질토에는 완숙 퇴비나 부엽토, 피트모스 등의 유기물을 잘 섞어 장미 생육에 이상적인 토양으로 개량하자.

적절한 관리와 품종 선택이 중요

병충해 피해를 잘 억제하기 위해

장미 재배의 핵심은 튼튼한 포기로 키우기 위해서 병과 해충의 피해를 잘 억제하는 것이다. 이를 위해선 먼저 햇볕과 통풍 조건에 맞는 재배 환경을 확보해야 한다. 또, 비료와 물을 지나치게 주지 않는 등 적절한 관리에 유의하면, 병이나 해충을 통제할 수 있다. (→ P.168「병충해 예방」)

최근에 품종 개량으로 검은별무늬병과 흰가루병 등에 대한 내병성이 강한 품종이 많이 유통되고 있다. 초심자는 가능한 한 이런 튼튼한 장미를 골라 키우는 걸 추천한다. (→ P.23「튼튼하고 키우기 쉬운 장미」)

이것이 핵심!

재배 환경이 열악한 정원은 '튼튼한' 품종을 고른다.

햇볕이 오전에만 들고 통풍이 잘되지 않는 정원에는 이 책의 품종 중 내병성과 수세가 '튼튼한' 품종을 선택한다. 특히 흰가루병 내성에 주의를 기울이고, 정원 안에서 조금이라도 통풍이 잘되는 곳을 골라 심는다.

덩굴장미 '신데렐라'는 흰가루병과 검은별무늬병에 강하고 수세가 왕성하다. 다소 햇볕이 잘 들지 않는 곳은 품종의 내병성과 수세 강도로 견딜 수 있다.

묘목의 종류와 선택법

좋은 묘목을 구하는 것이 장미 재배에서 중요하다. 장미 묘목의 종류와 특징, 좋은 묘목 선택법을 소개한다.

묘목의 종류

시기와 종류에 따라 4가지로 분류

'큰 묘목(대묘)'은 전년도 여름부터 겨울에 접붙이고, 약 1년 후의 9월 말부터 이듬해 3월까지 유통되는 것이다.

'새 묘목(신묘)'은 여름부터 가을에 싹을 틔우거나 겨울에 잘라 낸 것을 몇 달 후 봄에 용기에 옮겨 심어 출하하는 묘목이다. 이 묘목을 생산자 손에서 더 키워 꽃을 피운 상태로 출하되는 것이 '분갈이묘(개화묘)'이다.

'긴 묘목'은 덩굴장미와 일부 반덩굴장미의 가지가 길게 뻗은 상태로 판매되는 묘목이다. 화분에 심은 묘목과 함께 거의 1년 내내 유통되고 있다.

큰 묘목의 선택법

한 줄기라도 굵고 단단한 가지가 있는 묘목

큰 묘목은 1년 이상 생산자가 정성스럽게 키운 것으로 접목 부위가 제대로 붙어 초심자가 안심해서 키울 수 있다. 최근에는 긴 용기(화분)에 임시로 심어놓은 묘목이 대부분이며, 9월 하순부터 3월경까지 유통된다.

한 줄기라도 굵고 단단한 가지가 있으면 튼튼하게 자란다. 접목 부위도 자연스럽게 잘 붙은 것이 좋은 묘목이다.

매장에서 흔히 볼 수 있는 긴 용기(화분)에 가식된 큰 묘목. 굵은 가지에 새싹이 많이 달려 자라고, 단단한 가지에 잎이 나오기 시작하는 묘목이 우수하다.

단면에 목질부가 많고 가지에 얼룩이 없는 것. 흰 수(髓)는 그다지 크지 않고, 중심에 약간 남는 정도가 충실한 좋은 가지.

큰 묘목은 라벨의 정보가 중요. 품종이나 특징, 재배법 등을 읽고 이해한다.

접목 부위가 단단하게 붙은 것

단단하고 굵은 가지가 있다.

1 품종에 따라 수피 색 등은 다르며, 겨울에도 짙은 녹색을 띤 것도 있다.

2 '더블 녹아웃' 등의 품종 특성상 건전하게 자라도 얼룩이 생기는 것도 있다.

품종과 시기에 따라 다르지만, 다음에 주의해서 좋은 묘목을 고르자.

- 한 줄기라도 단단하고 굵은 가지(직경 1.52 cm)가 있으면 된다. 또는 가지가 가늘더라도 단단하게 목질화된 가지라면 문제없다. 동절기라면 수피가 추위를 맞아 적자색으로 변한 묘목[1]을 고른다.
- 접목 부위가 자연스러운 것을 선택한다. 이 부위가 벗겨져 있거나 말라붙은 것은 피한다.
- 9~11월, 2~3월의 묘목은 싹이 부풀어 오르거나 혹은 싹이 나와 있는 것이 좋다.
- 상처로 인한 적자색 얼룩[2], 가지 절단면의 목질부에 얼룩이 있는 것은 피한다.
- 맨뿌리묘(뿌리가 드러난 상태로 파는 묘목)는 뿌리가 굵고 긴 것이 좋다.

새 묘목의 선택법

잎에 병이 없고 튼튼하게 자란 묘목

새 묘목은 4월 중순부터 초여름까지 나오는 묘목이다. 가지 1개가 뻗어 꽃봉오리가 달린 상태로 용기 재배용 묘목으로 판매되는 경우가 많다.

다음 사항을 살펴 좋은 묘목을 고른다.

- 잎 색깔이 좋고, 잎이 무성한 것
- 가지의 마디와 마디 사이(절간)가 짧지 않은 것
- 병이나 해충 피해가 없는 것. 잎 뒷면에 진드기 등이 붙어 있지 않은 것
- 대목(접목 부위의 아래 나무)과 묘목 가지 굵기가 거의 비슷한 것
- 새싹이 움트거나 꽃봉오리가 달린 것. 꽃이 달리지 않는 신초라도 좋다.
- 품종명의 라벨이 붙어 있는 것. 라벨 정보는 재배 시 핵심을 파악하는 데 중요하다.
- 동일 품종이 여러 개 있을 때 극단적으로 모양이 다른 것은 피한다.

새 묘목의 좋은 예시

이것이 핵심!

같은 품종 묘목을 비교해 가장 나은 것을 고른다.

묘목 선택에 익숙하지 않은 초심자는 같은 품종 묘목을 몇 개 비교해, 가장 튼튼한 것을 고른다. 4월 상순에는 절간이 길어지고, 높이가 30cm 이상 뻗은 새 묘목은 온실 온도를 높여 키웠을 가능성이 있다. 전체를 검토해서 기준에 적합한 묘목을 선택한다.

긴 묘목 선택법

잎이 많고 가지가 잘 뻗은 것

덩굴장미나 일부 반덩굴장미에 지주를 세워 덩굴을 길게 키운 상태로 판매하는 묘목이다. 덩굴이 길게 자라고 있어 심은 후 바로 울타리나 봉 등으로 유인할 수 있다. 사계절 내내 유통되고 있지만, 8월 하순~9월 하순에 구매할 것을 특히 추천한다. 다음 해에 심을 포기보다 뿌리와 지엽이 활발하게 생육하는 시기라서 올해에 뿌리내리고, 잎이 무성해지고 꽃이 바로 핀다. 심은 후에는 생육 상태를 잘 관찰하면서 적당히 물 주기 등을 한다.

분갈이묘 선택법

꽃에 현혹되지 말고 포기의 품질을 분별

화분 묘목은 생산자의 손에서 자란 후에 개화 시기에 맞춰 화분으로 만들어 출하되는 것이다. 꽃보다 포기 전체를 점검해야 하는데, 수세가 좋고 새 가지가 많은 포기, 잎 색깔이 진하고 잎 수가 많은 포기, 검은별무늬병과 흰가루병 등의 병이 보이지 않는 포기를 고른다. 여러 개의 화분에 같은 품종이 있을 때는 모양이 다른 포기는 피한다.

이식

생육 상태가 좋고 왕성하게 생장하는 장미를 위한 첫걸음! 심는 곳을 정원과 화분으로 나누어 살펴보고, 묘목의 종류에 따라 심는 시기와 방법을 설명한다.

정원에 심기

정원은 한번 이식하면 옮기기 어려우므로 그 장소의 상태를 확인한 후 심는다.

이식 장소의 상태와 주의점

정원의 상태를 파악하고 이식 방법을 결정

● 장미나 화초를 심지 않은 정원　그대로 심어도 괜찮다.

● 이미 화초나 장미를 10년 정도 심은 정원　몇 년이라도 식물을 키운 토양은 떼알 구조가 깨져 배수가 나빠질 수 있다. 또한 화학비료를 계속 준 토양은 염류鹽類가 쌓여 있으므로 장미 생육에 적합하지 않을 수 있다. 토양 소독이나 새로운 토양으로 바꾸는 객토를 하면 되지만, 상당히 힘든 작업이다. 그래서 식재구덩이만 있어도 양질의 토양을 넣거나 위아래 토양을 뒤집는 경운을 한 후에 심는다.

● 오랜 세월 장미를 재배한 정원　오랜 세월 장미를 재배한 자리에 다시 장미를 심을 때 생육이 나빠지는 기지현상忌地現象이 생길 수 있다. 이는 같은 장소에 동일 식물을 심으면서 일어나는 연작장해連作障害로 토양이 장미에 필요한 양분 등을 잃어 특별한 관리를 하지 않으면 장미가 순조롭게 자랄 수 없다. 또한 협소한 정원에선 포기 사이도 좁아서 나중에 심은 장미는 일조량이 부족해져 자라기 어려워진다. 이 경우에는 화분으로 큰 포기로 키운 후에 정원에 심는다.

[큰 묘목 심기]

10월에 심기

해가 지나기 전에 뿌리를 내리므로 초심자용으로 좋다.

9월 하순부터 10월(따뜻한 겨울이면 11월까지)에 심으면 새순이 돋아나고 꽃봉오리

이것이 핵심!

큰 묘목을 심는 시기는 다양하다.

10월과 2월에 심는 것 외에도 큰 묘목은 가을부터 이른 봄 3월경까지 수시로 심을 수 있다. 시기에 따라 큰 묘목의 상태나 질은 조금씩 다르지만, 적절히 심으면 순조롭게 자란다.

도 핀다. 즉, 추위가 오기 전에 뿌리를 내리고 생장하기 시작하므로 순이나 가지를 자르거나 잎을 따서는 안 된다. 새순은 심은 지 한 달 후에는 길이가 20cm 정도 된다. 사철 개화 품종은 꽃봉오리가 달리면, 꽃봉오리만을 따낸다. 꽃봉오리가 달리고, 개화 준비가 된 가지는 알차고 수피가 굳어 겨울 추위를 견딜 수 있다. 11월 중순이면 첫서리를 맞고, 휴면에 들어간다. 추워지면서 나온 연약한 잎들도 양분을 가지로 되돌려 겨울을 맞이한다. 이 무렵에는 새로 자란 가지의 수피는 겨울을 날 수 있도록 성숙해진다.

2월에 심기

11월에서 2월 하순에 심으면 방한이 필요하다.

겨울 추위가 끝나는 입춘(양력 2월 4일) 전후에 심는 것이 이상적이다. 서리가 내린 후 심으면 뿌리는 땅속에서 봄까지 자라지 않는다. 방한 대책을 마련하지 않으면 가지가 시들기 쉽고, 죽을 수도 있다. 또, 가지가 얼어 나중에 적갈색이나 갈색 얼룩이 생기거나 건조로 가지가 시들고 가지 중심부의 수髓가 흰색에서 다갈색으로 변색하기도 한다. 또한 싹이 나지 않거나, 나와도 나중에 시들 수도 있어 만일 일부가 살아남아도 회복하기 매우 어려워진다.

토양 개량

유기질이 많아 잘 자라기 쉬운 토양으로 만든다.

장미는 통상 '비료 먹보'라고 하는데 심을 토양 상태는 향후 장미 생장에 큰 영향을 미친다. 가능하다면 심기 전에 유기질을 넉넉하게 넣어 토양을 개량해, 심은 장미가 뿌리를 내려 서서히 양분을 흡수해 순조롭게 자랄 수 있도록 한다.

가을에 심는 큰 묘목 관리 핵심 (적기: 이식 후 ~ 2월)

병충해 대책

새순이 자라게 되면 병충해가 있을 수 있다. 해충은 보이는 대로 손으로 제거하고, 병은 생기지 않는 것이 중요하므로 살균제로 예방한다. (자세한 사항 → P.168)

토양 개량

정원에 심을 때의 절차는 어떤 묘목이든 대체로 비슷하다.

① 완숙 퇴비(배수성과 보수성 개선)
② 유박(질소 성분이 많음)
③ 황산칼륨(칼륨 성분이 많이 함유되어 물에 쉽게 녹음)
④ 용성인비(인산 비료)

밑거름(완숙 퇴비 5L, 유박 200g, 뼛가루 200g 또는 황산칼륨 100g, 용성인비 200g)를 준비한다.

1. 장미를 심지 않았던 양지바른 곳에 깊이 40cm, 지름 40cm 정도의 식재구덩이를 판다.

2. 식재구덩이에 먼저 완숙 퇴비를 넣는다.

3. 유박과 황산칼륨(또는 뼛가루)를 넣는다.

4. 3가지 밑거름 재료를 식재구덩이 토양과 잘 섞는다.

5. 용성인비를 뿌리고, 비료분이 섞이지 않은 토양을 조금 넣어 가운데를 높게 쌓는다.

잎과 줄기에 닿지 않게 물 주기

심은 후 잠시 토양이 건조해지면 물을 준다. 기온이 저하하는 시기이므로 물이 잎과 줄기에 닿지 않도록 준다.

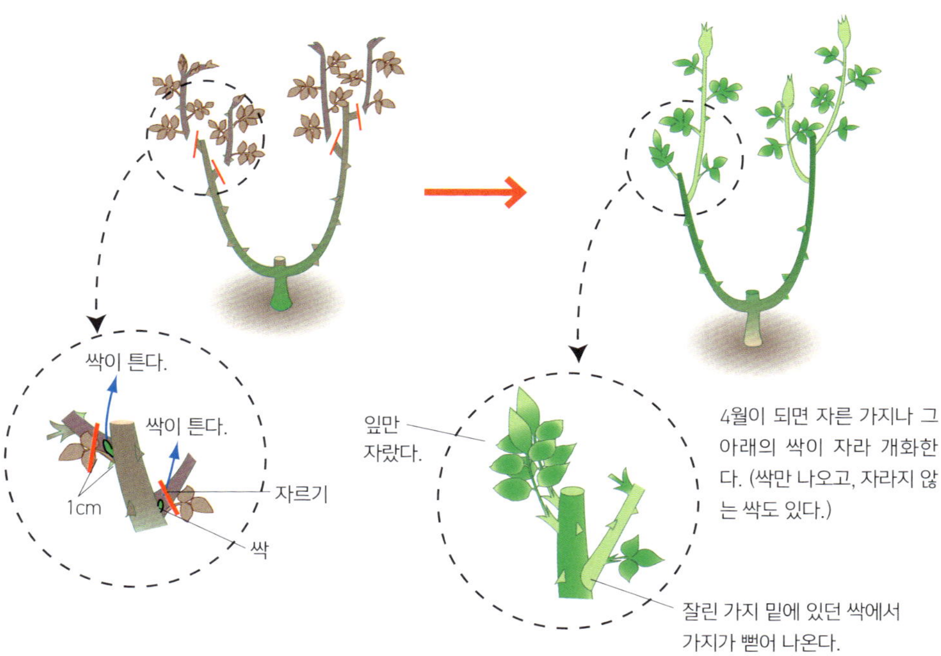

기본 이식 방법 (적기: 9월 하순~3월)

1. 묘목을 화분에서 꺼낸다.

새싹이 길게 돋아 있거나 잎이 달리고 있는 묘목(왼쪽)은 뿌리도 움직이고 있으므로 가볍게 풀고 그대로 심는다. (→ P.131) 싹이 자라지 않은 묘목(오른쪽)은 뿌리를 만져도 괜찮다. 뿌리를 펼치면서 흙을 떨어뜨린다.

2. 뿌리를 펼쳐 식재구덩이에 올려놓는다.

손으로 뿌리를 펼치고 식재구덩이에 가볍게 올려놓는다. 뿌리는 자연스럽게 자라는 방향에 맞춰 사방으로 뻗을 수 있도록 심는 것이 핵심이다.

3. 주위에 토양을 덮는다.

펼친 뿌리 틈을 메우면서 뿌리가 다 보이지 않을 정도로 토양을 덮는다.

4. 묘목 주위를 밟아서 다진다.

묘목 주위를 발로 밟는다. 뿌리나 묘목이 손상되지 않도록 조용히 신중하게 실시한다.

5. 물둑을 만든다.

묘목 주위에 빙 둘러 둑을 쌓듯이 토양을 쌓아 물둑을 만든다.

6. 물을 듬뿍 준다.

충분한 물을 천천히 주고 토양에 흡수되도록 기다린다.

7. 물 주기를 2~3회 반복한다.

입구가 미세한 물뿌리개를 사용해, 화분 바닥에서 물이 충분히 흘러나올 정도로 듬뿍 준다.

8. 밑동을 토양으로 덮는다.

물이 밑으로 완전히 빠지면 묘목 주위로 토양을 덮는다.

9. 비스듬히 지주대를 세운다.

묘목이 바람에 흔들려 움직이지 않도록 비스듬히 지주대를 꽂고 종이끈으로 묶는다. 대나무 막대나 종이끈은 반년 정도면 자연스럽게 썩기 때문에 최적이다.

식재 완료. 심은 후의 관리는 가을에 심은 큰 묘목 관리와 동일하다.

가을에 뻗은 가지 정리하기

1월 하순부터 2월 상순에는 가을에 뻗은 가지 끝을 자른다.

큰 묘목의 방한 대책 (적기: 12월 ~ 3월 상순)

겨울에 심은 묘목이나 한랭지는 방한이 필요

장미는 보통 11월경 아침저녁의 기온 저하와 함께 생장을 멈춘다. 서리가 내리면 휴면기에 들어가기 때문에 날씨가 추워지면서 나온 잎도 저장한 양분을 가지로 돌려보내고 나무는 월동 준비에 들어간다. 가을에 심으면 뿌리를 내리고 가지는 겨울을 날 수 있도록 단단해진다. 하지만, 추위가 온 후 심은 큰 묘목은 이런 준비를 못하므로 방한 대책이 필요하다. 물론 한랭지에선 가을에 심은 큰 묘목이라도 서리가 내리게 되어 다른 포기와 함께 방한 대책을 실시한다. 특히 추위가 심한 지방에선 미리 내한성이 강한 품종을 고를 것을 권장한다. (→ P.100 「추위에 강한 장미」 참조)

● 토양으로 덮기

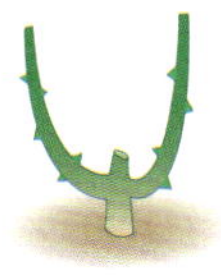
이식 후의 큰 묘목

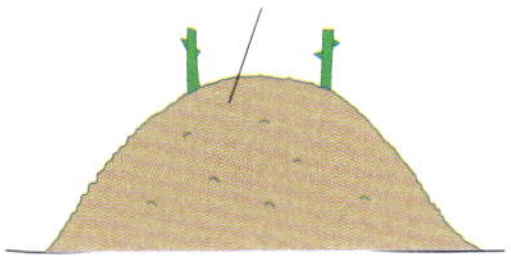

● 부직포로 덮기

큰 묘목을 둘러싸듯이 3개의 지주를 원추형으로 세운다.

전체를 자루 모양의 부직포로 덮는다. 부직포가 얇으면 두 겹으로 한다.

위에서부터 3분의 2의 지점을 끈으로 묶는다. 아래쪽을 열어두면, 일상 가꾸기를 할 수 있다.

'수입 묘목은 몇 년 안에 시들고 어렵다'는 얘기를 자주 듣는다. 물론 국산 묘목처럼 심고 관리하면 죽을 위험성이 커질 수도 있다.
원래 유럽에서 묘목을 심는 밭은 주로 사질토여서 건조한 얼룩 흙이므로, 대목(접나무)도 건조에 잘 견디는 로사 카니나 *Rosa canina* 계열이 많지만, 국내는 논을 밭으로 쓰는 일이 많아 습기에 강한 찔레나무를 쓰고 있다.
또한 수입 묘목은 식물 검역을 받는 관계로 뿌리의 토양을 세탁한 상태로 국내에 들어온다. 이로 인해 뿌리가 손상되는 피해를 입어, 국내에 도착하기 전에 새싹이 나오기도 한다. 이 상태로 건조하면 새싹은 물론 뿌리도 시들어, 심어도 뿌리가 생기지 않는다.
처음에는 가능한 한 잡균이 없고 배수가 좋은 용토用土를 써서 화분에 심고, 완전히 뿌리내린 후에 정원에 심도록 한다.

[새 묘목 심기] 적기: 4~6월

기본적인 이식 방법

뿌리를 뽑지 않고 지주를 세우기

가능한 한 햇볕, 통풍, 배수가 잘되는 곳을 골라 경운해 '토양 개량'(→ P.128)을 한다. 뿌리가 이미 자라는 시기이므로 뿌리가 다치지 않게 그대로 심는 것이 요령이다. 접목 부분이 지면 위로 나오도록 높이를 조절해 심고, 지주를 세워 대목을 고정한다. 바람 등으로 묘목이 흔들리면 뿌리가 내리지 않는다. 심은 후에는 충분한 물을 주고, 그 후에도 토양이 마르면 물을 준다. 이식 절차는 분갈이묘를 심는 방법과 같다.

이것이 핵심!

꽃봉오리는 아낌없이 딴다.

묘목에 붙어 있는 꽃봉오리는 피우고 싶다고 생각하기 쉽지만, 묘목을 크게 하는 것이 우선이기 때문에 따도록 한다. 꽃봉오리를 그대로 두면 개화하지만, 그만큼 작은 묘목에선 에너지 소모가 심하고, 생장은 늦어지게 된다. 모처럼 맺힌 꽃봉오리라도 에너지를 소비하는 꽃을 피우지 않도록 가을까지는 제거하자.

[분갈이묘 심기] 적기: 4~8월

기본 이식 방법

생장기에는 뿌리를 내리지 않고 지주를 세우기

잘 경운해 '토양 개량'(→ P.128)을 한다. 마른 가지 등이 있으면 잘라 내고, 생장기는 뿌리를 다치지 않도록 해 식재구덩이에 놓고, 접목 부분이 토양 밖으로 나오도록 조절해 심는다. 심은 후 1개월 정도는 화분 물 주기(→ P.139) 요령으로 계속 물 주기를 하며, 뿌리가 정원 토양에 익숙해지면 나무 자신의 힘으로 자랄 수 있도록 물 주기를 자제한다.

1. 묘목을 화분에서 빼내고, 뿌리분을 부수지 않고 포기 정중앙을 가운데에 놓는다. (휴면기라면 뿌리를 부순다)

2. 주위에 정원 토양을 넣고, 물둑을 만들어 넉넉하게 물을 천천히 준다.

3. 완전히 물이 빠지면, 묘목에 흙을 덮는다.

4. 묘목이 바람에 흔들리는 것을 막기 위해 지주대를 비스듬히 세우고 종이끈으로 고정한다.

화분에 심기

공간이나 일조량의 문제가 있어도 화분에서 키울 수 있다. 적합한 토양을 골라 묘목의 종류에 맞게 심는다.

용토

묘목의 종류와 뿌리 상태에 맞게 용토를 배합한다.

화분에서 장미 재배는 용토의 질에 따라 생장이 크게 좌우한다. 건강한 큰 묘목과 잔뿌리가 없는 묘목, 수입 묘목 등에 적합한 용토와 화분이 각각 다르지만, 배수성과 보수성의 균형을 갖춘 토양이라면 기본적으로 문제가 없다.

장미 전용 토양이 시판되고 있지만, 가능하면 심는 묘목이나 포기의 상태에 맞춰 직접 혼합할 것을 추천한다. 시판되는 배양토는 퇴비, 부엽토 등에다가 비료를 섞은 제품이 많은데 건강한 장미는 문제가 없지만, 뿌리 상태 등에 문제가 있는 묘목이나 수입 묘목 등에는 적합하지 않다.

6~10호 화분용

일반적인 용토. 적토를 입수할 수 없는 경우는 적옥토를 잘게 부순 것으로 충분하다.

그 밖에 추천 배합

●적옥토 중간 입자 7: 피트모스 2: 왕겨훈탄 1(펄라이트, 제올라이트 각 소량을 섞으면 더 좋음)

●적토 9: 완숙 퇴비 1

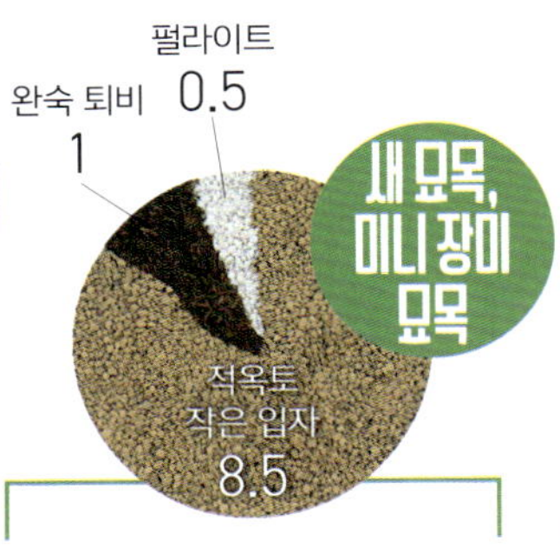

3~6호 화분용

작은 화분에 심을 때는 작은 입자로 만들어 보수력을 좋게 한다. 큰 화분에 심을 때는 적옥토도 큰 입자를 써서 배수가 잘되게 한다.

그 밖에 추천 배합

적옥토 작은 입자 7: 피트모스 2: 왕겨훈탄(또는 펄라이트)1

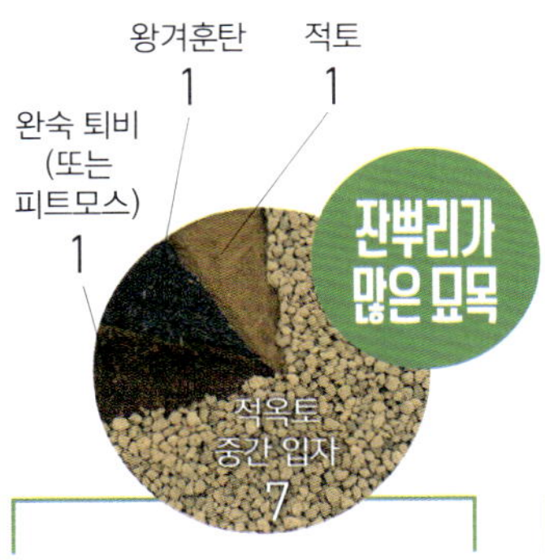

잔뿌리의 성장을 억제하기 위해 입자가 미세한 용토를 사용한다.

3~5호 화분용

뿌리 길이가 15cm 정도인 큰 묘목으로 잔뿌리가 없는 것, 길고 굵은 뿌리인 것, 갓 뿌리가 나온 삽목묘는 잔뿌리를 빨리 내기 위해 잡균이 없어 깨끗하고 입자가 거친 용토가 적합하다.

뿌리 세척 단계에서 뿌리가 상했을지 모르는 수입 묘목은 잡균이 없는 깨끗하고 배수성이 양호한 용토에 심는 것이 중요하다. 이식 후에는 화분 토양 위에 뿌리 썩음 방지 효과가 있는 제올라이트나 실리카를 소량 올려 둔다.

* 화분은 화분벽이 적당히 공기를 유통하는 토분(土盆) 등을 사용하고, 화분 바닥에 바닥 돌이나 적옥토 큰 입자를 넣으면 된다.

그 밖에 추천 배합

●적옥토 중간 입자 8: 피트모스1: 펄라이트1(제올라이트를 소량 혼합하면 더욱 좋음)

장미 전용 토양
(게이세이 장미원 토양)
묘목의 뿌리를 확실하게
내리게 하는 토양.
큰 묘목을 심을 때 편리하다.

이것이 핵심!

시판하는 배양토를 사용하는 경우

시판 배양토는 가급적이면 질이 좋은 것을 선택한다. 건강한 큰 묘목에는 그대로 쓸 수 있지만, 그 외의 경우는 묘목 상태에 적합하게 필요한 용토를 섞어 사용한다. 예를 들어, 잔뿌리가 없는 묘목이나 막 뿌리가 나온 삽목묘는 산소 공급이 원활해지고 잡균이 없어 발근을 촉진하는 거친 적옥토 중간 입자를 30% 정도 더한다.

새로운 묘목과 미니 장미는 물을 잘 머금는 피트모스를 20~30% 더 첨가하면 좋다. 시판 배양토는 활착을 우선하므로 배수가 매우 좋지만, '배수성이 좋으면 잘 마른다'는 점을 이해해야 한다. 시판 배양토에만 의존하게 되면 물 주기만 자주 하게 된다. 처음엔 시판 배양토로 재배해 보고 익숙해지면 조금씩 자신의 스타일에 맞게 새롭게 응용하는 것이 좋다.

오른쪽에 소개하는 배합 예는 대략적인 기준이다. 묘목 상태를 보면서 키우는 장소와 화분 크기, 재질 등도 고려해 응용하도록 한다.

[큰 묘목 심기] 적기: 9월 하순 ~ 3월

기본적인 이식 방법

준비물 용토(적옥토 중간 입자 6: 피트모스2: 적토1: 왕겨훈탄1의 배합토), 뿌리썩음 방지제(제올라이트) 약간, 화분(6호 화분), 화분 바닥네트, 바닥돌, 흙통, 막대기, 물뿌리개 등

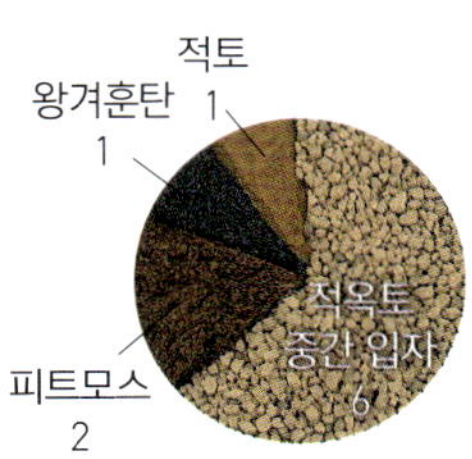

용토는 마른 상태에서 혼합하면 이식할 때 무너지고 뿌리 틈새에도 들어가므로 다루기 쉽다.

화분은 6~8호가 적당하다. 슬릿화분을 쓸 때는 화분 바닥네트가 필요없다. 단, 베란다 등으로 용토의 유출이 걱정된다면 부직포를 깔아 두면 좋다.

1. 화분 바닥돌을 넣는다

화분 바닥네트를 깔고, 배수와 통기성을 높이기 위해 화분 깊이 2~3cm까지 화분 바닥돌을 넣는다.

2. 토양을 담아 넣는다

화분의 3분의 1 높이까지 용토를 넣고 중앙부가 조금 높아지도록 토양을 쌓아 둔다.

싹이 자라지 않은 큰 묘목의 경우

3. 묘목을 꺼내 토양을 털어낸다.

새싹이 자라지 않은 묘목은 뿌리도 자라지 않는다.
포트에서 묘목을 뽑는다. 11월 중순 이후라면 장미는 휴면기에 들어가 있어 뿌리를 만져도 괜찮다. 뿌리를 펼치면서 토양을 털어 낸다.

4. 뿌리를 펼쳐 놓는다.

토양의 중앙 위에 뿌리를 펼치듯이 놓는다. 뿌리가 위를 향하지 않도록 주의해야 한다.

5. 토양을 더해 덮는다.

용토를 보태어 뿌리 사이에 막대기 등으로 토양을 찔러 넣어 잘 채운다.

6. 높이 조절

묘목의 접목 부분이 지면 밖으로 나오도록 높이를 조절하고, 주위의 토양을 가볍게 손으로 눌러 마지막에 실리카를 약간 얹는다.

싹이 자란 큰 묘목의 경우

3. 묘목 뿌리를 가볍게 푼다.

1월 후반에 새싹이 돋아 있는 큰 묘목을 포트에서 뽑는다. 새싹이 길게 돋아나고 있는 포기는 뿌리도 자라고 있으므로 뿌리를 가볍게 풀어 준다.

4. 뻗은 가지를 자른다.

새싹으로부터 성장한 가지를 잘라 일부 잎을 떼어 낸다.

5. 묘목을 세워 놓고, 토양을 넣는다.

뿌리를 펼쳐 올려놓고 용토를 보탠다.
뿌리 사이에 용토가 잘 들어가도록 막대기 등으로 찔러 토양을 넣는다.

6. 높이 조절

묘목의 접목 부분이 지면 밖으로 나오도록 높이를 조절하고, 주위의 토양을 가볍게 손으로 누르고 마지막에 제올라이트를 약간 얹는다.

7. 물을 준다. (모든 묘목에 해당하는 과정)

입구가 미세한 물뿌리개로 화분 바닥에서 물이 충분히 흘러나올 정도로 준다. ▶ 바로 토양에 스며들어 물이 빠진 상태. ▶ 다시 물을 넉넉히 준다. ▶ 토양 틈새(공극)와 뿌리까지 제대로 물이 들어가 공기가 밀려나 지표면으로 기포가 올라온다. 화분 바닥으로 물이 다 빠지면 심은 직후의 물 주기는 완료한다.

이식 직후

그 후의 물 주기

서리 맞지 않는 곳에 화분을 두고, 화분 토양이 잘 마르면 맑은 날 오전에 물을 충분히 준다. 화분 바닥에서 물이 흘러나오도록 듬뿍 주면 화분 속으로 신선한 공기를 공급하는 효과도 있다. 어중간한 물 주기는 제일 좋지 않다. '화분 토양이 마르지 않으면 물을 주지 않는다. 물을 줄 때는 화분 바닥에서 흘러나올 때까지 충분히 준다'. 이 강약이 매우 중요하다!

이식의 핵심

가을에 심어 겨울까지 뿌리를 뻗게 하기

큰 묘목은 9월 하순부터 유통된다. 장미는 따뜻한 겨울이라면 11월경까지 계속 자란다. 이 때문에 가을에 묘목을 심어 본격적인 추위가 오기 전에 뿌리를 내리면, 겨울에 시들지 않고 휴면해 다음 봄부터 순조롭게 생장을 시작한다.

그 후의 관리

자란 가지나 싹을 전정 전에 자르지 않기

9월 하순부터 10월(따뜻한 겨울이면 11월까지)에 이식하면 새싹이 돋아나고 꽃봉오리가 자라는데, 싹이나 가지를 자르거나 잎을 따서는 안 된다. 새싹은 심은 후, 한 달 만에 길이가 20cm 정도 자란다. 꽃봉오리가 맺히면 꽃봉오리만 딴다. 꽃봉오리가 돋아나고 개화 준비가 된 가지는 수피가 단단해져 겨울 추위를 견딜 수 있다. 보통 10월 하순이 되면 아침저녁으로 기온이 내려가고, 장미는 천천히 자란다. 11월 중순이 되면 첫서리를 맞이해 휴면에 들어갈 준비를 한다. 추워져서 나온 가냘픈 잎들도 양분을 가지로 되돌려 겨울을 맞이한다. 이때쯤이면 새로 자란 가지의 수피는 겨울나기가 가능할 정도로 성숙해 있다.

이식 후 자란 가지를 1월 말에서 2월에 전정하기

봄에 튼튼하게 가지를 뻗어 큰 꽃을 피우기 위해선 심은 후 뻗은 가지를 1cm 남기고 모두 잘라낸다. 겨울 추위가 거의 끝나는 입춘(양력 2월 4일)을 기준으로 한다.

이식 후에 약 3개월 된 큰 묘목 ▶ 옮겨 심은 후 자란 가지의 뿌리를 약 1cm 남기고 잘라 낸다. ▶ 모든 가지를 정리한 상태

개화할 때까지 포기를 잘 키우는 것이 원칙

3월이 되면 성숙한 포기와 마찬가지로 건강한 싹을 내고, 하순에는 잎도 펼치기 시작한다. 첫봄은 싹을 틔우는 것이나 가지 정리 등의 가꾸기는 필요 없고, 이대로 포기를 크게 키우는 것이 원칙이다.

순조롭게 자란 포기는 5월 중순부터 하순에는 예쁜 꽃을 피운다. 그 후에는 추비追肥(작물의 생육 도중에 주는 비료), 시든꽃자르기, 여름 전정 이후의 작업은 일반 장미와 똑같이 이루어진다.

[새 묘목 심기] 적기: 4~6월

기본 이식 방법

준비물 용토(적옥토 작은 입자 7: 피트모스 2: 왕겨훈탄 또는 펄라이트 1의 배합토), 화분(5.5~6호의 토분이나 플라스틱 화분), 뿌리썩음 방지제(제올라이트) 약간, 화분 바닥네트, 화분 바닥돌, 흙통, 막대, 물뿌리개, 지주, 종이 끈 등

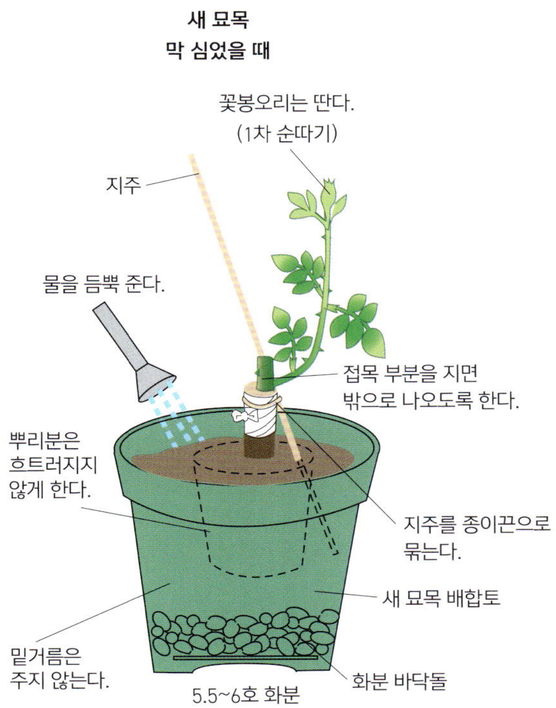

이것이 핵심!

바로 큰 화분에 심지 않는 이유

'어차피 옮겨 심을 거니까 처음부터 큰 화분에 심겠다'는 사람이 있다. 그러나 일부러 조금씩 큰 화분으로 바꾸는 데는 이유가 있다. 묘목이 작은데 화분이 크면 토양수분이 충분해져, 뿌리가 발달하지 않아도 물을 흡수할 수 있어 뿌리가 발달하지 않는다. 뿌리가 발달하지 않으면 그만큼 새싹도 생성되지 않는다. 습관처럼 마르지 않아도 물을 줘 화분 토양이 과습이 되면서 잡균이 번식해 뿌리썩음병이 생길 수 있다. 귀찮더라도 묘목의 성장에 맞춰 화분을 조금씩 크게 분갈이한다.

1. 화분에 큰 묘목 심기와 마찬가지로 화분 바닥네트를 깔고 화분 바닥돌을 넣는다. (→ P.133) 용토를 조금 넣고 묘목을 놓았을 때 접목 부분이 화분 높이의 5분의 4 정도 위치가 되도록 조절한다.
2. 묘목을 포트에서 꺼내어, 뿌리가 흐트러지지 않도록 놓는다.
3. 접목 부위가 지면 밖으로 나오도록 높이를 조절하고 지면을 평평하게 펴 준다.
4. 실리카 등의 뿌리썩음 방지제 소량을 지표면에 놓고, 넉넉하게 물을 준다.
5. 접목 부분이 벗겨지지 않도록 지주를 세운다.

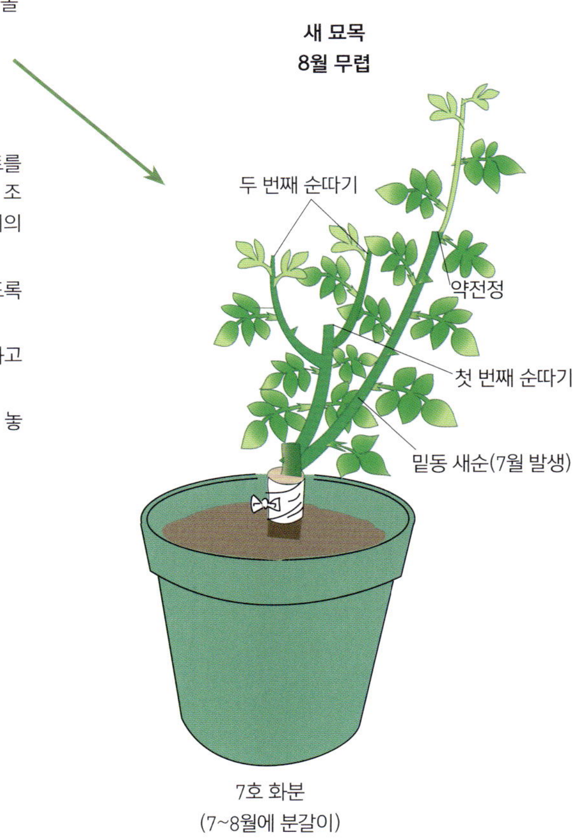

이식의 핵심

뿌리분을 깨트리지 않는다!
가지를 들고 작업하지 않는다!

새 묘목의 대부분은 4호 포트로 팔리고 있다.

구입 후에 바로 5.5~6호 화분에 이식한다. 이식 적기는 이미 장미의 생장기에 접어들었기 때문에 뿌리 분을 흐트러지지 않게 해 심는다. 밑거름은 주지 않는다. 또한, 가지는 대목과 결합력이 약해서 접목 부분이 떨어지기 쉬우므로 접목 테이프는 절대로 떼지 않는다. 이식할 때는 반드시 대목이나 뿌리분을 손으로 들고 조심스럽게 작업한다.

그 후의 관리

새 묘목은 9월 10일경까지 꽃봉오리 따기를 계속한다.

자주 햇볕이 드는 곳에 장미 포기를 놓고 관리하고, 화분 토양이 마르면 맑은 날 오전에 물을 준다. 건조로 신초가 시들지 않도록 주의해야 한다. 지면 위에 화분을 놓아두면 화분 바닥에서 지면 흙에 뿌리를 내리므로 벽돌 등의 위에 둔다. 화분 개수가 많으면 방근 시트를 깔아 이용하는 것이 편리하다.

묘목이 작으므로 특히 병충해에 주의하고 낙엽이 없도록 관리한다.

새 묘목을 빨리 키우기 위해선 꽃을 피우지 않도록 꽃봉오리가 작을 때 순따기를 9월 10일경까지 계속한다. 꽃이 달린 묘목을 구매했을 때는 꽃이 피면 꽃줄기만 자르고, 다음 꽃이 피지 않도록 한다. 순조롭게 자란 묘목은 10월 이후에 꽃을 피우므로 꽃이 다 피면 그해는 꽃줄기만 잘라 내도록 하고, 분갈이 등의 작업은 일반 묘목과 마찬가지로 한다.

또한, 뿌리가 잘 뻗을 것 같으면 처음에는 7~8월에 7호 화분 정도로 분갈이를 하는 것이 기준이지만, 1년 정도라면 그 상태로도 문제가 없다.

일상 관리와 가꾸기

튼튼한 장미 포기로 가꿔 예쁜 꽃을 피우기 위해 적절한 관리와 필요에 따른 가꾸기를 한다.

물 주기

물은 장미의 생장에 필수적이지만, 주는 방식에 따라서는 병충해 발생을 조장하고 포기를 연약하게 만들어 버리기도 한다. 물 주기 요령을 배워 보자.

물 주기의 기본

물은 오전 중에 밑동에 준다.

물 주기는 뿌리에서 물을 빨아올리는 활동 시간에 하고, 일조 시간에는 잎이 마르게 하고, 기온이 떨어지는 저녁에는 젖은 상태가 아닌 것이 특히 중요하다. 가을부터 봄까지는 맑은 날 오전 중에 따뜻해진 10시경을 기준으로 물을 준다. 더운 시기에는 아침의 시원한 시간대에 물을 주고, 가끔 잎에도 뿌려 주면 진드기 제거에 효과적이다.

공중에서 물을 뿌리는 노즐로 포기 전체에 물을 주는 일은 절대 피해야 한다. 물을 충분히 준 것 같아도 토양까지 제대로 스며들지 않거나 겉흙만 젖을 수 있다. 잎이 아닌 뿌리 주변에 확실히 물을 주도록 한다.

화분 토양의 표면이 마른 후엔 화분 바닥에서 물이 흘러나올 때까지 포기에 듬뿍 준다.

화분에 심은 후 물 주기

화분 토양이 마르면 듬뿍 물을 준다.

화분 토양의 표면이 마르면 화분 바닥에서 물이 흘러나올 때까지 듬뿍 주는 것이 기본이다. 매일 조금씩 주는 방식은, 항상 표면이 습한 상태에선 뿌리가 썩을 수 있으니 좋지 않다. (→ P.135 「그 후의 관리」)

물이 부족하면 잎이 황변해 낙엽이 지거나 성장이 멈추기도 한다.

옆은 안개처럼 부드럽게 물이 나와야 이상적이다.

정원에 심은 후 물 주기

고온기 건조에 주의

이식 직후에는 건조하지 않도록 관리해야 하지만, 뿌리가 내린 후에 특별히 건조한 날씨가 지속되지 않는 한 물을 주지 않는다.

그러나 밑동 부근에서 자란 밑동 새순이 자라려고 하는 시기에 맑은 날씨가 지속되어 심하게 건조하면, 밑동 새순이 짧은 상태에서 꽃이 피어 버릴 수 있으니 물

엷은 안개 모양의 물이 나오는 호스 헤드를 달아 아래쪽으로 향해 부드럽게 물을 준다.

이것이 핵심!

가을 장미는 8월 물 주기가 중요!

가을 장미를 아름답게 피우기 위해서는 꽃피는 시기 한 달 전인 8월에 충분한 물을 주도록 한다. 이 시기에 물을 주지 않으면, 꽃이 달리지 않고 달리더라도 꽃이 커지지 않거나 꽃 색깔이 보기 싫어진다.

을 주도록 한다. 또한 심은 지 1년 차인 어린 포기, 화분묘를 정원에 심은 것 등은 포기의 상태를 보면서 정기적으로 물을 준다.

덧붙여 자주 물을 주면 장미의 뿌리는 물을 찾으러 땅속 깊이 자라지 않는다. 과한 물 주기는 포기를 연약하게 만들 수도 있으니 주의하도록 한다.

물 주기의 주의점

무신경한 물 주기는 병충해 원인

정원에 심는 포기에는 보통 호스를 써서 물을 주는데 빛이 투과하지 않는 재질의 호스를 선택한다. 투명이나 반투명 호스는 태양광선이 닿으면 호스 안에 이끼가 낄 수 있어서 비위생적이다. 더구나 호스 안에 물이 고여 있으면 겨울에는 차고 여름은 뜨거워질 수 있으니 한번 모두 내보내고 물을 준다.

호스에 붙이는 호스 헤드(또는 노즐)는 소재와 구멍의 크기가 다양하지만, 헤드 구멍이 세밀하고 많이 뚫린 금속제가 이상적이다.

물을 줄 때 수압이 지나치게 높으면 토양이 튀거나 지표면 토양이 굳는 원인이 되므로 수압을 조절해 사용한다. 사용 후에는 녹이나 물때로 헤드 구멍이 막히지 않도록 잘 씻어 닦아 내는 등의 유지 보수를 게을리하지 않도록 한다.

포기 위에서 물을 뿌리면 병을 유발한다. 봄이나 가을 밤낮의 일교차가 있을 때, 특히 찬물이 잎에 닿으면 노균병(露菌病)이 발생한다. 화분에 심은 것도 마찬가지다.

호스 끝을 찌부러뜨려 수압을 높이면 진흙이 튀어 검은무늬병을 유발하거나 지표면 토양이 딱딱하게 굳는다.

땅을 파듯이 물을 많이 주면 지표면 토양이 단단해지고 굳는다.

밑동 새순 관리

밑동 새순은 밑동 부근에서 새롭게 뻗는 굵은 신초를 말한다. 미래의 수형을 만드는 중요한 가지이다.

밑동 새순 따기

꽃이 피기 전에 순따기를 한다.

사철 개화성인 직립장미는 5월 하순부터 여름에 밑동 새순이 돋아난다. 이것은 장래의 원줄기가 되는 중요한 가지이지만, 새순의 수세가 강해 순따기를 하지 않으면 빗자루 모양으로 분지해 꽃눈이 많이 달리고 가지가 밀집해 병 발생으로도 이어질 수 있다.

우선 첫 번째 순따기를 하고, 그 후 늘어난 새순은 밑동 새순의 굵기에 따라 1개 또는 2개 늘린다.

한철 개화는 기본적으로 순따기 하지 않는다.

덩굴장미, 전통 장미와 영국 장미의 반덩굴장미 수형은 기본적으로 그대로 뻗게 하지만, 가지 수를 늘리고 싶을 때는 순따기를 할 수도 있다. 가지 수가 적은 사철 개화성의 덩굴장미는 가지가 1m 정도로 자라 꽃봉오리가 보일 때 순따기를 한다.

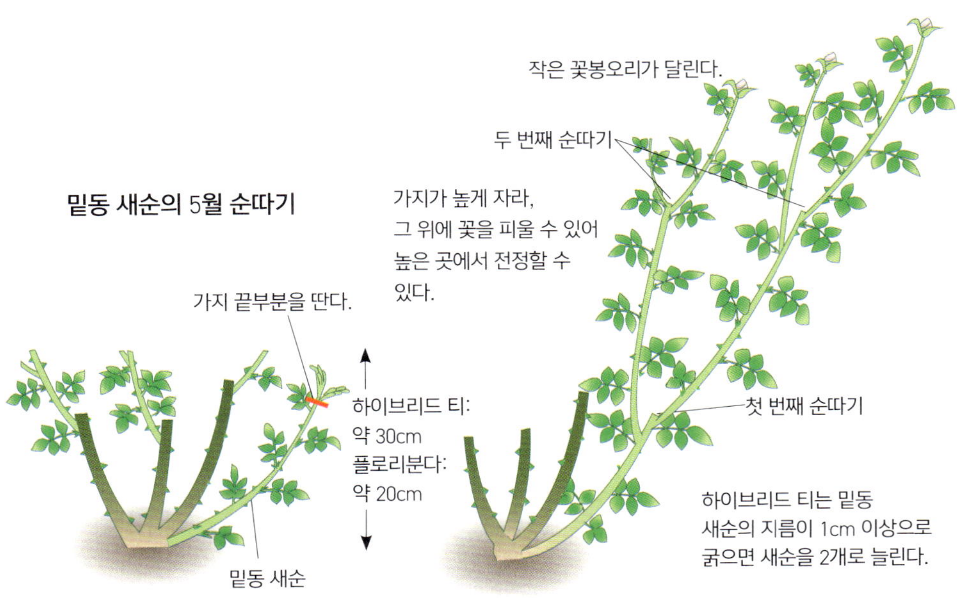

신장기에는 물을 충분히 준다.

밑동 새순이 자라기 시작하는 시기에 건조한 날씨가 지속되어 토양이 건조할 때는 정원에 심어도 2~3일에 한 번씩 포기에 듬뿍 물을 준다. 특히, 심은 1~2년 차의 어린 포기에는 물을 줘야 한다. 단, 일번화가 피는 중에는 새순이 생겨 늘지 않고, 개화 직후 혹은 마지막 꽃송이가 필 때 늘어나는 것이 이상적이

이것이 핵심!

순따기로 가지 수를 늘려 빨리 포기를 키운다.

식물의 가지 끝을 따는 것을 '순따기'라고 한다. 끝부분이 제거된 가지는 잎겨드랑이葉腋에서 새로운 가지가 뻗어 나와서 가지 수를 늘리는 효과가 있다. 이것으로 잎이 풍성해지고 식물의 수세가 왕성해져 식물에 활력을 불어넣어 준다. 또한, 장미 순따기는 사철 개화성 품종의 꽃봉오리 따기도 함께 진행한다. 무엇보다 에너지를 소비하는 개화를 중지하고 우선은 포기를 충실하게 성장시키기 위해서도 빼놓을 수 없는 중요한 작업이다.

잎을 세 장 정도 집고 손으로 순을 따낸다.

다. 물 주기는 시기에 맞춰 조절한다. 또, 일번화가 피면서 밑동 새순이 나오면 비료분이 많을 가능성이 크다.

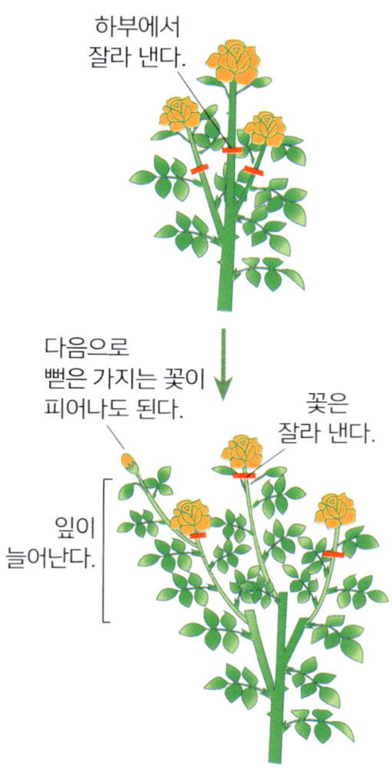

빗자루 모양의 꽃가지 관리

새순을 뻗어 잎을 늘린다.

밑동 새순 순따기를 하지 않으면 빗자루 모양의 꽃가지가 되어 꽃이 핀다. 이런 경우는 꽃을 잘라 내고, 새로운 새순을 뻗어 잎을 늘려서 가을철에 많은 꽃을 기대한다.

덩굴장미의 새순 관리

가지가 단단한 장미는 지주를 세운다.

반덩굴성이나 덩굴장미의 꽃이 핀 후에 뻗는 가늘고 부드러운 새순은 바람에 흔들려도 부러지지 않기 때문에 방해되지 않는 한 그대로 뻗게 한다. 램블러rambler 계열은 뻗으면 매번 유인할 수도 있다.

가지가 단단하고 굵어지는 품종은 곧게 선 가지가 바람에 부러질 수 있다. 길고 단단한 지주를 세워 겨울 유인 시까지 새순을 똑바로 뻗게 해 둔다.

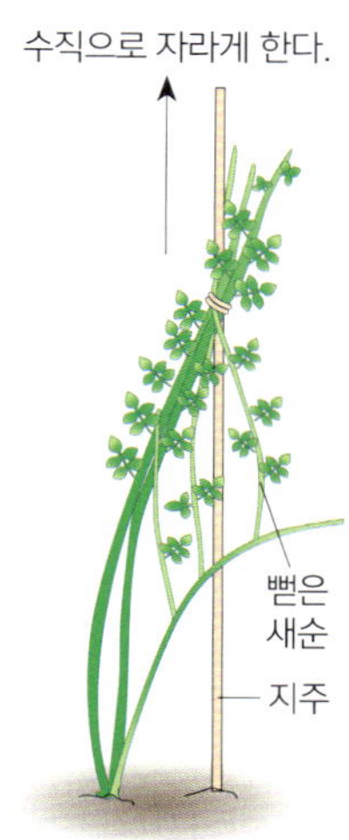

가지가 부드러운 품종은 겨울 전정 때까지 그대로 뻗게 둔다.

시든꽃자르기

애써 핀 꽃이지만, 포기 전체의 개화 기간을 하루라도 길게 하려면 시든 꽃은 빨리 잘라 낸다.

사철 개화성 장미

다음 꽃을 빨리 피우기 위해

사계절 피는 장미는 다음 꽃을 피울 때까지 다음과 같은 습성을 볼 수 있다.

- 시든꽃자르기를 하면 약 40일 만에 다시 개화한다. (기온이 높은 여름은 30일, 낮은 가을은 약 45일)
- 개화 중인 가지는 물을 한창 빨아올리는 습성이 있어, 꽃이 시들어 가는 도중에 자르면 빨리 싹이 난다.
- 꽃가지를 길게 남기고 꽃이 달린 부분의 바로 아래를 자르면 빨리 싹이 난다. 꽃가지 아래쪽으로 짧게 자르면 싹이 늦게 나온다.

꽃이 시들어 가면 꽃가지의 대략 절반 정도 큰 잎 위에서 자른다.

일번화의 시든꽃자르기

꽃이 시들어 가면 꽃가지의 대략 절반 위치의 큰 잎 위에서 자른다.

이번화를 피우는 새싹이 2개 나와서 5cm 자랐을 때, 1개만 남기고 제거하기도 한다. 이 시기는 마침 장마가 시작되는 무렵이므로 통풍을 좋게 하고 병을 방지하는 효과도 있다.

이번화·삼번화의 시든꽃자르기

이번화가 시들면 잘라 내는 것도 기본적으로 일번화와 같다. 꽃의 2마디 아래 꽃가지 중간 정도의 큰 잎 위에서 자른다. 이렇게 하면 빨리 다음 꽃눈이 나온다. 가을의 시든꽃자르기도 마찬가지이다.

삼번화가 지면 바로 여름 전정을 해야 하는 시기이므로 꽃줄기만 따 놓는다.

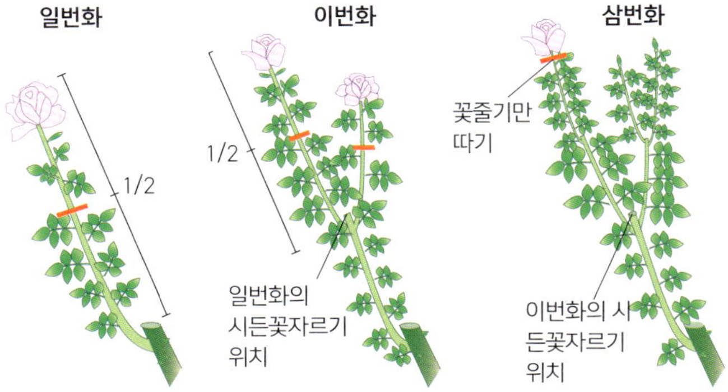

수세가 약한 포기

잎을 되도록 남긴다.

포기 자체의 수세가 약하거나 도감에서 수세가 '약함'으로 표기된 품종은 잎을 한 장이라도 더 남기기 위해 꽃줄기만 자르는 것이 좋다. 화분에 심는 동시에 추비追肥를 준다. 병 등으로 잎이 떨어지고 잘 자라지 않는 포기도 마찬가지로 꽃줄기만 자른다. 그러나 잘 자라지 않는 포기는 비료나 액비 등을 약하게 준다.

꽃송이로 피는 품종은 핀 순서대로 꽃 밑동에서 시든 꽃만 자른다.

꽃이 큰 유형은 꽃가지 중간쯤에서 자른다.

미니 장미

기본적으로 시든 꽃만 자른다.

미니 장미의 시든꽃자르기에 너무 신경질적일 필요는 없다. 다 피고 시든 꽃을 잘라 내면 된다. 그러나 꽃이 크고 수고가 높아지는 폴리안타Polyantha 계통 등은 사철 개화성 품종과 같은 방식으로 실시한다.

꽃이 끝나고 갈색이 된 후 시든꽃자르기를 하면 싹이 트기까지 2주 정도 걸린다. 같은 가지에 피어 있는 꽃이 섞여 있는 정도로 자르면 일주일 만에 싹이 난다.

덩굴장미

열매를 즐기는 것 이외에는 빨리 자른다.

덩굴장미 대부분은 열매를 잘 맺는데 열매에 양분이 뺏기지 않도록 꽃이 시들면 가능한 한 조기에 시든꽃자르기를 한다. 그대로 두면 꽃의 무게로 인해 가지가 부러지거나 병충해의 원인이 되기도 한다. 야생종 등에서 열매를 즐기는 종류는 시든꽃자르기를 하지 않지만, 많은 열매를 맺는 종류는 모든 꽃가지에 열매가 맺히면 다음 해에 꽃이 잘 달리지 않는다.

라지 플라워 클라이머[LCl]
뉴던(New Dawn), 신세츠(新雪) 등

하이브리드 머스크 [HMsk]
발레리나, 폼포넬라(Pomponella) 등

사철 개화성 품종 꽃가지를 10~15cm 남기고 자른다. 많게는 2~3회 반복해서 핀다.	한철 개화성 품종 열매를 즐기는 종류 이외에는 꽃가지의 절반 정도의 위치에서 자른다.

비료

장미는 탄수화물(에너지)을 만들어 내기 위해 토양에서 다양한 영양분(염류)을 흡수한다. 그 영양분을 보충하는 것이 비료이다. 장미 자체가 가진 자연의 성장력을 바탕으로 적합한 비료 주는 방법을 알아보자.

장미를 튼튼하게 키우는 비료

정원에 심는 장미는 밑거름으로 겨울 비료만!

장미를 심을 때는 반드시 밑거름을 확실히 준다. 또한, 겨울철 휴면기에 겨울 비료寒肥를 주기 때문에 '장미는 비료 먹보'라고 표현하기도 한다. 그러나 정원에 심은 장미라면 심은 후에는 '겨울 비료'만 줘도 충분하고 다른 비료는 필요 없다. 싹을 틔우는 비료, 감사 비료 등을 주는 방법도 있지만, 겨울 비료만 제대로 준다면 장미는 건강하게 자라 아름다운 꽃을 피운다.

비료 과다로 키우지 않는다.

비료가 너무 많으면 식물은 연약하게 자라서 병에 잘 걸린다. 또 꽃 모양이 흐트러지는 탓에 꽃잎 수가 많은 품종은 꽃잎 수가 너무 많아져 꽃봉오리가 열리지 않거나, 새순 발생 시기가 늦어져 개화 중 새순이 신장하는 등 다양한 영향이 생긴다.

햇볕과 통풍, 배수가 잘되는 환경에서 재배하고 장미가 필요로 하는 양의 양분을 겨울 비료로 적절하게 공급하면 장미는 순조롭게 자랄 수 있다.

토이 토이 토이!
비료를 너무 많이 주면 너무 늘어나 수형이 흐트러지고 다루기 어려워진다.

이것이 핵심!

퇴비는 완전히 썩힌 것을 쓴다.

퇴비는 우분, 말분, 계분 등의 가축분과 목재칩, 짚 등을 혼합해 완전히 썩힌 것이다. 어떤 퇴비를 쓰든 완전히 썩힌 완숙 퇴비를 써야 한다. 덜 썩은 퇴비는 땅속에서 분해될 때 암모니아 가스 등이 발생해 장미의 생장에 악영향을 미칠 수 있다.

겨울 비료

휴면기에 주는 비료

한 해 생장의 원천이 되는 소중한 비료는 정원에 심는 모든 장미에 준다. 겨울 비료를 주면 휴면기인 겨울에 땅속에서 천천히 분해되어 생장을 시작하는 봄부터 서서히 효과가 나타난다. 장미 뿌리는 2월부터 활동을 시작하기 때문에 12월 중순부터 늦어도 2월 상순에 겨울 추위가 거의 끝나 가는 입춘(양력 2월 4일)을 전후로 해 뿌려야 한다. 한랭지의 경우는 눈이 쌓이거나 얼어서 식재 구덩이를 팔 수 없게 되기 전에 비료를 준다. 시기가 늦어지면 개화 기간까지 비료 효과가 계속 있어, 비료 과다로 꽃의 품질이 나빠질 수 있다.

겨울에 알맞은 여러 가지 비료

겨울 비료로는 비료의 효과가 천천히 나타나는 완효성 유기질 비료를 보통 사용한다. 장미가 1년간 활동하기 위한 영양분(질소=N, 인산=P, 칼륨=K의 3대 요소와 기타 미량 요소 등)을 보급한다. 또한 포기 주위의 토양을 경운해 부드럽게 해서 배수성과 보수성을 개선한다. 이렇게 하면 유용 미생물이 활성화되어 토양이 비옥해진다.

질소는 잎과 줄기, 가지의 성장에 필요한데 지나치면 잎이 너무 커지거나 높이 자라서 연약해진다. 인산은 꽃과 열매, 뿌리의 발달에 필요하다. 칼륨은 식물체 내의 조정 역할로서 중요하며, 부족하면 잎의 황화黃化와 개화의 지연을 초래한다.

완숙 퇴비 짚이나 가축분, 풀 등을 쌓아 썩힌 것이다. 배수성과 보수성이 좋은 토양을 만들기 위해 옮겨 심을 때나 겨울 비료로 많이 사용한다.

유박(油粕) 콩이나 유채 등의 종자에서 기름을 짠 뒤에 남은 찌꺼기로 질소 성분이 많다.

뼛가루 가축의 뼈를 원료로 한 비료로, 뿌리와 열매에 필요한 인산 성분이 많아 미생물에 의해 천천히 분해된다.

보카시 비료 쌀겨나 닭똥 등의 유기물을 발효한 것으로, 완효성 비료이다.

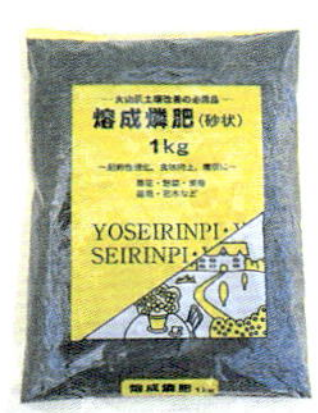

용성인비 인산이 많이 들어 있는 비료이다.

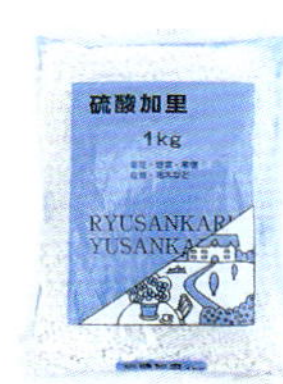

황산칼륨 물에 쉽게 녹는 속효성 비료로 칼륨 성분이 많이 들어 있다.

겨울 비료 주는 방법 (적기: 12월 중순~2월 상순)

성목 1그루당 필요한 겨울 비료의 일례
(완숙 퇴비 5L, 유박 200g, 뼛가루 200g 또는 황산칼륨 100g, 용성인비 200g)를 준비한다.

- 포기 주위에 판 비료 구멍에 비료를 나누어 넣는다.
- 생장 불량으로 수세가 약한 포기나 미니 장미, 작은 포기는 비료의 양을 3분의 1에서 절반 정도로 줄인다.

포기 주위에 잔디가 있을 때는 구덩이를 팔 때 지표면을 5cm 정도 깎아 둔다.
비료를 준 후 구덩이를 토양으로 채우고 나서 잔디를 올리면 다시 뿌리를 내린다.

1. 밑동 바깥쪽에서 20~30cm 떨어진 곳에 직경, 깊이 모두 30cm의 구덩이 2~3곳을 판다.
(여기에서는 세 곳)

2. 완숙 퇴비의 3분의 1을 넣는다.

3. 유박, 황산칼륨도 3분의 1씩 넣는다.

4. 3가지 비료를 삽으로 잘 섞는다.

5. 용성인비를 3분의 1 넣는다.

6. 토양을 덮는다. 다른 두 곳에도 마찬가지로 4종을 준다.

7. 비료 구덩이에 잔디 뗏장을 두께 5cm 정도로 떼어 놓았을 때는 마지막에 다시 구덩이 위에 덮어 주위와 잘 어울리게 한다.

8. 주위를 자연스럽게 정리해 작업을 완료한다.

화분에 비료 주는 법

생장기에 정기적으로 준다.

비료를 화분 가장자리에 두거나 파묻어 준다. 한 번에 많이 줄 수는 없어서 생장기인 3월부터 10월까지 매월 1회를 기준으로 유박 등의 유기질 고형비료를 규정량 준다.

화학비료는 너무 많이 주면 유용 미생물이 줄어들 수 있다. 지나치면 염류 축적 등으로 생장 장애가 발생할 수 있어 반드시 용량과 용법을 지켜야 한다. 또한, 화분에는 특별한 겨울 비료는 필요하지 않다.

비료의 위치를 1개월마다 바꾸어 가면 더 골고루 효과가 있다.

과립형비료는 1곳에 1큰술을 기준으로 한다.

태블릿형. 화분 가장자리에 놓고 가볍게 손가락으로 눌러 토양에 묻는다.

화학비료에는 염류가 많이 들어 있어 다량으로 주면 생장 장애가 나타나는데 잎 가장자리가 불탄 것처럼 말라붙어 새싹이 나오지 않는다. 토양의 유용 미생물을 늘리고, 배수성과 보수성이 뛰어난 토양을 만들기 위해 완숙퇴비 등의 유기질 비료를 주도록 한다.

전정

전정은 장미를 건강하게 가꾸고 좋은 꽃을 많이 피우기 위한 가장 중요한 작업이다. 남기는 가지나 자르는 가지를 확실히 판별할 수 있도록 기본을 해설한다.

전정이 필요한 이유

전정하지 않는 장미는 어떻게 될까?

전정剪定이란 간단하게 말하면 가지를 자르는 것이다. 장미는 가지를 전정하지 않아도 몇 년씩 자라서 꽃도 핀다. 그러나 전정하지 않고 개화하면, 그 장미는 전정한 장미보다 꽃이 빈약해지고, 꽃잎이 적어진다. 가지가 빽빽하게 들어차 밑동과 포기의 안쪽으로 통풍이 되지 않고 햇빛이 잘 들지 않는다. 즉, 이 포기는 아름다운 꽃이 피지 않고 수세가 불량해져 빠르게 노쇠해진다.

전정 시기는 여름과 겨울이다. 여름 전정을 하는 이유는 가을 장미를 일제히 피

우기 위해서이다. (→ P.150)

겨울 전정은 봄에 장미꽃을 피우기 위해 하는 것이다. (→ P.151) 품종들의 특성에 맞게 적기에, 적절한 방법으로 실시한다.

전정의 목적

포기에도, 꽃에도, 다양한 장점이 있다.

전정은 장미 가꾸기 중에서 가장 중요한 작업이다. 전정하면 포기의 수세가 좋아지고 꽃이 잘 피는 등 다양한 효과가 있다.

● 포기를 갱신한다. 오래된 가지를 자름으로써 새순(신초, 밑동 새순)의 발생을 촉진한다. 새순이 발생한다는 것은 포기가 젊어진다는 것이다. (밑동 새순은 발생하기 어려운 품종도 있다.)

● 포기를 작고 아담하게 한다. 가지가 뻗어 수형이 흐트러진 포기를 작게 가꿀 수 있다.

● 포기 내부에 햇볕을 쬐어 준다. 오래된 가지나 약소한 가지를 자르면 포기 내부에 햇볕이 잘 들어서 포기가 충실해지고 병충해 발생이 준다.

● 꽃 수를 줄이고, 큰 꽃을 피운다. 가지 수를 제한하면 꽃 수가 줄어들어, 그만큼

전정하지 않으면 어떻게 될까?

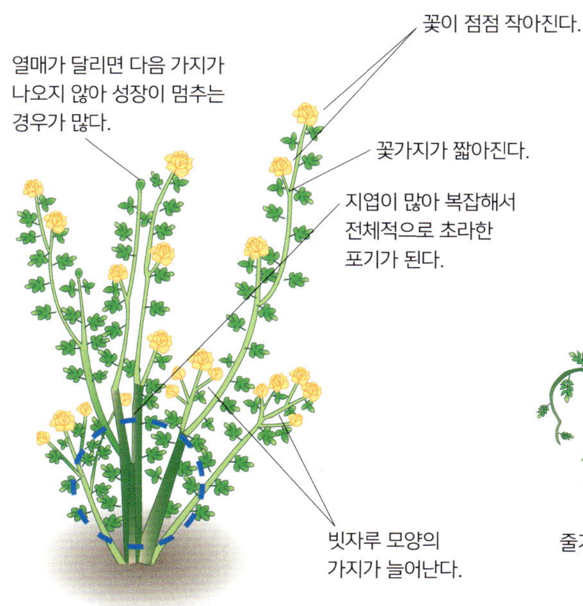

직립장미

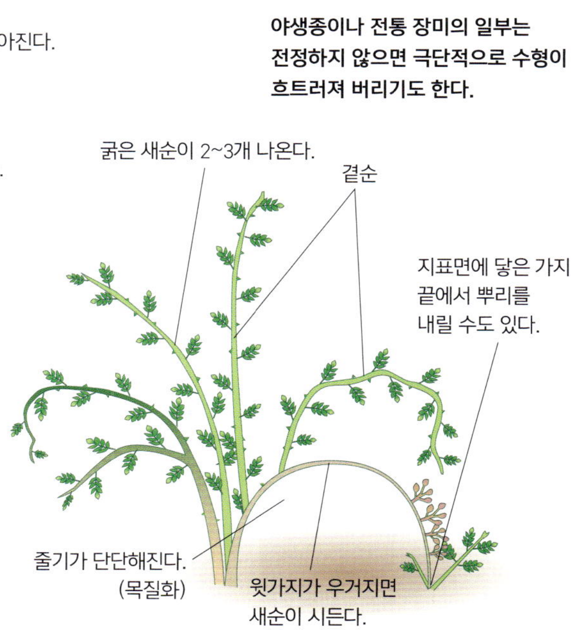

반덩굴장미

새순을 갱신하는 장미, 하지 않는 장미가 있다.

장미는 밑동 부근에서 매년 굵고 새로운 밑동 새순이 자라서 몇 년 된 새로운 가지로 바뀌어 가는 '새순 갱신형'과, 반대로 몇 년 지나도 밑동 새순이 나오지 않게 되어 오래된 가지에 몇 년이나 꽃을 피우는 '새순 무갱신형'이 있다.

우선 자신이 키우고 있는 장미가 어느 유형인지 판단해 보도록 하자. 4~5년이 지난 포기라도 매년 밑동에서 새로운 가지를 뻗는 장미는 새순 갱신형이다. 새로운 가지가 나오지 않으면 새순을 갱신하지 않는 유형이라서 오래된 가지를 소중히 해 매년 꽃을 피우도록 한다.

촬영한 때가 겨울이기 때문에 튼튼한 가지는 추위를 맞아 수피가 붉은빛을 띠고 있다. (줄기가 푸른 품종도 약간 붉은빛을 띤다.)

밑동. 위로 힘차게 뻗은 적자색 가지가 밑동 새순이다.

꽃이 크고 화려하게 피어난다. 너무 많이 자르지 말고 굵은 가지만 남겨 두면 좋다.

● 빨리 피운다. 빨리 피우고 싶을 때는 가지를 길게(높은 위치에서) 자른다. 반면 짧게 자르면 개화가 늦어지고 꽃가지가 짧아지며 꽃도 작아진다.

● 많이 피게 한다. 얕게 잘라 가지 수를 많이 남기면 꽃은 작고 꽃수는 많아진다.

● 꽃가지 길이를 조절할 수 있다. 꽃가지는 전정하면 길어지고, 하지 않으면 짧아진다.

[여름 전정] 적기: 9월 상순(지역마다 다르다)

여름 전정 시기

여름은 30일, 가을은 40일에 개화하므로 딱 좋은 시기는 9월 상순이다.

여름 전정은 가을에 피는 꽃을 위한 작업이라서 전정할 수 있는 품종은 사철 개화계통뿐이다.

여름 전정으로 시기의 기후와 일조 시간에 따라 개화까지의 일수가 달라진다. 예를 들어, 8월 15일경에 가볍게 전정하면, 거의 한 달(30일) 만에 개화한다. 9월 15일은 아직 더위가 남아 있어 장미에게 최적의 환경이 아니기 때문에 꽃이 작고 본연의 꽃 색깔이 나오지 않는다. 그러나 아침저녁이 시원해지고 일조 시간도 짧아지는 9월 1일부터 10일경에 전정을 하면, 일찍 피는 품종이라도 개화까지 40일이 걸리게 되므로 10월 10일경부터 피기 시작한다. 이 10일간의 생장 기간 차이가

병으로 잎이 떨어진 장미의 여름 전정

심은 지 1년 차인 어린 장미에 검은별무늬병이 생겨 밑동 새순과 이번화에만 잎이 약간 남아 있다면 기본적으로 전정하지 않는다. 조금 이른 8월 중순부터 하순에 모든 가지 끝을 얕게 자른다. 새싹이 자라기 시작하면, 끝을 손으로 따는 것(약전정)을 2회 반복해 그 후 뻗은 가지에 꽃을 피우도록 한다.

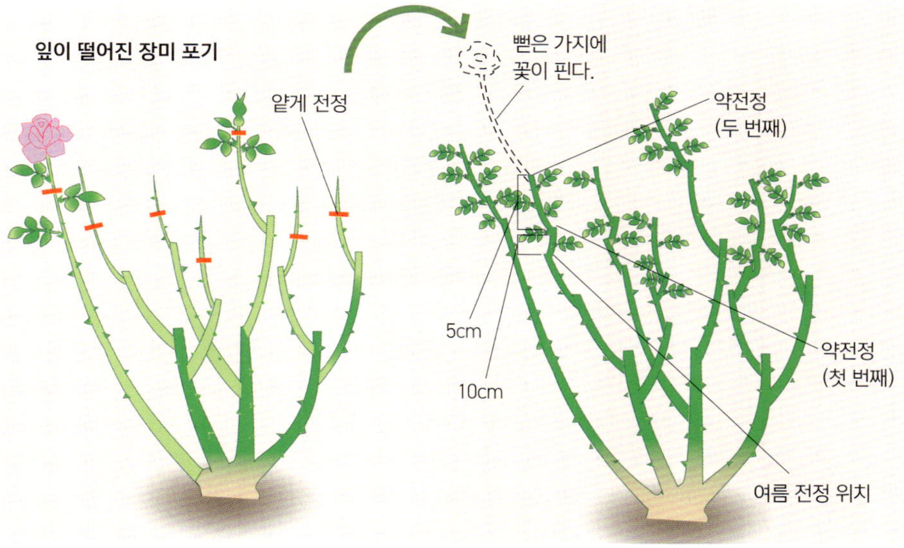

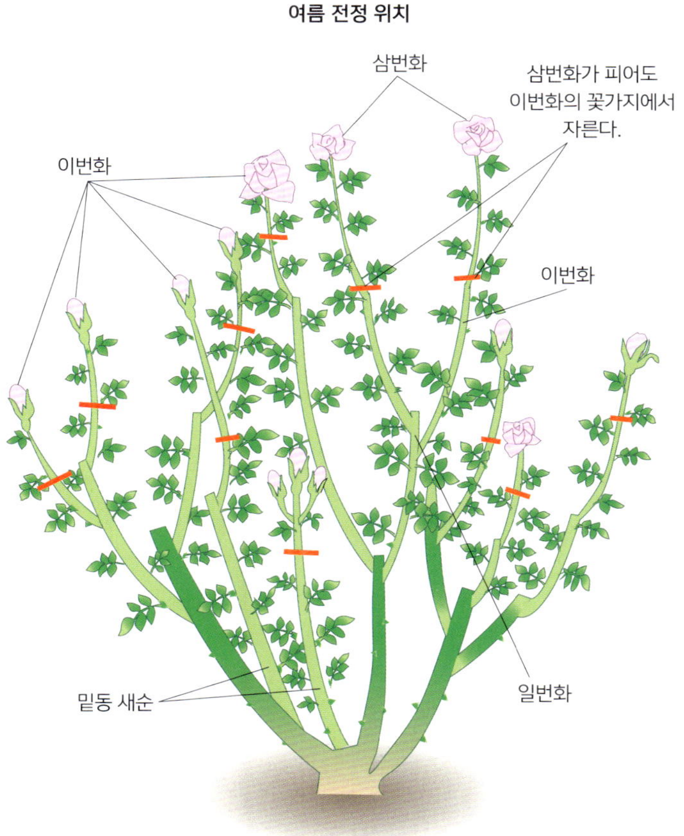

꽃가지와 잎을 크게 자라게 해서 10월에 들어서야 피는 꽃은 크고 아름답다. 그러나 개화까지 시간이 다소 오래 걸리는 품종은 일찍 전정한다. 포기가 많더라도 2~3일 안에 전정 작업을 끝내도록 한다.

9월 10일 이후의 전정은 반대로 기온 저하와 짧은 일조 시간 등에 의해 눈이 없는 가지가 발생해 꽃이 달리지 않는다.

[겨울 전정] 적기: 2월 상순(품종에 따라 1월부터)

겨울 전정 시기

싹이 움직이기 시작하기 직전인 2월이 최적기

겨울 전정은 봄에 좋은 꽃을 피우기 위한 가장 중요한 작업이다.

2월이 되면 장미는 봄에 자라기 위해 뿌리가 활동을 시작해 한창 물을 빨아올리게 되고, 3월이 되면 눈이 자라기 시작한다. 전정은 그 눈이 움직이기 시작 직전인 2월이 적기이다.

전정에 필요한 도구

전정 가위 케이스가 달린 것은 허리에 찰 수 있어서 작업이 편리하다.

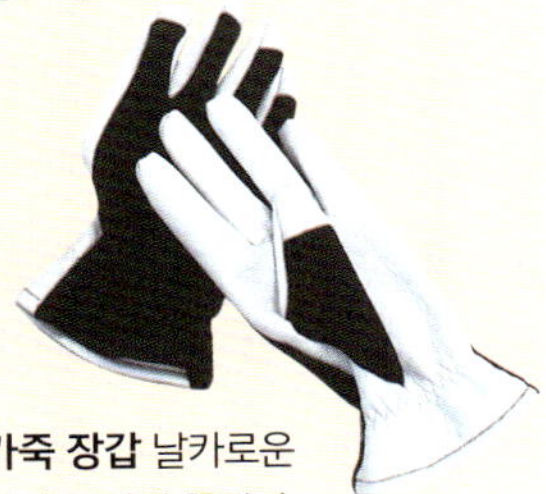

가죽 장갑 날카로운 장미 가시에 뚫리지 않는 가죽 소재 등의 튼튼한 정원 가꾸기용 장갑이 좋다.

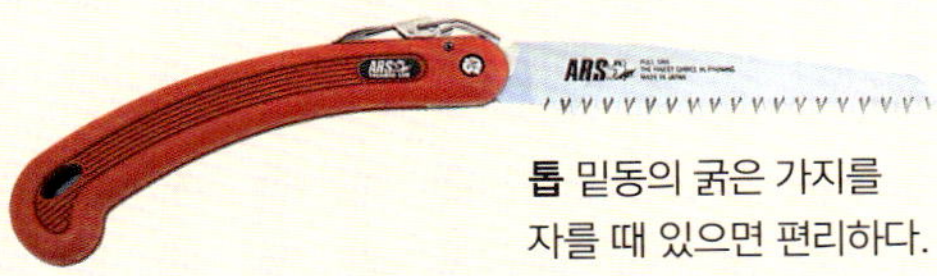

톱 밑동의 굵은 가지를 자를 때 있으면 편리하다.

양손 전정 가위 전체적인 수형을 다듬는 데 편리하다. (→P.157)

2월 이전의 이른 시기에 전정하면 일찍 눈이 자라고, 따뜻한 날씨에는 자라기도 한다.

3월부터 4월에 걸쳐 한파寒波가 오면 자라난 그 눈이 한해寒害를 입어 성장이 저해된다. 2월 입춘(양력 2월 4일) 무렵에 전정하면 눈이 자라지 않아 한파를 피할 수 있다. 낙엽이 지기 전에 전정할 때는 병충해 예방을 위해 잎을 모두 제거하도록 한다.

전정의 핵심

일번화가 핀 꽃가지를 2~3마디 남기고 자른다.

전년에 뻗은 개화 가지(일번화가 핀 가지)를 2~3개씩 눈을 남기고 자르는 것을 기본으로 한다. 튼튼한 눈이 없어도 일단 원하는 위치에서 전정한다. 눈이 움직이기 시작하면 늦기 때문에 2월이 되면 바로 착수한다.

가지가 충실하게 자란 포기는 길게(높은 위치), 그렇지 못한 가지는 짧게(낮은 위치) 자른다.

가지의 충실도에 따라 전정 위치가 바뀐다.

충실한 가지란 일찍 발생한 밑동 새순, 순조롭게 성장하고 있는 굵은 가지, 성숙해져 단단한 가지 등을 말한다.

충실하지 못한 가지는 늦여름에서 늦가을에 발생한 밑동 새순, 가는 가지, 자라기 시작한 시기가 늦는 등의 이유로 덜 성숙한 부드러운 가지 등을 말한다.

겨울 전정 순서

초심자는 불필요한 가지부터 자른다.

전정 순서에 규칙은 없지만, 초심자는 ①→②→③의 순서대로 전정하면 쉽게 할 수 있다.

① **마른 가지나 힘이 없는 잔가지, 병든 가지** 뿌리 근처에서 바싹 잘라 낸다.

② **쇠약한 가지나 얽혀 있는 안쪽의 오래된 가지** 뿌리 근처에서 바싹 잘라 낸다. 포기

안쪽에 햇빛이 잘 들도록 한다.

③ **전년도 개화 가지** 일번화 또는 이번화가 핀 가지를 2~3개씩(약 10cm) 눈을 남기고 자른다. 큰 꽃이 피는 플로리분다도 일번화의 가지에서 자른다.

이것이 핵심!

붉은 가지와 녹색 가지가 있는 경우

분지한 가지로 붉은 가지와 녹색 가지가 있을 때는 붉은 가지를 남긴다. 보통 붉은 가지는 알차고 추위를 맞아 야무지며, 꽃을 피우는 세력이 강한 가지이다. 단, 품종에 따라서는 녹색인데 충실한 것도 있다.

가지 자르는 법 / 안눈內芽과 바깥눈外芽

가지를 자를 때는 눈 위 5mm 정도의 위치에서 약간 비스듬히 또는 수평으로 자른다.

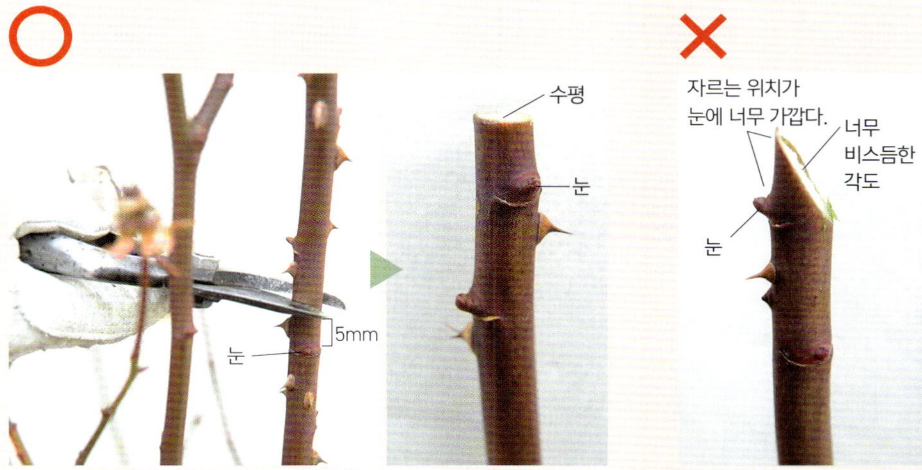

남겨 둔 눈의 바로 위를 지나치게 비스듬하게 자르면 눈이 시들어 버리는 경우가 있다.

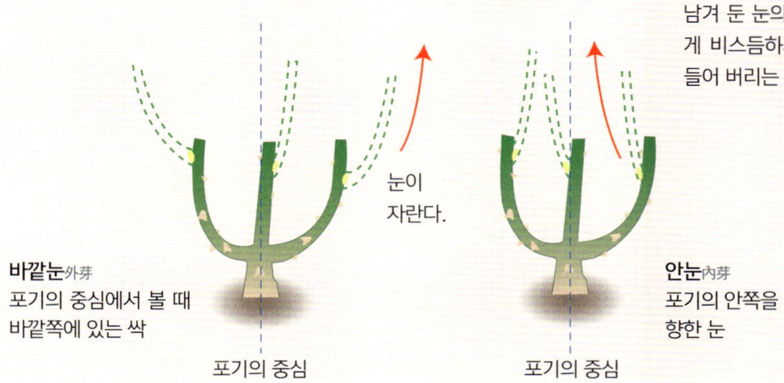

1 직립장미 Bush Rose

일반적으로 꽃이 큰 대륜 계열

가장 일반적인 하이브리드 티의 전정으로 일번화가 핀 가지를 자르면 절반에서 3분의 1 정도의 수고가 된다. 가지가 얽힌 복잡한 안쪽 가지를 정리하면 가지 밑에 햇빛이 잘 들고, 튼튼한 새순이 빨리 나오게 된다.

로즈 유미
꽃 모양이 아름답고, 꽃이 달리면 시들지 않고 오래가는 절화折花(꽃꽂이용) 품종. 웨딩드레스 디자이너 카츠라 유미桂由美에게서 따온 품종명.

● 하이브리드 티 '로즈 유미' 3년 차 포기

전정 전

전정 핵심! 아직 성목이 아니기 때문에 가지 수는 넉넉하게 남기고, 심을 때의 가지도 잘라 내지 않는다.

1. 불필요한 가지를 자른다.

마른 가지(A)나 약한 가지(B)를 뿌리 근처부터 잘라 낸다.

2. 복잡한 가지를 솎아 낸다.

안쪽이 복잡하게 얽혀 있는 가지를 솎아 낸다. 가지가 갈라질 때는 굵기를 보며 가는 가지는 1개, 굵은 가지면 2~3개로 솎아 낸다.

직립성 품종이므로 바깥눈(포기 바깥쪽을 향한 눈) 위 5mm 정도의 위치에서 자르는 것이 원칙

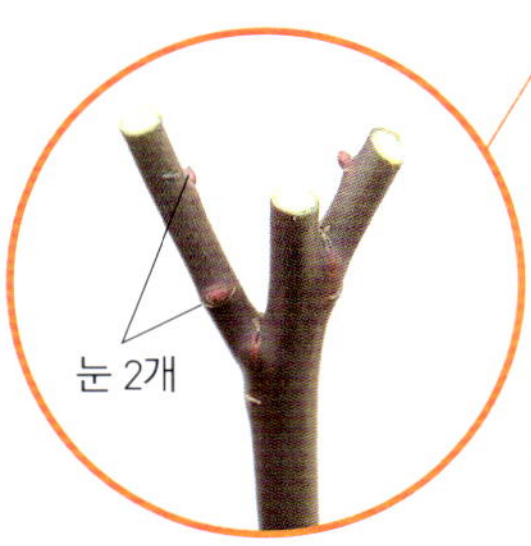

갈래가 난 가지 끝. 굵고 강한 가지이므로 각각 2개씩 눈을 남기고 5mm 위를 자른다.

3. 수고를 조절하고 꽃가지를 자른다.

전년의 일번화 가지를 중심으로 수고의 절반을 기준으로 바깥눈에서 자른다. 적자색 가지는 어리고 건강한 가지(밑동 새순 줄기)라서 약간 얕게 자라지만, 녹색 가지는 심을 때부터 있던 가지(오래된 가지)이므로 약간 짧게 자른다.

4. 수형의 균형을 보면서 조정한다.

마지막으로 전체 수형의 균형을 보면서 안쪽으로 향하는 가지나 연약한 가지 끝 등을 잘라서 포기 안쪽으로 햇빛이 들게 한다.

전정 후

포기 안쪽이 시원하고, 균형 잡힌 아름다운 포기의 모습으로 전정을 완료한다.

2 직립장미 Bush Rose

꽃을 많이 피우는 중륜 계열

비교적 소형인 포기에 많은 꽃을 피우기 위해 가지를 많이 남겨 꽃이 만개하도록 전정에 신경을 쓴다. 기본은 일번화가 핀 가지를 자르지만, 잘 모를 때는 수고의 절반 위치에 핀 가지를 자르도록 한다. 사철 개화로 작고 촘촘하게 자라는 총생형(叢生型)의 전통 장미도 마찬가지로 오래된 가지를 살리고, 가능한 한 가지를 많이 남겨 둔다.

● 플로리분다 '엔찬티드 이브닝' 2년 차 포기

전정 핵심! 새순 갱신형으로 심은 지 2년 차인 어린 포기이다. 한 방향에서 바라본 원래의 수형을 흐트러뜨리지 않도록 위에서 3분의 1의 위치를 기준으로 자른다.

1. 불필요한 가지를 자른다.

마른 가지(갈색으로 변색), 잔가지를 밑동부터 잘라 낸다.

2. 앞가지를 솎아 내고 꽃가지를 자른다.

포기 앞쪽의 복잡한 가지를 정리해 낮게 전정한다. 이렇게 하면 낮은 위치에서 꽃을 피울 수 있다.

3. 뒷가지를 솎아 내고 꽃가지를 자른다.

포기 뒤쪽은 높은 위치에서 전정한다. 전년의 일번화의 가지를 중심으로 가지 수를 많이 남기기 위해 이번화의 가지도 섞어 전정한다.

● 플로리분다 '볼레로' 3년 차 포기

전정 핵심! 심은 지 3년 차 되는 포기. 새순 무갱신형으로 가는 가지도 소중히 남기는 전정을 해야 한다.

밑동의 오래된 가지, 마른 가지, 약소 가지 등의 불필요한 가지만 잘라 내면 일번화 가지를 2~3개씩(약 10cm)의 눈을 남기고 자른다. 이 품종은 플로리분다 중에서도 대륜 계통이므로 주로 일번화 가지를 자른다.

포기 안쪽이 깔끔하다. 개화 때를 상정해 풍성한 돔 모양으로 전정을 완료한다.

● 미니 장미 '커피 오베이션Coffee Ovation'

1년 차 포기

같은 방식으로 전정할 수 있는 장미
에클레르Eclaire, 미세스 카즈코Mrs. Kazuko, 베이비 로맨티카Baby Romantica

큰 화분에 화분묘 '커피 오베이션'을 심은 화분. 미니 장미는 어디를 자르든 꽃이 피어 너무 신경 쓰지 말고, 수고의 절반 정도를 기준으로 자른다.

가는 가지를 많이 남기고, 중심이 높아지도록 해서 전체적으로 완만한 돔 모양으로 전정을 완료한다.

죽은 가지나 약한 잔가지, 얽힌 가지를 잘라 낸 후, 수고의 절반 위치에서 잘라 내도 꽃이 핀다. 상당히 짧게 잘라 내도 괜찮다.

한 그루씩 정성스럽게 전정할 때는 불필요한 가지를 잘라 낸 다음, 큰 나무 수형과 같이 다듬는다는 생각으로 건강한 새순 위를 자른다.

1
반덩굴장미
Shrub Rose

수고가 높아지는 큰 수형 유형

수고가 2~3 m를 넘게 자라는 품종이자 한철 개화로 가지가 잘 뻗는 전통 장미 등은 수고를 약간 높게 자르는 것이 요령이다. 개화 때는 꽃의 무게로 포기의 중앙이 자연스럽게 벌어지게 되어 자연스러운 분위기의 포기 모습을 연출한다. 포기 내부에 햇볕을 쬐어 새순이 잘 나온다. 너무 벌어진 수형의 경우에는 안눈內芽을 남겨 두고 잘라서 내부가 차도록 한다.

● 영국 장미 '레이디 오브 샬롯'

3년 차 포기

같은 방식으로 전정할 수 있는 장미
수리르 드 모나리자Sourire de Mona Lisa, 세인트 세실리아St. Cecilia, 토이 토이 토이!toi toi toi!, 다프네Daphne, 한스 괴네바인Hans Gönewein, 벨 로맨티카Belle Romantica, 로트켑헨Rotkäppchen

전정 핵심! 심은 지 3년 된 수입 묘목의 포기는 높이 약 2m이다. 좌우로 퍼져 쓰러져 있는 약간 오래된 가지를 잘라 내고, 위로 뻗는 밑동 새순 줄기 등을 남겨 높이의 절반(약 1m)을 기준으로 자른다.

1. 불필요한 가지를 제거한다.

좌우로 쓰러져 있는 오래된 가지를 잘라 내고, 남은 가지에 붙어 있는 약한 가지 등을 잘라 낸다.

2. 수고를 조절하면서 꽃가지를 자른다.

전체를 1m 정도를 기준으로 자르고, 곁가지는 2~3개씩 눈을 남기고 전정한다. 균형이 잘 잡힌 수형으로 가꾸기 위해 안눈을 자르기도 한다.

수고는 약 절반으로 조절하고 밑동도 깔끔하게 전정을 마무리한다. 전정 후 주위의 낙엽이나 죽은 가지 등을 깨끗이 정리하는 것도 잊지 말자.

2
반덩굴장미
Shrub Rose

왜소한 직립성 계열

수고 1m 정도의 왜소한 유형은 직립장미와 마찬가지로 전년에 핀 가지를 중심으로 수고 절반을 기준 삼아 가지를 자른다. 영국 장미를 비롯한 반덩굴장미의 우아한 가지 모양을 즐기고자 할 때는 가지는 약간 길게 남긴다.

● 영국 장미 '찰스 레니 맥킨토시'Charles Rennie Mackintosh

10년 차 포기

비슷하게 전정할 수 있는 장미
그라미스 캐슬Gramis Castle, 샬리마르Shalimar, 바일란도Bailando, 레이디 에마 해밀턴Lady Emma Hamilton, 버터 컵Butter Cup, 해피 차일드Happy Child

전정 전

잎이 많이 남아 있는 포기. 전정하면서 가지의 잎도 조심스럽게 떼어 낸다.

1. 한 가지씩 정성스럽게 전정한다.

밑동에 서로 겹쳐 불필요한 가지는 잘라 내면 한 가지씩 정성스럽게 전정한다. 한곳에서 여러 개의 가지가 나온 곳은 각각 2~3개 눈을 남기고 자른다. 사진의 왼쪽 반이 작업한 모습이다.

2. 충실하지 않은 가지는 바싹 자른다.

겨울 전정 시기에 같은 포기의 다른 가지에 비해 수피가 녹색인 가지는 충실하지 않았으니 가는 가지, 부드러운 가지와 함께 바싹 짧게 자른다.

전정 후

수고의 절반을 기준으로 꽃을 피운 가지를 거의 남기고 전정을 완료한다.

전정 핵심! 심은 지 10년 차인 포기는 새순 갱신하지 않는 유형으로 오래된 가지를 남기고, 가는 가지도 더 많이 길게 남기고 자른다.

3
반덩굴장미
Shrub Rose

시든꽃자르기와 전정이 같은 시기에 가능한 왜소한 반덩굴성 계열

미니 장미와 분위기가 같은 소형의 반덩굴장미(조경용 장미)는 매우 튼튼한 사철 개화성을 가지고 있어, 봄부터 늦가을까지 꽃이 계속 핀다. 겨울 전정은 마지막 시든꽃자르기를 하며 양손 전정 가위로 수형을 정돈한다.

● 폴리안타 '더 페어리'Polyantha 'The Fairy'

3년 차 포기

비슷하게 전정할 수 있는 장미
크리스털 페어리Crystal Fairy, 페어리 퀸Faily Queen, 러블리 페어리Lovely Fairy, 좀머아벤트Sommerabend, 뉴사Neusa, 플록시 베이비Phloxy Baby, 리몬첼로Limoncello, 라벤더 메이딜란드Lavender Meidiland, 로잘리 라몰리에르Rosalie Lamorlière

전정 핵심! 양손 전정 가위를 써서 전체적으로 키를 낮추면서 가운데는 높고 매끄러운 선을 그리도록 다듬는다. 눈을 신경 쓰지 않고, 원하는 높이에서 자른다.

전정 전

1월 중순에 마지막 시든 꽃이 남은 포기

1. 전체를 자른다.

전체 포기를 작게 한다는 전제로 양손 전정 가위로 중심에서 바깥쪽을 향해 자른다.

2. 불필요한 가지를 제거한다.

도중에 말라죽은 가지나 잔가지는 밑동에서 잘라 낸다.

전정 후

포기의 중앙 안쪽을 깔끔하게 자르고, 가운데는 높고 좌우가 균등해 균형감 있게 남겨 전정을 완료한다.

전통 장미의 전정 핵심

전통 장미는 다양한 계통이 있고, 수형도 직립성, 반덩굴성, 덩굴성으로 다양하다. (구체적인 계통 → P.12 참조) 전정이 필요한 것은 차이나 계열, 티 계열로 그 이외는 반드시 전정할 필요는 없다. 여기에선 이 책에 게재한 주요 계통과 적합한 전정 핵심에 관해 해설한다.

반드시 전정하기

차이나 Ch

개화 시기 사철 개화 **전정 시기** 2월

주요 품종 엘모사Hermosa, 올드 블러시Old Blush, 슬레이터스 크림슨 차이나Slater's Crimson China, 소피즈 퍼페추얼Sophie's Perpetual, 무타빌리스Mutabilis, 루이 필립Louis Philippe

전정 방법 직립장미의 플로리분다와 마찬가지로 높이의 3분의 1을 자른다. 오래된 가지도 살린다.

티 T

개화 시기 사철 개화 **전정 시기** 2월

주요 품종 안나 올리비에Anna Olivier, 사프라노Safrano, 장 뒤셰Jean Ducher, 마담 앙투안 마리Madame Antoine Mari, 레이디 힐링던Lady Hillingdon

전정 방법 직립장미의 플로리분다와 마찬가지로 높이의 3분의 1을 자른다. 너무 바짝 자르지 않도록 한다.

개화 시기 반복 개화 **전정 시기** 12월 하순~1월

주요 품종 글루아르 드 디종Gloire de Dijon, 수브니흐 두앙 아미Souvenir d'un Ami, 클라이밍 레이디 힐링던Climbing Lady Hillingdon

전정 방법 덩굴장미로서 울타리 등에 유인해 관리한다.

포기 상태에 따라 필요시 전정하기

알바 A

개화 시기 한철 개화 **전정 시기** 2월

주요 품종 알바 세미플레나Alba Semi-Plena, 클로리스Chloris, 잔 다르크Jeanne d'Arc, 셀레스티얼Celestial, 펠리시테 파르만티에Félicité Parmentier, 퐁퐁 블랑 파르페Pompon Blanc Parfait, 마담 플란티에Madame Plantier, 마담 라샤르 뒤 생제르맹Madame Lacharme du St. Germain

전정 방법 '알바 세미 플레나'처럼 열매가 열리는 품종은 아래로 처지면 전년의 가지를 자른다. 새순이 잘 나오는 품종은 오래된 가지를 밑동에서 자른다. '마담 플란티에'는 12월에서 1월에 덩굴장미처럼 유인한다. '펠리시테 파르만티에'는 수고의 절반을 잘라도 개화한다.

부르봉 B

개화 시기 사철 개화 **전정 시기** 2월

주요 품종 오노린 드 브라방Honorine de Brabant, 수브니흐 드 라 말메종Souvenir de la Malmaison

전정 방법 직립장미와 마찬가지로 수고의 3분의 1에서 절반 정도를 자른다.

개화 시기 반복 개화 **전정 시기** 2월

주요 품종 마담 이사크 페레르Madame Isaac Pereire, 마담 피에르 오제Madame Pierre Oger, 라 렌느 빅토리아La Reine Victoria, 루이즈 오디어Louise Odier

전정 방법 2m 이상 자란 경우는 수고의 절반으로 전정하되, 1m 이하는 전정하지 않는다.

센티폴리아 C

개화 시기 한철 개화 **전정 시기** 1~2월

주요 품종 샤포 드 나폴레옹Chapeau de Napoléon, 주노Juno, 팡탱 라투르Fantin-Latour, 화이트 프로방스White Provence, 퐁퐁 드 부르고뉴Pompon de Bourgogne

전정 방법 특별히 전정하지 않는다. 3년 차 이상 된 오래된 가지는 아래로 처진 부분을 잘라 낸다. 덩굴장미도 동일하다.

다마스크 D

개화 시기 한철 개화 **전정 시기** 8월 상순

주요 품종 이스파한Ispahan, 셀시아나Celsiana, 트리긴티페탈라Trigintipetala, 마담 알디Madame Hardy, 레다Leda

전정 방법 그해에 뻗은 가지를 수고 1~1.3m 위치에서 자르거나 불필요한 가지를 정리하는 정도로 겨울 전정은 하지 않는다.

하이브리드 갈리카 HGal

개화 시기 한철 개화 **전정 시기** 12~2월

주요 품종 카르디날 드 리슐리외Cardinal de Richelieu, 샤를 드 밀Charles de Mills, 타스카니 수프Tuscany Superb, 벨 이지스Belle Isis

전정 방법 '카르디날두 리슐리외'는 오벨리스크(첨탑)나 격자 구조물에 유인한다. 그 밖의 품종은 아래로 처진 3년이 된 오래된 가지는 새순을 남기고 자른다.

하이브리드 퍼페추얼 HP

개화 시기 사철 개화 **전정 시기** 2월

주요 품종 누리아 드 레콜롱스Nuria de Recolons, 루이 14세Louis XIV

전정 방법 플로리분다와 마찬가지로 오래된 가지도 살리고, 수고의 3분의 1을 자른다.

모스 M

개화 시기 한철 개화 **전정 시기** 2월

주요 품종 헨리 마틴Henri Martin, 윌리엄 롭William Lobb, 크레스티드 주얼Crested Jewel, 커먼 모스Common Moss, 뉴이 드 영Nuits de Young, 마레샬 다보Maréchal Davoust

전정 방법 기본적으로 아래로 처진 3년쯤 된 오래된 가지를 정리한다. 상부를 자를 때는 지주 없이 높이 1m 이상 아래쪽 가지는 자르지 않는다.

개화 시기 반복 개화 **전정 시기** 2월

주요 품종 알프레 드 달마Alfred de Dalmas, 살레Salet, 제임스 비치James Veitch

전정 방법 오래되어 아래로 드리워진 가지를 정리만 한다.

포틀랜드 P

개화 시기 반복 개화 **전정 시기** 2월

주요 품종 아르튀르 드 산살Arthur de Sansal, 자크 카르티에Jacques Cartier, 더치스 오브 포틀랜드Duchess of Portland, 미란다Miranda, 로즈 드 레시Rose de Rescht

전정 방법 기본적으로는 아래로 처진 3년 된 가지를 정리한다. 봄에 가지 끝을 자르면 피지 않는 품종도 있다.

울타리나 격자 구조물로 유인하는 덩굴장미

작업 적기: 12~1월

부르봉 B

개화 시기 반복 개화, 한철 개화

주요 품종 쿠프 드에베Coupe d'Hébé, 집시 보이Gypsy Boy, 부르봉 퀸Bourbon Queen

누아제트 N

개화 시기 사철 개화

주요 품종 아리스토크랏 스텔라 그레이Aristocrat Stella Gray, 마담 알프레드 카리에르Madame Alfred Carrière

개화 시기 반복 개화

주요 품종 셀린 포레스티에Céline Forestier, 데스프레 아 플뢰르 잔느Desprez à fleurs jaunes, 블러시 누아제트Blush Noisette

하이브리드 퍼페추얼 HP|ClHP

개화 시기 반복 개화

주요 품종 클라이밍 프라우 칼 드루슈키Frau Karl Druschki, 바롱 지로 드 랭Baron Girod de L'Ain, 페르디난드 피샤르Ferdinand Pichard, 폴 네이론Paul Nayron, 미세스 존 랭Mrs. John Laing

전정 방법 가지를 구부리지 않으면 가지 끝에만 꽃이 달리는 품종이라서 가지를 수평이 되도록 유인한다.

덩굴장미의 전정과 유인

좁은 지역에서도 단기간에 많은 꽃을 피울 수 있는 덩굴장미의 매력이다. 덩굴장미 가꾸기에 있어 가장 중요한 재배 핵심인 전정과 유인 요령을 소개한다.

전정과 유인

12월 하순에서 1월 상순에 시행

덩굴장미의 전정과 유인은 직립장미 등과 마찬가지로 가지 내부에 햇볕을 쬐어 포기를 건강하게 키워서 많은 꽃을 피우는 것이 목적이다.

덩굴장미는 직립장미보다 더 빨리 싹이 트기 때문에 가지치기와 유인은 1월 초에 끝내도록 한다. 늦으면 싹이 부풀어 올라 유인 작업 중에 중요한 싹이 뚝뚝 떨어질 수 있다. 또한, 한철 개화인 품종 중에는 너무 늦게 이 작업을 하면 꽃이 피지 않는 가지가 생기는 경우가 있다.

새순 갱신을 하는 장미와 하지 않는 장미

덩굴장미에는 새순 갱신형(새순이 포기에서 나오는 것)과 새순 무갱신형(가지가 굵어지면서 목질화되어 수년 동안 사는 것)이 있다. 키우고자 하는 장미가 어떤 유형인지 파악해 작업한다. 또한, 새순 갱신형 장미라도 수년이 지나면 식물이 안정되어 싹이 잘 나지 않는 품종도 있다.

가지가 부드러운 램블러rambler 계열의 품종은 싹이 자라면 겨울에 한정하지 않고 언제라도 유인할 수 있다.

가지와 새순을 유인하면서 전정하기

덩굴장미는 유인과 전정을 동시에 한다. 마른 가지나 약한 가지 등은 먼저 잘라 낸다. 하지만, 굵은 가지는 너무 많았을 때를 제외하고, 유인 전에 정리하지 않고 유인하면서 가지를 솎아 내도록 한다.

또한, 새순이 잘 나오지 않는 장미나 수년이 지난 장미는 가늘고 긴 가지를 끝까지 남겨 두었다가 마지막에 틈새를 메울 때 활용한다. 계통이나 품종, 포기의 상태에 따라 다소 차이가 있지만, 기본은 다음과 같은 절차로 실시한다.

① 죽은 가지, 잔가지 등의 불필요한 가지를 잘라 낸다.
② 굵은 가지에서 가는 가지 순으로 가지 끝이 내려가지 않도록 유인한다.
③ 유인하면서 개화된 가지를 2~3개(10~15cm)씩 눈을 남기고 자른다.

전정의 핵심

새순이 나오기 힘든 장미

포기 밑동에서 새순이 잘 안 나오는 덩굴장미는 오래된 가지에 10년 넘게 꽃을 피운다. 이 유형은 굵은 가지를 그대로 남기고, 3년 이상 지나 개화할 싹이 있는 꽃가지는 2~3개(10~15cm)씩 눈을 남기고 모두 자른다.

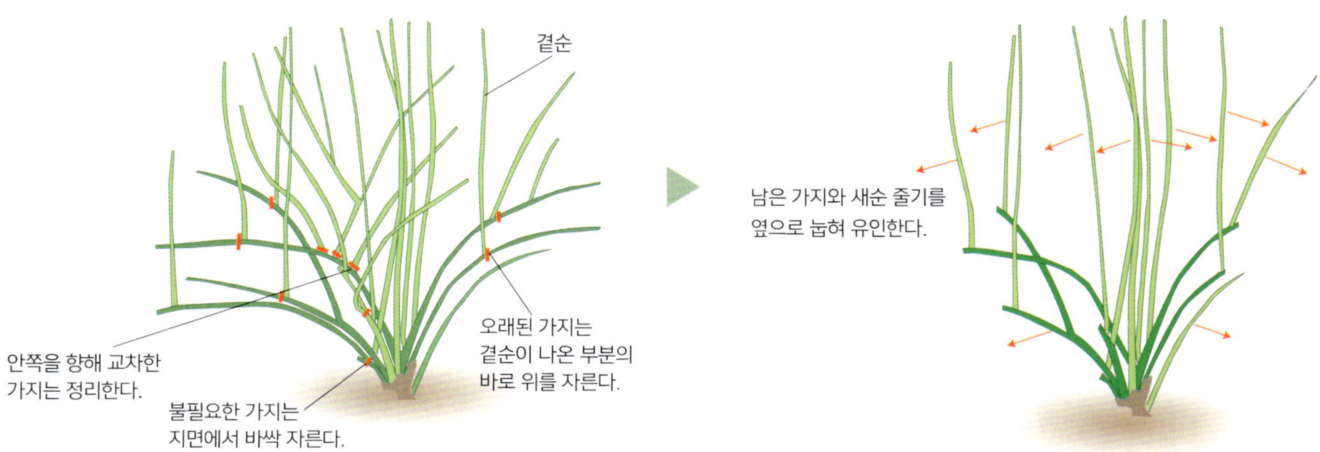

올해 자란 새순 줄기

새순 줄기 전정을 알기 쉽게 해설하기 위해
꽃눈가지는 그리지 않았다.

봉에 가꾼 장미 관리

울타리에 가꾼 장미 관리

오래된 가지는 그대로 남기되, 꽃을 피우기 어려운 가지를 자른다.

꽃눈가지는 2~3개 눈을 남기고 자른다.

새순이 잘 나오는 장미

밑동에서 여러 개 새순이 나오는 품종은 오래된 가지 몇 개를 지면에서 바싹 자른다. 곁순이 나온 바로 위의 오래된 가지를 잘라 내고, 새로운 가지로 갱신한다. 꽃가지는 수시로 2~3개씩 눈을 남기고 자른다.

유인 작업의 핵심

작업 전에 죽은 잎을 제거하고 가지 끝을 자른다.

장미에 잎이 남아 있으면 진드기나 진딧물이 월동할 수 있으니 모두 제거한다. 남은 가지의 끝은 20~30cm 정도 자른다.

위로 뻗은 새순 줄기. 오른쪽 2개는 가지 끝을 20cm 정도 잘라 유인한다. *울타리 외부에서 본 상태

1개씩 옆으로 쓰러뜨리고, 지면 밑동 가까운 쪽부터 차례로 끈으로 고정해 간다. *울타리 안쪽을 돌면서 작업하고 있다.

거의 수평으로 유인한 것. 가지 끝을 밑으로 내리지 않도록 주의해야 한다.

이것이 핵심!

끈은 보통 단단히 묶는다.

울타리 등에 고정할 때 결속하는 끈은 바람이 불어도 가지가 움직이지 않도록 단단히 한쪽으로 묶는 것이 요령이다. 불쌍하다는 이유로 느슨하게 묶는 사람이 있다. 가지가 흔들리면 새싹 생장이 멈추고, 꽃이 피는 상태가 나빠지고 만다. 결속 자재는 코이어끈이나 황마끈이 적합하다. 가지의 굵기, 단단함에 맞춰 끈 굵기를 선택하자. (→ P.167)

울타리 등에 바짝 밀어붙여서 틈이 생기지 않도록 가지를 단단히 묶는다. 8자 매듭으로 묶지 않는다.

폭넓은 판 등인 경우에도 가능한 한 가지가 뜨지 않도록 고정한다.

가지는 수평이나 약간 위쪽으로 단단히 고정한다.

계통이나 품종에서 다소 차이가 있지만, 기본적인 유인 방법은 위로 뻗어 있는 가지를 옆으로 넘어뜨리고 수평(가로)이나 약간 위로 울타리 등에 끈 등으로 고정한다. 장미는 가지를 수평으로 젖히면 싹이 위로 뻗고 꽃눈을 많이 붙이는 '정아우세頂芽優勢'라는 습성이 있기 때문이다.

덩굴장미를 균형 있게 전체를 꽃 피우는 핵심은 가지를 조밀하게 유인해 밑동에 가는 가지를 짧게 배치하는 것이다. 이렇게 하면 밑동 가지에도 꽃을 피울 수 있다. 꽃이 작은 소륜小輪 장미 계통은 가지와 가지 사이를 좁게(5cm 간격), 대륜 계통은 약간 넓게(10cm 간격) 벌리고, 거의 수평으로 가능한 한 같은 간격으로 유인하면 개화했을 때 아름답게 꽃이 핀다.

전정과 유인

실제 예시 해설

칵테일[S]
슈럽으로 분류되지만, 국내에서 인기 있는 덩굴장미 중 하나. 오래된 가지에도 꽃이 피고 새순도 잘 생기는 품종.

격자구조물
Trellis

소륜계 덩굴장미 '칵테일'은 많은 꽃을 피우기 위해 오래된 가지와 가는 가지도 최대한 남기도록 전정한다. 긴 밑동 새순을 거의 수평으로 밑동에서부터 같은 간격으로 유인해, 틈새나 밑동에는 가는 가지를 배치한다.

울타리
Fence

뉴 던[LCl]
어릴 때는 새순을 잘 내지만, 10년 정도 지나 포기가 안정되면 새순이 나오지 않는 것이 특징.

봄에 만개했을 때 울타리 전체에 쏟아질 듯 활짝 핀 '뉴 던'

*가지가 잘 보이도록 울타리 안쪽에 흰색 판을 세워 촬영했다.

전정 전

전정 후

옮겨 심은 지 14년 된 중륜계 덩굴장미 '뉴 던New Dawn'. 불필요한 가지를 정리한 후, 꽃눈가지에 2~3개 눈을 남기고 가지 끝을 자른다. 오래된 가지에도 꽃이 잘 달리므로 소중히 남기면서 새로운 가지로 틈새를 메우도록 수평으로 유인한다.

그늘시렁
Pergola

오래된 장미는 새순이 잘 나오지 않아 오래된 가지를 최대한 많이 남기고, 꽃눈이 없는 곳에는 새로운 가지를 잘 이용해 유인한다. 꽃이 아래로 처지게 핀 아름다운 경관을 연출하기 위해 안쪽은 꽃눈가지를 조금 길게 남기도록 한다.

아치
Arch

전통 장미인 덩굴장미 '이스파한'[D]을 소형 아치에 자연스러운 수형을 살리듯이 세로로 유인한다.

윗부분은 아치 곡선을 따라 조금 길게 꽃눈가지를 남기고 전정한다.

격자 구조물 모서리까지 제대로 유인해 가지를 길게 남기면, 가장자리도 덮여 아름다운 경관을 만든다.

격자구조물
Trellis

새순을 만들지 않고 가지가 굵어지면서 자라는 덩굴장미 '퍼프 뷰티'[HMsk]. 밑동에서 비스듬히 45° 등간격으로 가지를 유인하면 봄에는 흐르는 듯한 선에 꽃이 핀다.

터널
Tunnel

아치형 입구 부근은 부드러운 곡선을 따르도록 가지를 유인한다.

전체가 꽃으로 덮이도록 측면과 상부 모두 균형감 있게 가지를 배치한다.

가제보
Gazebo

좌우 스크린에서 가제보의 위쪽 중앙으로 여러 종의 덩굴장미가 얽히도록 유인한다.

실제 예시 해설 봉 유인 장미 가꾸기

공간이 없는 정원에서도 봉으로 유인하면 입체적으로 장미를 즐길 수 있다.

봉
Pole

심은 지 3년 차인 램블러 '르네 안드레'는 밑동 새순을 내지 않는 유형의 장미이다. 햇수가 얼마 되지 않은 포기라서 불필요한 가지 이외에는 모두 남기도록 자른다. 지난번 유인의 끈을 풀어 가지를 떼어 낼 필요는 없다.

*가지가 잘 보이도록 봉 후방에 하얀 판을 세워서 촬영했다.

1
새로 뻗은 새순 줄기는 작업에 방해되지 않도록 일시적으로 끈으로 묶어 정리해 둔다.

2
적자색의 가지는 새로운 밑동 새순 줄기. 뿌리 근처의 마른 가지 등 불필요한 가지를 잘라 낸다.

3
모든 꽃눈가지는 눈을 2~3개 남기고 자른다.

4
꽃눈가지를 다 자른 모습

5
새로운 새순 줄기를 1개씩 아래에서 감아올리면서 유인해 간다.

6
오래된 가지의 틈새에 나선형으로 감아올려 고정한다.
가지와 가지가 교차하는 곳은 끈으로 묶는다.

7
새순 줄기는 군데군데 끈으로 단단히 봉에 묶는다. 한 번 묶은 뒤 반대쪽으로 돌려 묶으면 확실히 고정할 수 있다.

8
나머지 새순 줄기도 같은 식으로 유인한다.

9
봉의 높이에 맞춰 여분의 새순 줄기 끝을 자른다.

10
끝부분은 봉에 단단히 고정한다.

이것이 핵심!

줄기를 느슨하게 묶으면 바람 등으로 가지에 상처가 나서 부러지기 쉬워지거나, 새싹이 움직여 성장이 멈추고 꽃이 잘 피지 않는다. 또, 봉의 틈새로 새싹이 자라 생육에 방해가 될 수 있으니 반드시 단단히 고정한다.

전정 후

튀어나온 가지와 엉킨 가지를 정리한 후의 모습

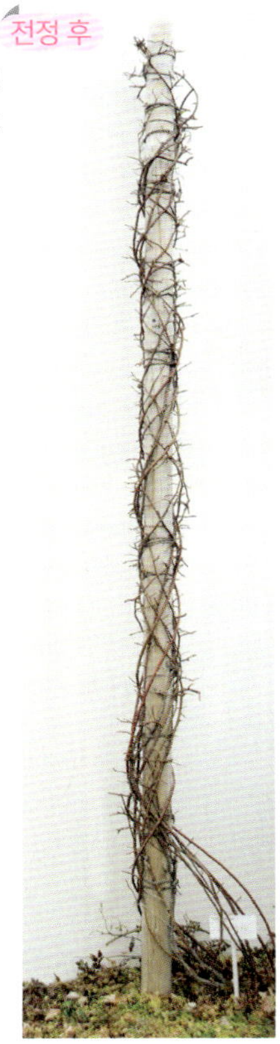

결속 자재

덩굴장미 유인에는 결속 자재가 필요하다. 천연 소재를 추천한다.

황마끈
조이기 쉽고, 단단히 묶으면 느슨해지지 않는다. 약 1년 후엔 부식되어 장미의 가지를 손상하지 않는다.

종이끈
반년 정도면 부식되는 것으로 옮겨 심을 때 묘목과 지주를 연결하는 데 매우 적합하다.

코이어끈(야자섬유끈)
내구성이 3년 정도로 굵은 가지나 튕기는 강한 가지를 단단히 묶는 데 쓰인다. 다만, 상당히 딱딱해, 생육 중의 새순 줄기에 파고들지는 않는지 가끔 점검한다.

병충해 예방

병충해를 최소화하기 위해 선 발생 시기를 파악해 조기 발견에 힘쓰고, 발견 후에는 신속한 대처가 중요하다.

재배 환경 정비

일조량, 통풍, 물 주기가 중요하다.

장미 재배에서 가장 신경 써야 할 것이 병충해 예방이다. 생육 중에 아래 사항을 주의해야 한다.

- 햇빛, 통풍이 좋은 장소를 선택한다. (자세한 사항 → P.121 참조)
- 물 빠짐(배수)이 좋은 토양으로 개량한다.
- 포기 사이를 띄워 심는다.
- 비료 양을 적정하게 한다.
  비료 과다 → 가지가 연약해져 병에 쉽게 걸린다.
  비료 부족 → 영양실조로 병에 걸리기 쉬워진다.
- 화분은 비를 맞지 않는 처마 밑 등에서 재배한다.
- 초심자는 가능한 한 내병성이 강한 튼튼한 품종을 고른다.

이 책의 도감 부분(P.23~113)에서 소개하는 품종들은 검은별무늬병, 흰가루병의 내성 정도를 '강', '보통', '약'으로 표시한다. '도감 보는 법'(P.22)에 기술한 약제 살포의 기준 등을 활용하길 바란다.

장미가 주로 걸리는 병

검은별무늬병

발생 기간: 4~11월

기온 20~25℃에서 잘 발생한다. 잎에 먹물을 묻힌 것처럼 직경 3mm 정도의 병반이 생기는 것이 초기 증상. 땅에 가까운 잎에서 위로 반점이 퍼져나갔다가 이윽고 잎이 황변해 순식간에 낙엽이 지고 포기의 생육이 현저하게 나빠진다.

예방과 대처법 비를 맞으면 포자가 퍼져 급속히 감염이 확산하므로, 특히 장마철이나 9월 가을비가 내리는 시기에는 정기적으로 약제를 살포한다. 화분은 처마 밑이나 베란다 등으로 이동한다. 가능한 한 조기에 발견해 병든 잎을 떼어 내고, 떨어진 잎도 잘 치워서 확산을 막는다.

흰가루병

발생 기간: 4~7월, 9~11월

기온 15~20℃로 다습한 시기에 잘 발생한다. 어린잎이나 새싹에 흰 가루로 덮인 것 같은 반점이 나타나는 것이 초기 증상. 잎 뒷면은 분홍색이 되어 끈적끈적하다. 방치하면 점점 감염돼 줄기와 꽃봉오리까지 하얗게 휘어진다.

예방과 대처법 하얀 포자가 날려 확산된다. 한여름 고온기에는 비교적 덜 발생한다. 햇볕과 바람이 잘 들게 하며, 비료를 과하게 주지 않는다. 발생하면 즉시 잎 뒷면에서 병반부를 씻어 내도록 약제를 살포한다. 증상이 현저한 잎이나 가지 끝은 잘라 낸다.

잿빛곰팡이병

발생 기간: 5~12월

초기에는 꽃잎에 붉은 반점이 나타나고, 이윽고 꽃봉오리에 잿빛곰팡이(보트리티스균)가 핀다. 다갈색으로 변색해 썩어서 꽃이 피지 않는다. 심해지면 잎 끝까지 퍼진다.

예방과 대처법 비가 많이 오는 시기에 자주 발생. 통풍을 잘하고, 병든 꽃봉오리는 빨리 자르고, 떨어진 꽃잎도 잘 치워서 확산을 막는다.

노균병

발생 기간: 3~5월, 8~12월

새싹이나 어린잎에 적자색 반점이 나타나고, 잎 뒷면에 회색 곰팡이가 생긴다. 낙엽이 듬성듬성 지고 어린 가지가 죽기도 한다.

예방과 대처법 밤낮의 일교차가 크고 습도가 높으면 잘 발생한다. 잎에 물을 뿌리지 않는다. 발병한 잎이나 떨어진 잎은 모두 처분하고 약제를 살포한다.

근두암종병

발생 기간: 1년 내내

뿌리나 지면 줄기에 혹 모양의 돌기가 나타난다. 나무의 수세가 약해지지만, 말라 죽는 경우는 잘 없다.

예방과 대처법 땅속의 세균이 식물체로 들어가 감염된다. 토양 수분이 높은 곳일수록 균이 많다. 겨울철에 열탕 소독한 칼 등으로 혹을 도려내 상태를 본다. 회복하지 않으면 가지를 제거한다.

특히 잎에 생기는 병에 주목!

생육기에 낙엽 지지 않도록 하는 것이 중요하다.

보통 장미 재배가 어렵다고 하는 점은 병충해에 취약하기 때문이다. 그 피해로 가장 먼저 낙엽이 진다. 잎이 떨어지면 식물은 광합성을 하지 못해 현저하게 생장이 나빠진다. 또, 품종에 따라서는 낙엽 진 가지는 겨울 추위로 시들기 쉬워지며, 최악에는 가지 전체가 시들어 버리기도 한다.

잎은 병충해 이외에도 엽소葉燒나 잎타기, 약해藥害 등 다양한 증상으로 신호를 보내 준다. 그 신호를 놓치거나 실수하지 말길 바란다.

무농약 재배 포인트

검은별무늬병에 강한 품종을 고른다.

건강과 환경 문제뿐만 아니라 서구西歐에서의 농약 사용 규제 강화와 약제 살포의 번거로움이 없는 저비용 관리 측면에서도 무농약 장미 재배를 지향하는 사람이 늘고 있다. 최근 육종가들의 노력으로 농약을 뿌리지 않아도 병에 걸리지 않고 잘 자라는 튼튼한 장미가 많이 개발되었다. (→ P.23 '튼튼하고 키우기 쉬운 장미')

고온 다습하고 병충해가 발생하기 쉬운 국내에선 가급적 검은별무늬병에 강한 품종이나 병에 걸려 낙엽이 지더라도 새싹이 잘 나오는 수세가 강한 품종, 가지가 충실하고 악조건에서도 잘 견디는 품종을 고르는 것이 무농약 재배의 중요한 핵심이다. 그리고 일상적인 관찰과 적절한 관리를 소홀히 하지 않도록 노력해야 한다.

장미에 주로 생기는 해충

진딧물

발생 기간: 4~11월

새싹, 꽃봉오리 등 부드러운 부분을 녹색과 흑색의 아주 작은 벌레가 붙어서 양분을 빨아들여 생장을 저해한다. 방치하면 그을음병의 원인이 된다.

예방과 대처법 바이러스병을 매개하는 등 2차적인 병을 유발할 수 있다. 조기 발견하면 죽인다. 브러시 등으로 긁어내는 방법도 효과적이다. 대량 발생 후에는 약제를 살포한다.

응애

발생 기간: 5~11월

잎에 기생하는 흡즙성 해충으로 거미와 근연종이다. 양분을 빨아들인 곳은 엽록소가 없어져 하얀 희미한 반점이 만들어진다.

예방과 대처법 고온 건조한 환경에서 대량 발생하므로 장마철에 예방하는 것이 바람직하다. 특히, 미니 장미가 피해를 쉽게 본다. 잎을 뒤집어 점검하고, 강한 물을 뿌려 씻어 내고 약제를 살포한다.

총채벌레류

발생 기간: 5~11월

꽃봉오리와 꽃에 잠입해 양분을 빨아들인다. 꽃이 기형이 되거나 변색된다. 꽃봉오리가 열리지 않아 꽃이 피지 않을 수도 있다.

예방과 대처법 꽃잎에 알을 낳기 때문에 먹힌 꽃이나 꽃봉오리는 잘라 낸다. 시든 꽃이나 떨어진 꽃잎은 봉지 등에 담아 폐기하고 약제를 살포한다.

장미등애잎벌(*Arge pagana*)

발생 기간: 4~11월

1.5cm 정도의 성충(잎벌)은 배쪽은 오렌지색, 등쪽은 검은색이다. 산란관을 내서 가지에 산란한다. 부화한 녹색의 유충은 집단으로 잎을 먹어치워 순식간에 엽맥만 남는다.

예방과 대처법 산란 흔적이 상처처럼 남고 가지가 갈라지거나 부러진다. 발견하면 죽이거나 살충제를 살포한다.

깍지벌레류

발생 기간: 1년 내내

줄기나 가지에 원형이나 타원형, 그릇 모양의 편평한 덩어리가 있다. 고운 가루 형태의 흰 벌레는 흡즙을 하고 나무를 약하게 한다.

예방과 대처법 호스 끝을 손가락으로 찌부러뜨려 힘차게 물을 뿌려서 수압으로 씻어 낸다.

검정장미거위벌레

발생 기간: 5~6월

초봄에 발생하는 신장 길이 2~5mm의 검은 벌레. 새싹이나 꽃봉오리에 산란하고, 끝부분이 쪼글쪼글 말린 것 같은 상태가 된다.

예방과 대처법 가지 끝이나 새순 부위 같은 연하고 어린 조직을 좋아하며, 주로 활발히 움직이는 이른 아침 시간대에 발견하기 쉽다. 피해 부위에는 유충이 있으므로 자주 출현하는 가지는 제거한다.

왕담배나방

발생 기간: 8~9월

나방 유충. 꽃봉오리에 구멍을 뚫어 속을 먹고 그 주변에 산란한다. 성숙 애벌레는 꽃을 갉아 먹는다.

예방과 대처법 연 3회 발생하지만, 가을철 장미 피해가 크다. 꽃봉오리를 소각하고, 쐐기벌레 살충제를 살포한다.

약제 살포 시 유의점

살균제와 살충제 동시 살포 장미 재배에 쓰는 약제로 병을 예방하는 살균제와 해충을 예방하는 살충제가 있다. 살균과 살충 모두에 효과적인 약제도 있지만, 보통은 전착제가 들어간 물에 약제를 섞어 살포한다. 스프레이식이나 에어로졸제는 병충해 발생 시 즉시 대처할 수 있어 편리하다.

- 베니카 X 넥스트 스프레이 (검은별무늬병, 흰가루병, 진딧물, 왕담배나방, 총채벌레류, 검정장미거위벌레, 풍뎅이류 성충, 장미등애잎벌)
- 퍼레이드20 플로어블 (검은별무늬병, 흰가루병)
- 쇼우치노스케 플로어블 (흰가루병)
- 판초 TF (흰가루병)

규정 농도 준수 약제는 희석 배율을 지키는 것이 중요. 농도를 진하게 한다고 효과가 좋은 것은 아니며, 반대로 해충이나 병원균이 내성을 가지게 될 수 있으니 주의해야 한다.

살포 시기 선정 비가 오면 약제가 흘러내려 효과가 없기 때문에 날씨를 고려해 살포하면 효과가 크게 달라진다. 적은 비 정도라면 충분히 효과가 있다. 태풍 후에도 살포하면 효과가 높다.

낙엽이 지고 있다!
검은별무늬병?
비료 부족?

약해진 포기 회복시키기

장미는 검은별무늬병 등으로 생육기에 낙엽이 지면 수세가 크게 떨어지고, 때로는 죽기도 한다. 흔히 '여름 전정이나 겨울 전정으로 초기화한다'고 말하는 사람들이 있다. 하지만 그렇게 쉽게 되지는 않으며, 한번 수세가 떨어지면 되살리는 데는 긴 시간이 걸린다. 피해 수목의 회복 과정을 따라가면서 설명하겠다.

이 화분의 장미는 '로즈 유미Rose Yumi'라는 직립장미의 절화용 품종으로 꽃이 가장 많이 핀 후 9월의 가을비를 맞으며 거의 밖에 방치되어 있다. 애초에 온실 재배를 전제로 육종 선발된 장미라서 약제 살포를 철저히 하고 재배해야 하는 품종이다. 장마나 고온 다습한 여름 동안 병에 걸려, 낙엽이 지고 수세가 상당히 약해진 상태이다. (사진❶)

현재 나와 있는 가지는 연약하고 힘이 없는 상태라서 이 포기를 되살리려면 잎의 수를 늘려서 수세를 회복시켜야 한다. 다음 해에 새순을 내어 원줄기를 갱신해 새로운 포기로 탈바꿈하면 완벽하다. 즉, 한번 나빠지면 최소 1년 이상의 시간이 필요하다는 뜻이다.

먼저 해야 할 일은 이미 발생한 병을 치료하고, 앞으로는 병이 생기지 않도록 하면서 잎의 수를 최대한 늘려 수세를 조금이라도 회복하는 것이다. 구체적으로는 시든 꽃과 죽은 가지, 낙엽을 정리한 후 주기적으로 약제를 살포해 우선 병을 치료한다. 그 후 가지와 잎의 발생을 촉진하고, 새롭게 발생한 꽃봉오리를 제거(사진❷)해 꽃이 피지 않도록 하고, 10월 하순의 추위가 올 무렵에 제대로 꽃을 피워야 한다. (사진❸)

(→ P.154)

❶ 검은별무늬병으로 거의 낙엽 진 포기

❷ 가지의 충실함을 우선하기 위해 꽃봉오리를 딴다.

❸ 겨울 추위가 오기 전에 꽃이 피어나면 가지가 단단히 목질화된다.

이럴 때 수세가 나쁘다고 비료를 많이 주는 사람이 있는데 이는 실패의 원인이 될 수 있다. 아픈 사람에게 몸에 좋은 음식을 먹이는 것과 같은 이치로, 10월 한 달 동안은 물을 줄 때 액비液肥를 규정된 희석 비율보다 2배 정도 묽게 희석해 주도록 한다. (원래 2천 배 희석하는 액비라면 4천 배로 희석)

잎이 없어 잎이 새로 만들어질 때까지 토양이 거의 마르지 않을 것이다. 매일 주는 것이 아니라 화분 토양 표면이 마르면 물(액비)을 주도록 한다. 묽은 비료를 주더라도 횟수가 많아지면 결과적으로 비료 농도가 높아져 뿌리썩음병 발생 등 좋지 않은 결과만 생긴다. 토양의 빠른 건조 조짐은 장미가 물과 비료를 빨아먹고 가지와 잎이 늘어나기 시작한다는 뜻이다. 겉으로 보기에는 말라서 물을 주는 것이지만, 실제로는 장미가 원해서 물을 주는 것이다.

해가 바뀌면 전정과 분갈이를 한다. 전정은 보통 일번화 가지를 3개 정도 남기고 자르는데, 이때 수세가 강하지 않아 조금 높게(얕게) 전정한다. 다시 심을 때는 감긴 뿌리를 풀어 주는 정도로 심는다. (사진❹)

물 빠짐이 좋고 거름기 없는 토양에 심고(사진❺), 충분히 물을 주어 마무리한다. 그 후에는 일반 묘목과 같은 관리를 하지만, 아직 완벽하게 회복된 것은 아니다. 봄이 되자 전체적으로 가지가 굵고 단단해지며 잎도 무성해져 전년도 가을과 비교해 완벽하게 회복되었고, 5월 하순에 멋지게 일번화를 피울 수 있었다. (사진❻)

그 후 장마 때 나온 밑동 새순 줄기가 향후의 원줄기가 된다. (사진❼) 후에도 확실히 병을 예방하고 여름철 장마와 무더위를 극복하고 여름 전정을 해 가을에 꽃

❹ 뿌리가 확실하게 돌았는지를 확인하고, 가볍게 뿌리를 풀어 준다.

❺ 6호 화분에서 8호 화분으로 옮겨 심고, 전정해서 마무리한다.

❻ 일번화 개화. 다음 꽃을 위해 시든꽃 자르기를 일찍 한다.

❼ 밑동에서 수세가 좋은 새순이 나온다. 순따기를 해 포기를 충실하게 한다.

❽ 7월 초순에 꽃눈가지가 길게 자라 이번화 개화를 유도한다.

을 피울 수 있다면, 이로써 대체로 80%는 회복된 것이다. (사진❽)

몇 년에 걸쳐 밑동의 오래된 가지를 새로 나온 건전한 새순 줄기로 전환하면서 관리하면 수명이 긴 포기가 된다. 그렇게 하면 다소 병을 앓고도 원줄기가 충실해져 앞으로 크게 시들 가능성은 적다.

이렇듯 일단 포기의 수세가 불량해지면 회복까지 몇 년이나 걸린다는 점을 알아야 한다. 이처럼 재배 난이도가 높은 품종은 확실히 보살필 필요가 있다. 재배 환경뿐만 아니라 여러 상황에서 충분한 관리가 어렵다면, 여기서 추천하는 '튼튼하고 키우기 쉬운 장미'(→ P.23)를 고르면 병 예방이 상당히 편해진다.
자신의 생활 스타일에 맞는 장미를 선택해 즐기면서 장미 꽃을 피워 보자.

꺾꽂이로 장미 늘리기

간단한 '꺾꽂이(삽목)'로 장미를 번식하는 방법을 소개한다. 생육기인 초여름에 하는 '녹지삽(greenwood cutting)'과 휴면기인 겨울에 하는 '숙지삽(hardwood cutting)'이 있다.

●PBR(=육성자 권리)이 있는 장미 품종은 개인이 즐기는 것 외에는 증식할 수 없으므로 주의하기 바란다.

녹지삽 적기: 6~7월

준비물 꺾꽂이 용토(펄라이트 7: 피트모스 3, 또는 적옥토 작은 입자 7: 녹소토 2: 펄라이트 1의 배합토), 4호 화분, 삽수(꽃피는 가지), 전정 가위, 양동이, 분무기, 막대기 등

화분에 용토를 넣고, 충분히 물을 흡수시켜 둔다.

1. 삽수를 1마디(눈 2개)씩 자른다. 꽃이 피는 바로 아래 부위는 싹이 나지 않는 경우가 있어 쓰지 않는다.

2. 삽수를 물 양동이에 30분 정도 담가 둔다.

3. 젓가락 정도 두께의 막대기를 써서 용토에 깊이 5cm 정도의 구멍을 낸다.

4. 구멍에 삽수를 꽂고 나서 그 주위의 용토를 손으로 누른다. 잎이 서로 닿지 않도록 큰 잎은 반으로 자른다.

5. 분무기 등으로 물을 정성스럽게 충분히 준다.

작업 후의 관리

비가 오지 않는 동쪽 처마 밑에서 물이 마르지 않도록 관리한다. 일주일 정도 지나서 잎이 노랗게 변하거나 낙엽이 지면 실패한 것이므로 다시 시도한다. 한 달 정도 지나면 뿌리를 내리게 된다.

약 1개월 후의 모습. 새싹이 나와 순조롭게 자라, 곧 화분에 옮겨 심을 상태가 되었다.

숙지삽 (적기: 11~1월)

준비물 꺾꽂이 용토(적옥토 중립 5: 녹소토 5, 또는 적토 7: 적옥토 중간 입자 3, 또는 적옥토 작은 입자 7: 녹소토 2: 펄라이트 1의 배합토), 4호 화분, 삽수(올해 자라난 가지로 충실한 부위), 전정 가위, 양동이, 분무기, 막대 등

준비 녹지삽과 같게 충분히 물을 흡수시켜 둔다.

1. 삽수를 1마디(눈 2개)씩 자른다. 끝 부위는 쓰지 않는다.

2. 삽수를 물 양동이에 30분 정도 담가 둔다.

3. 젓가락 정도 두께의 막대기를 써서 용토에 깊이 5cm 정도의 구멍을 낸다.

4. 구멍에 삽수를 꽂고 나서 그 주위의 용토를 손으로 누른다. 싹의 방향을 확인해, 삽수의 위아래가 바뀌지 않도록 주의한다.

5. 분무기 등으로 정성스럽게 물을 충분히 준다.

작업 후의 관리

가습하지 않는 실내에서 관리하며, 용토가 마르면 물을 주되 과하게 습해지지 않도록 조심한다. 덧붙여 삽수를 뽑아 뿌리내림(발근)을 확인하고 싶겠지만 꾹 참아야 한다. 순조롭다면 새싹이 나오므로 이때 확인한다.

이것이 핵심!

뿌리내린 뿌리는 건드리지 않는다.

꺾꽂이 후에 약 1개월 만에 뿌리가 내린다. 제대로 뿌리를 내리면 용토에서 뽑아 화분에 심을 수 있지만, 그때 뿌리는 건드리지 않도록 주의해 정성스럽게 다룬다.

장미 이름 찾기

✿ ㅇ

✿ ㅎ

게이세이 장미 원예京成バラ園芸

1959년 '세계에 통용되는 장미 개발'과 '일본에 장미 문화를 전파하고 싶다'는 마음으로 게이세이 장미 원예가 설립되었다. 그 강한 의지는 대대로 계승되어 지금에 이르고 있다.

3만 제곱미터 규모의 '게이세이 장미원'에는 1,600품종을 아득하게 넘는 장미가 심어져, 사계절마다 꽃이 피는 식물들이 힐링을 선사한다. 부설 가든 센터에선 1년 내내 다양한 식물이 기다리고 있다. 매년 해외 협력사들이 보내는 많은 우량 품종이 일본 내 테스트를 통과해 세상에 나오기를 기다리고 있다. 그 품종들을 생산하여 사람들의 손에 전하는 것도 중요한 업무이다. 또한 가정에서 가꾸는 식물, 공원 관리 등, 식물에 대한 모든 것을 다루는 전문가 집단이 바로 게이세이 장미 원예이다.

게이세이 장미 원예 주식회사
http://www.keiseirose.co.jp/

장미 원예 프로가 추천하는
장미 도감 475

초판 1쇄 인쇄 2025년 12월 05일
초판 1쇄 발행 2025년 12월 10일

지은이 이리타니 신이치로
옮긴이 박석곤
펴낸이 조승식
펴낸곳 돌배나무
공급처 북스힐
등록 제2019-000003호
주소 서울시 강북구 한천로 153길 17
전화 02-994-0071
팩스 02-994-0073
인스타그램 @bookshill_official
블로그 blog.naver.com/booksgogo
이메일 bookshill@bookshill.com

ISBN 979-11-90855-52-5
값 24,000원